D1849845

Gertrud Lehnert

Herzanker

aufbau

Gertrud Lehnert

Herzanker

Dichterinnen und
die Liebe

aufbau

Mit 13 Abbildungen

FSC
www.fsc.org
MIX
Papier aus verantwortungsvollen Quellen
FSC® C083411

ISBN 978-3-351-03345-3

Aufbau ist eine Marke der
Aufbau Verlag GmbH & Co. KG

1. Auflage 2011
© Aufbau Verlag GmbH & Co. KG, Berlin 2011
© Gertrud Lehnert
Einbandgestaltung hißmann, heilmann, hamburg
unter Verwendung einer Illustration von
© getty-images/Bernhard Gutman
Repro NOTICA, Christoph Anzeneder
Druck und Binden CPI – Clausen & Bosse, Leck
Printed in Germany

www.aufbau-verlag.de

Inhalt

Liebende und Melancholikerinnen

Dichterinnen von der Renaissance bis zur Gegenwart

Frauen und Liebe – für uns heute scheint das eine klassische, ja längst klischeehafte Allianz. Frauen sind emotional, Männer sachlich und cool. Frauen pflegen Beziehungen, sie sorgen für die Familie und für ihre Freundschaften, ihre Domäne ist der Bereich des Privaten. Männer gehen nach außen, machen Wissenschaft, Literatur, Kunst, Politik, Wirtschaft, Kriege, und sie brauchen den von Frauen hervorgebrachten geschützten häuslichen Bereich, um sich zu regenerieren.

Wie kommt es dann, dass die abendländische Liebesdichtung, ausgerechnet die Liebesdichtung, bis ins 18. Jahrhundert hinein und darüber hinaus eine Männerdomäne war? Dante verherrlicht in der »Göttlichen Komödie« die jung gestorbene Beatrice, die ihn über den Umweg irdischer Liebe zur himmlischen Liebe führt. Petrarca schreibt die 366 Gedichte des »Canzoniere« an und über Laura, die gleichfalls sehr jung starb.

Michelangelo, Ronsard, Shakespeare, Byron, Goethe, Rilke – männliche Dichter, die wundervolle Liebesgedichte schrieben. Freilich, dabei handelt es sich nicht um Erlebnisdichtung: Man musste nicht hoffnungslos verliebt sein, um Verliebtsein und Liebe schildern zu können. Viel wichtiger war, dass man geistreich war und sehr, sehr gebildet; dass man wusste, wie ein Sonett oder eine Elegie gebaut wurde, welche Wörter, welche Bilder und Symbole unerlässlich waren, um die Geliebte vorschriftsmäßig in ihrer (normierten) Schönheit zu beschreiben, welche mythologischen und philosophischen Anspielungen man verwenden, welche literarischen Modelle man befolgen sollte – kurz: Man musste die Tradition kennen, man musste wissen, wie man mit ihr umzugehen hatte, wie man mit ihr wetteifern und wie man sie vielleicht gar übertreffen konnte. Und man musste aus männlicher Perspektive sprechen, denn das war die vorgegebene Haltung in der Liebesdichtung: Männer lieben und schreiben, Frauen werden geliebt und lieben, aber sie sprechen nicht darüber, schon gar nicht öffentlich.

Der Bezug auf antike und zeitgenössische literarische Modelle war für die Poetik der Renaissance und des Barock nicht ungewöhnlich, im Gegenteil: Es war die Regel. Man variierte die Vorbilder, man wetteiferte mit ihnen, suchte ihnen gleichzukommen oder sie zu übertreffen, oder man orientierte sich schlicht an ihren Stoffen und poetischen Verfahren, um überhaupt ernst genommen zu werden. Und so setzte das Schreiben von Literatur, wie die bildenden Künste auch, neben individueller Begabung vor allem Bildung und handwerkliches Können voraus. In der Renaissance begann man, neben den anerkannten Autoren der Antike auch einige wenige zeitgenössische Autoren als modellhaft zu betrachten. Dazu zählte neben Dante und Boccaccio vor allem Francesco Petrarca (1304–1374).

Liebesdichtung war also wie jede andere Dichtung bis zur Romantik eine äußerst genormte, kodifizierte Angelegenheit – und als solche war sie selbstverständlich Männersache. Autorschaft generell war etwas, was Männern zustand. Nur Männer erhoben öffentlich das Wort und redeten, ganz gleich worüber. Das gilt für die Zeit der gebildeten Dichtung wie für die Zeit der Romantik, in der sich die Idee des Künstlers als Genie durchsetzte: Nun waren erst recht Männer diejenigen, denen Genie zustand. Das 19. Jahrhundert betrieb einen wahren Kult des Künstlers, der als Ausnahmemensch bewundert wurde; der außerhalb bürgerlicher Normen stand (oder zu stehen schien) und doch bürgerliche Bedürfnisse nach einer alternativen Welt der Kunst, der Schönheit und der Innerlichkeit in hohem Maße befriedigte.

Da künstlerische Kreativität als männlich galt und man sich gleichsam öffentlich inszenieren musste, um überhaupt wahrgenommen zu werden, war klar, dass nur Männern Künstlertum zugeschrieben werden konnte, auch wenn Kunst mittlerweile eher mit dem Gefühl und der Innerlichkeit als dem bewussten handwerklichen Können verbunden wurde – obgleich für die moderne Dichtung mit dem »l'art pour l'art«, der Kunst um der Kunst willen, und etwas später mit Charles Baudelaire das intellektuell gesteuerte, bewusste, intentionale Gestalten des Kunstwerks zum Credo erhoben und die Idee vom intuitiven Schaffen hingegen als Gefasel abgetan wurde. Sigmund Freud besiegelte mit seiner Geschlechtertheorie die männliche Vorherrschaft auch im Bereich der Künste, wenn er schrieb, dass Männer aufgrund der Kastrationsangst den Sexualtrieb in kulturelle Arbeit überführen, während Frauen, denen der Druck der Angst fehle, da sie immer schon kastriert seien, dieser Weg nicht offenstehe.

Über Frauen wurde geschrieben. Sie wurden literarisch geliebt, sie durften literarisch lieben. Und sie schwiegen. Zumindest war das die Norm. Noch Virginia Woolf hält in ihrem Essay »Ein Zimmer für sich allein« (1929) ein leidenschaftliches Plädoyer für die Kreativität von Frauen, die, so schreibt sie, der wichtigste Gegenstand der Literatur von Männern seien, eine »Männerphantasie«, um ein späteres Wort zu verwenden. Aber sie selbst erhöben ihre Stimmen nicht. So erfahren wir aus der Literatur der Jahrhunderte zwar viel über Frauen, aber nur über die Männerphantasie »Frau« – nichts jedoch über weibliche Lebensentwürfe und die Phantasien, die Frauen über sich selbst und andere Frauen hatten.

Manche Frauen freilich unterwarfen sich dem Schweigediktat nicht. Sie maßten sich an, ihre Stimme öffentlich zu erheben, sie maßten sich Autorschaft an – und sie maßten sich aktives Selber-Lieben und Selber-Leiden an.

Es sind mehr, als man denken sollte. Die feministische Literaturwissenschaft hat dafür gesorgt, dass diejenigen, die nicht vergessen worden waren, den gebührenden Platz in der öffentlichen Wertschätzung erhielten, und sie hat viele weitere der Vergessenheit entrissen.

Manche der Autorinnen wurden von ihren Kollegen und vom Publikum hoch geachtet und geschätzt, andere litten darunter, dass man ihnen keine eigene Stimme zugestand – je weiter wir in der Zeit voranschreiten, desto mehr. Denn die Kultur der Renaissance schätzte durchaus (wenn auch innerhalb bestimmter Grenzen) gebildete Frauen, Ritterinnen und andere, die wenig später bereits als vermännlicht galten. Die Renaissance, vor allem die italienische, hatte eine literarische Kultur entwickelt, in der Frauen sehr wohl eine wichtige Rolle zukam, Vittoria Colonna etwa oder Gaspara Stampa, die in diesem Buch vorkommen, aber auch Veronica Gambara, Veronica Franca oder Tullia d'Aragona. Das galt freilich nur für die Frauen aus gehobenen Ständen oder für erfolgreiche Kurtisanen, die eine entsprechende Bildung erhalten hatten. Eine Schulpflicht gab es nicht, und Bildung gehörte eben zu den Grundvoraussetzungen des literarischen Schreibens. Zudem waren Frauen auch nicht frei von familiären Verpflichtungen. Selbständig leben konnte eine Frau nicht, es sei denn, sie war verwitwet. Die Mexikanerin Juana Inés Ramírez trat im 17. Jahrhundert ins Kloster ein, weil ihr die Ehe zuwider war; die hochbegabte Autodidaktin, die lange am königlichen Hof gelebt hatte, wollte für Wissenschaft und Kunst leben. Das wäre für eine Ehefrau undenkbar gewesen, nur im Kloster war es möglich.

Im 18. Jahrhundert begann man die Idee zu entwickeln, dass Dichtung aus dem Herzen und nicht aus dem Verstand komme. Anna Louisa Karsch setzte das in Szene. Das ungebildete Mädchen vom Land, das früh mit einem Trunkenbold verheiratet wurde, hatte eine Naturbegabung zum Verseschmieden, die sie nutzte, um etwas zu dem schmalen Familienbudget hinzuzuverdienen – und zunehmend, um sich aus den engen Fesseln des Lebens in Armut und Unbildung zu befreien. Sie hatte Erfolg genau deshalb, weil sie sich als Naturbegabung inszenierte, als jemand, der die gebildete Gesellschaft mit »naiven«, »natürlichen« Dichtungen gut unterhalten konnte. Sie ist eine typische Übergangsfigur und konnte nur als solche reüssieren; in gewissem Sinne bereitete sie eine andere Dichtungsauffassung – die Genie-Ästhetik – mit vor.

Im 19. Jahrhundert ergriffen erstaunlich viele Frauen die Feder – erstaunlich deshalb, weil die Geschlechternorm nun eine sehr klare Trennung zwischen Männern und Frauen vorschrieb und Frauen endgültig an den heimischen Herd verwies. Das 19. Jahrhundert ist von der Geschlechterzweiteilung geprägt: hier die Männer im Beruf, im öffentlichen Leben, dort die bürgerlichen Frauen, auf den häuslichen Bereich beschränkt, zu Ehe und Mutterschaft verpflichtet, nur zu repräsentativen Zwecken mit Begleitung in der Öffentlichkeit geduldet, idealerweise dem Bild der zarten Sylphe entsprechend. Darum ist es kein Zufall, dass viele Dichterinnen der Zeit – Annette von Droste-Hülshoff, Elizabeth Barrett Browning, Emily Dickinson – unvermählt blieben oder sehr spät heirateten, dass sie ihr Leben im Schoße ihrer (wohlsituierten) Familien verbrachten, eingebunden in häusliche Pflichten, denen sie sich durch Krankheit entzogen, zerrissen zwischen dem künstlerischen Drang und der gesellschaftlichen Norm.

Im 20. Jahrhundert änderte sich die Lage. Aber nach wie vor war es für Frauen in der immer noch patriarchalen Kultur keineswegs leicht, als Dichterin Erfolg zu haben; und von Renée Vivien über Else Lasker-Schüler, Ingeborg Bachmann, Sylvia Plath bis hin zu Margaret Atwood thematisieren alle diese existentielle Problematik in ihren Werken.

Ausnahmen sind diese Dichterinnen und Liebenden alle. Sie bewiesen ebenso viel Mut wie eine Sybilla Merian, die 1699 als Frau und Wissenschaftlerin allein nach Surinam aufbrach, oder Dorothea Leporin, die im 18. Jahrhundert als erste Frau in Deutschland den medizinischen Doktortitel erwarb. Sie verfolgten ebenso leidenschaftlich ihre literarischen Ziele, wie die Wissenschaftlerinnen die Wahrheit suchten. Und ebenso leidenschaftlich liebten sie. Sie scheuten sich nicht, Männer (seltener andere Frauen) zu Objekten ihrer Liebe und zum Anlass ihrer Dichtung zu machen. Sie alle führten höchst ungewöhnliche Leben – Leben, die für sich stehen und zugleich exemplarisch Aufschluss über die Kultur der jeweiligen Zeit geben, über deren Wünsche und Ängste, Leidenschaften, Verzweiflungen und Gleichgültigkeiten – und über die Liebe.

Zur Liebe gehören Angst, Eifersucht, Verzweiflung, Schmerz, nicht zuletzt, wenn die Liebe endet und die Liebende verlassen wird. Darum wird auch der Schmerz zum Thema. Auch eine grundsätzliche Melancholie – geboren aus dem Ungenügen am Leben, an der Welt, an sich selbst – ist ein ebenso wichtiges Thema der Dichtung dieser Frauen. Hinzu kommt eine tiefe Einsamkeit, die nicht zuletzt aus der eigenen Isolierung geboren ist, aber auch eine existentielle menschliche Erfahrung darstellt, die von ihnen allen in den unterschiedlichsten Varianten literarisch gestaltet wird.

Vittoria Colonna (1492–1547), die hochgebildete und schöne Markgräfin von Pescara und enge Freundin Michelangelos, schrieb ihre ergreifendsten Liebesgedichte aus Trauer um ihren jung in der Schlacht von Pavia gefallenen Gatten. Jahrelang zog sie sich vom weltlichen Leben zurück, unter anderem in ein Kloster, bevor sie sich in Rom niederließ, wo sie engen Kontakt zu den großen Künstlern, Wissenschaftlern und kirchlichen Würdenträgern ihrer Zeit pflegte. Ihre geistlichen Sonette legen Zeugnis von ihrem engagierten Glauben ab.

Die hochkultivierte *Gaspara Stampa* (1523–1554) erlaubte sich im Gegensatz zu der strengen, tugendhaften Witwe Colonna, Liebesgedichte nicht nur auf einen, sondern nacheinander auf verschiedene Liebhaber zu schreiben und den Schmerz des Verlassenwerdens in sehr persönlich klingenden Sonetten zu beklagen. Die Lyoner Seilersfrau *Louise Labé* (1520/24–1566) war gebildet wie eine Aristokratin und verkehrte in ihrem Salon mit den literarischen Größen ihrer Zeit von Gleich zu Gleich. Mit ihren raffinierten Sonetten, in denen sich das lyrische Ich als leidenschaftliche Liebende und verlassene Geliebte präsentiert, führte sie die Liebesdichtung der Renaissance auf einen Gipfel.

Die mexikanische Nonne *Sor Juana Inés de la Cruz* (1648/51–1695) verbrachte ihr Leben eingesperrt im Kloster und schrieb die leidenschaftlichsten Liebesgedichte – und theologische Streitschriften. Allerdings war das 17. Jahrhundert auch die Zeit der Inquisition, und die verzieh es einer Frau nicht, wenn sie sich anmaßte, klüger und erfolgreicher als die Männer zu sein. Jahrelang wurde sie von den Vizekönigen Neuspaniens protegiert. Sie kämpfte ihr Leben lang um ihr Recht zu reden, als Dichterin, als Wissenschaftlerin, als Theologin – und verstummte doch am Ende unter dem Druck der Kirche.

Anna Louisa Karsch (1722–1791), Gastwirtstochter und Mutter von insgesamt sieben Kindern, wurde von ihrem gewalttätigen Mann geschieden und in zweiter Ehe mit einem Schneider verheiratet. Gelegenheitsgedichte zu Familienfeiern bildeten den Anfang ihrer lyrischen Karriere, bekannt wurde sie durch ihre Hymnen auf Friedrich II. im Siebenjährigen Krieg. Nach ihrer zweiten Scheidung zog sie nach Berlin, wo sie bald einen literarischen Salon führte und als deutsche Sappho verehrt wurde. Ihr Leben war oft von bitterer Armut geprägt, aus der ihr adlige Gönner halfen; erst spät erhielt sie die von Friedrich II. versprochene Pension.

Annette von Droste-Hülshoff (1797–1848), die westfälische Aristokratin, lebte zeitlebens mit ihrer Mutter im Münsterland zusammen, unterbrochen von Aufenthalten am Bodensee, und war schon zu Lebzeiten als Dichterin bekannt, obwohl sie stets betonte, dass sie nur zum Vergnügen von Familie und Freunden schreibe. Die Viktorianerin *Elizabeth Barrett Browning* (1806–1861) schrieb mit vierzig Jahren – was zu ihrer Zeit alt war – die schönsten Liebesgedichte: Da hatte die kränkelnde Lyrikerin nach jahrzehntelangem Alleinsein den Mann ihres Lebens, den sechs Jahre jüngeren Dichter Robert Browning, kennengelernt, den sie gegen den erklärten Willen ihres Vaters heiratete und mit dem sie nach Italien flüchtete. *Emily Dickinson* (1830–1886) führte ein völlig zurückgezogenes Leben in ihrer Geburtsstadt Amherst in Massachusetts, die sie nach ihrem dreißigsten Lebensjahr kaum mehr verließ. Sie schrieb fast 1800 Gedichte, von denen zu ihren Lebzeiten nur die wenigsten publiziert wurden; ihre Briefe waren Mittel der Kommunikation, der Selbstdarstellung, aber auch der Verkleidung und Maskerade – und schließlich Keimzellen der Dichtung.

Die durch und durch in der Tradition des Dekadentismus stehende *Renée Vivien* (1877–1909) stammte aus England, lebte in Paris im Umkreis der »Women of the Left Bank« (Shari Benstock) und war die erste Lyrikerin, die erstmals offen die Liebe zu Frauen thematisierte, sie feierte und zugleich dämonisierte. Ihr Kult um die antike Dichterin Sappho trug eigenwillige Züge, ihre Liebesbeziehungen standen ganz im Zeichen der Vergänglichkeit. Die bedeutende Expressionistin *Else Lasker-Schüler* (1869–1945) vagabundierte bettelarm durch das Bohemeleben in Berlin und phantasierte sich ihre Liebhaber und sich selbst zu exotischen Märchenprinzen. Als Jüdin musste sie 1933 in die Schweiz emigrieren, erhielt dort jedoch keine Arbeitserlaubnis und starb in Jerusalem.

Ingeborg Bachmann (1926–1973), eine der wenigen Frauen im Umkreis der Gruppe 47, thematisiert nicht nur das existentielle Unglück der Condition humaine, sondern auch die Auseinandersetzung mit den Gräueln des vorausgegangenen nationalsozialistischen Terrorregimes. Bachmann war eine große melancholisch Liebende. Tablettenabhängig, kam sie infolge eines Brandunfalls in Rom ums Leben. *Sylvia Plath* (1932–1963) – eine der kompromisslosesten Melancholikerinnen der westlichen Lyrik und wie Barrett Browning mit einem Dichterkollegen verehelicht – machte ihrem Leben selbst ein Ende. Dass die allererste Veröffentlichung der als Romanautorin weltweit berühmten Kanadierin *Margaret Atwood* 1961 ein Lyrikband war und sie seither eine Vielzahl von Gedichtbänden publiziert hat, ist hierzulande wenig bekannt.

Dieses Buch ist ein Buch über einen Aspekt der Geschichte von Frauen seit der Renaissance – und es ist ein Buch über die Liebe, die Melancholie und die Literatur. Dazu bietet sich die Lyrik als Wegweiser an, in der seit jeher Gefühle verhandelt wurden; sie kann als Ort kultureller Imaginationen von Gefühlen gelten. Mein Buch will zeigen, wie Gefühle und die Weise, wie mit ihnen umgegangen wird, sich im Laufe der Jahrhunderte ändern. Nicht nur wie wir lieben oder traurig sind, sondern auch wie wir darüber reden und vor allem wie wir darüber *phantasieren*, hat sich seit dem 15. Jahrhundert stark verändert. Manches ist aber auch gleich geblieben, und wir sind durchaus imstande, ein Liebesgedicht der Louise Labé aus dem 16. Jahrhundert ganz unmittelbar zu lesen und als unverhüllte Beschreibung des Verliebtseins (himmelhoch jauchzend – zu Tode betrübt) zu verstehen, auch wenn wir wissen, dass dieses Gedicht ein hochartifizielles Konstrukt ist und keine direkte Gefühlsaussage. Und doch funktioniert es und sagt uns auch heute noch etwas.

Das Außenseitertum ist ein wichtiger Gesichtspunkt in den folgenden Kapiteln: Wie schaffen es diese Frauen, in einer Männerdomäne erfolgreich zu sein und von den Kollegen anerkannt zu werden? Wer hilft ihnen, wer bekämpft sie und warum? Brauchen sie überhaupt Hilfe? Woraus beziehen sie ihre Kraft? Was passiert, wenn eine Frau es wagt, sich als aktiv Liebende darzustellen? Denn das bedeutet ja bis ins 19. Jahrhundert hinein, zwei Tabus zu brechen: Frauen liebten nicht aktiv, sondern wurden geliebt, und Frauen waren Objekte der männlichen Dichtung, aber nicht Autorinnen eigener Dichtung.

In welcher kulturellen und literarischen Tradition schreiben Frauen, und wie eigenen sie sich die Tradition an beziehungsweise widersetzen sich ihr? Welche Liebesvorstellungen, welche Sehnsüchte entwickeln Frauen, und in welcher Sprache tun sie das? Wie gehen Frauen mit der Schönheit von Männern literarisch um – oder spielt die keine so große Rolle wie die weibliche Schönheit für die männlichen Autoren? Und wie schreiben sie – selten genug – über die Liebe zu einer anderen Frau?

Zweifellos gibt es weit mehr Dichterinnen als hier vorgestellt oder in Erinnerung gerufen werden können. Wichtig ist mir, einige unverwechselbare und zugleich exemplarische Lebensläufe von der Renaissance bis heute darzustellen, also Schlaglichter sowohl auf die Literaturgeschichte als auch auf die Kulturgeschichte zu werfen. Die Texte der Frauen werden nicht als Lebenszeugnisse gelesen, aber sie werden im Kontext der Lebensgeschichten sowie der Kulturgeschichte gedeutet. Nicht zuletzt soll das Buch auch die Freude an der schönen Sprache dieser Texte vermitteln und vielleicht sogar ein wenig Lust zum Lesen von Lyrik machen.

Wenn er leidet, leidet sie

Vittoria Colonna
(1492–1547)

Mit drei Jahren wurde sie verlobt, mit achtzehn verheiratet. 1525, im Alter von dreiunddreißig, wurde sie Witwe. Sie heiratete nie wieder, sondern widmete sich fortan der Erinnerung an ihren verstorbenen Mann und der Religion. Sie war Dichterin, förderte die Künste und mischte sich außerdem in politische und theologische Fragen ein.

So könnte man verkürzt das Leben der Vittoria Colonna, Markgräfin von Pescara, zusammenfassen. Eine vorbildliche Ehefrau? Das war das Bild, das die Zeitgenossen von ihr hatten.

Überall muß man dem Gatten folgen,
Wenn er leidet, leidet sie, ist er freudig,
Freut sie sich, und stirbt er, stirbt auch sie;
Was einer wagt, wagt auch der andere;
Gleich im Leben, gleich im Tode,
Was ihm geschieht, geschieht auch ihr.[1]

So schildert die Zwanzigjährige 1512 in einem gereimten Brief an ihren Ehemann Francesco Ferrante d'Avalos ihre Vorstellung von der Ehe. Getreu dem biblischen Wort »Ein Fleisch sollt ihr sein« teilen beide ein Schicksal, teilen sie Glück und Schmerz, Leben und Tod. Freilich ist es *sein* Schicksal, das mit der Eheschließung zwangsläufig auch das ihre wird: Wenn er leidet, leidet sie, ist er froh, ist auch sie froh, stirbt er, stirbt auch sie. Umgekehrt scheint das nicht zu gelten – davon ist nicht die Rede.

Keineswegs glücklich mit dieser Rollenverteilung, im Gegenteil, geradezu resigniert klingt das Fazit des langen Briefes, in dem die Schreiberin darüber klagt, dass ihr Gatte sie verlassen habe: Weil er in den Krieg gezogen ist. Weil ihm Abenteuer und Gefahr mehr gelten als seine Frau. Denn er ist mutig und leidenschaftlich. Sie hingegen bleibt ans Haus gefesselt und ist zum Warten und Sich-Sorgen verdammt. So zumindest stellt sie es dar. Der Heldenmut der Männer sei so groß wie der Hektors und Achills vor Troja, schreibt sie: »Doch was ist das mir, leidend und verlassen?« Denn die Frauen müssen untätig zusehen, wie die Männer mit ihrem »wilden Mut«, ihrem »kühnen Geist« das Schicksal herausfordern:

Die andern wollten Krieg, ich immer Frieden,
– Sagte: mir wär genug, wenn mein Marchese
Ruhig mit mir sein Lager teilt.
Nicht ihr leidet durch die Suche nach Gefahr;
Doch wir, die warten, umgetrieben, schmerzerfüllt,
Wir sind von Angst und Sorge heimgesucht!

Francesco d'Avalos, nachmals Marchese de Pescara, lebte nicht lange mit seiner jungen Frau zusammen. Wenige Monate nach der Eheschließung zog er in den Krieg gegen die Franzosen. Während der Schlacht von Ravenna wurde er gefangen genommen und mit ihm Vittoria Colonnas Vater, der Feldherr Fabrizio Colonna, der einem wohlhabenden und politisch einflussreichen Geschlecht feudaler »baroni« entstammte.[2]

Die Epistel der Zwanzigjährigen hat also eine konkrete Ursache: Angst und Sorge um Mann und Vater. Die stellt sie ausführlich dar. Darüber hinaus nutzt sie den Anlass geschickt, um eine allgemeine Reflexion über das Geschlechterverhältnis anzustellen, das zu ihrer Zeit als Norm galt.

Friedfertige und passive Frauen, wilde und ungestüme Männer: Die »natürlichen« Eigenschaften scheinen ganz klar verteilt zu sein. Und daraus ergeben sich auch die sozialen Rollen: Die Männer gehen in den Krieg, sie kämpfen – und sie haben Affären; sie verlassen ihre Frauen gewissermaßen in zweifachem Sinn. Das Wissen um die andauernde Untreue ihres Mannes versteckt die Briefschreiberin in Anspielungen auf antike Frauen, die von ihren Männern betrogen worden sind, Pompeius und Cato.[3] Die Frauen bleiben zu Hause und dulden, tugendhaft und einsam.

Die Klage klingt echt. Und doch entspricht sie nicht ganz dem, was Vittoria Colonna erlebte. Denn tatsächlich sah ihr Leben ganz anders aus – und das vieler ihrer aristokratischen Geschlechtsgenossinnen ebenso.

Die hochgebildete Vittoria Colonna, Markgräfin von Pescara, die aus einer der großen römischen Familien stammte, übernahm während der Abwesenheit ihres Mannes seine Geschäfte. Sie scharte Künstler und Wissenschaftler um sich, wurde später eine bedeutende Dichterin, Fördererin der Künste und eine politisch höchst einflussreiche Frau, die ihren engen Kontakt zum Papst und zu anderen kirchlichen Würdenträgern nutzte und umgekehrt ihnen als Ratgeberin und Vermittlerin in heiklen Angelegenheiten zu Hilfe kam. Darüber hinaus setzte sie sich später in ihrem Leben für die Reform der katholischen Kirche ein, was keineswegs ungefährlich war in einer Zeit, in der abweichende Ideen leicht als ketzerisch verschrien und bestraft wurden. Sie war also mitnichten ein Heimchen am Herde: Vittoria Colonna entsprach vielmehr dem Renaissance-Ideal einer hochgebildeten Aristokratin, die sich in Literatur und Kunst ebenso gut auskannte wie in Geschichte, Politik oder Theologie und darüber hinaus vollkommen handlungsfähig war, wenn sie es sein musste oder wollte, und bereit, ihren Einfluss geltend zu machen.

Der Humanismus hatte die Fähigkeit der Menschen, sich selbst zu bilden, hervorgebracht. Frauen – vorausgesetzt, sie gehörten dem Patrizier- oder Adelsstand an – waren davon keineswegs ausgeschlossen.[4] Solche Frauen erhielten oft eine hervorragende Bildung, wenn ihnen auch die institutionellen Wege, etwa Universitäten, verschlossen blieben. Ausbildung fand ohnehin häufig zu Hause statt oder in Briefwechseln. Hochgestellte Frauen mussten gerade in den politisch bewegten Zeiten imstande sein, die Geschäfte ihrer Männer weiterzuführen, wenn diese in den Krieg zogen oder starben, das setzte eine Menge Fähigkeiten voraus. Aber auch Vertreterinnen weniger privilegierter Schichten konnten hochgebildet sein, einige waren erfolgreiche und elegante Kurtisanen, wie Tullia d'Aragona. Im 16. Jahrhundert gab es eine auffallend große Zahl von Dichterinnen, die auf hohem Niveau schrieben und dem für beide Geschlechter modischen Spiel der Kommunikation mittels Versen frönten: aristokratische und patrizische Damen, aber auch »cortegiane oneste«, wie die »ehrbaren Kurtisanen« hießen. Neben der bis heute als vorbildlich ernsthaft, ja streng geltenden Vittoria Colonna zählten unter anderem Gaspara Stampa, Veronica Franca, Veronica Gambara und Tullia d'Aragona zu den anerkannten Dichterinnen. Der bevorzugte Gegenstand nicht nur weiblicher Dichtung war die Liebe (»ragionamenti d'amore« – »Reflexionen über die Liebe«). Es war das eine Form der Kunst, die zugleich eine Form der kultivierten Geselligkeit darstellte, die sich von der Aristokratie bis zum gebildeten Bürgertum ausbreitete.[5]

Schaut man noch einmal auf Vittoria Colonnas frühen Brief, bemerkt man rasch, dass er nicht so passiv klingt, wie der Inhalt vermuten lässt. Neben aller Bildung und rhetorischen Geschicklichkeit, die sichtbar wird, vernimmt man sehr leidenschaftliche, auch durchaus sinnliche Töne. So sind die sexuellen Anspielungen, vor allem auf das eigene ungestillte Begehren, sehr offen. Der Brief endet:

Du lebst leicht, kennst keine Sorge
Als um den Ruhm der neuen Tat, gedankenlos
Läßt du mich deine Liebe lang entbehren;
Aber ich, mit Augen aufgebracht und traurig,
Hüte dein leeres und verlassenes Bett,
indem ich Schmerz mit Hoffnung mische,
und mit deiner Lust mein Leiden mäßige.

Die Verse klingen vorwurfsvoll und fast empört über die Fessel, die die Kultur einer jungen Ehefrau anlegt, auch wenn sie sich scheinbar selbstverständlich ihrem unausweichlichen Schicksal zu ergeben scheint. Aber sie, diese konkrete junge Frau, schreibt über die auferlegten Erfahrungen – und im Akt des Schreibens sprengt sie diese Fessel.

Das Ich ist auch hier nicht in erster Linie ein individuelles Ich, ist nicht umstandslos mit Vittoria Colonna gleichzusetzen: Es ist ein überpersönliches, ein erschriebenes oder geschriebenes Ich. Sosehr diese Epistola von Schmerz und Sorge spricht, so wenig kann man wissen, inwieweit es sich dabei um wirklich erlebte Gefühle handelt oder um solche, die kulturell und literarisch vorgegeben waren, freilich originell gefasst und mit persönlichen Zügen versehen. Die Schreiberin orientiert sich an den Normen und Vorstellungen ihrer Zeit und Kultur, sie verwendet reichlich Anspielungen auf Figuren aus der antiken Mythologie und Dichtung, um ihr eigenes Anliegen zu verdeutlichen. In Ton und Thema bezieht sie sich auf die »Heroides« des Ovid (43 v. Chr. – 17 n. Chr.), eine Sammlung von (fiktionalen) elegischen Briefen verlassener Frauen aus Geschichte und Mythologie, zum Beispiel von Penelope, Phädra,

Dido, Medea oder Helena. Diese »Briefe der Heroinnen« waren in der Renaissance sehr beliebt und dienten gerade Autorinnen als literarisches Vorbild, weil in ihnen Frauen als Autorinnen zu Wort kamen.[6] Und weil die verlassene Frau ein bekanntes und häufig verwendetes literarisches Motiv war, das gerade Autorinnen gern aufgriffen.

In diese Reihe fügte sich Vittoria Colonna ein. Sie zeigte damit, dass sie sich auf gebahnten Wegen bewegte und ihr Text weder als persönlicher Brief noch als Erlebnisdichtung im modernen Sinne zu verstehen sei. Briefe waren kein Privatbesitz intimen Inhalts, wie wir sie heute neben E-Mail und SMS kennen, sondern man konnte davon ausgehen, dass sie auch anderen als den Empfängern zu Ohren kommen. Zu Ohren, weil man Literatur vorlas. Darum sind auch Gedichte oft mehr für das Ohr als für das Auge gemacht.

Allein die Orientierung an der antiken Epistel, einer institutionalisierten literarischen Form, deutet darauf hin, dass Vittoria Colonnas Text nicht rein biographisch gelesen werden sollte. In dem gestalteten literarischen Werk kann freilich *auch* eine persönliche Botschaft enthalten sein. Dazu gehören leidenschaftlicher Schmerz, Sorge, erotische Sehnsucht, auch Eifersucht der Frau auf ihren Mann.

Die Position der Ehefrau, die sie so überzeugend in ihrem Brief entwirft, behielt Vittoria Colonna in ihrem weiteren literarischen Auftreten viele Jahre bei. Sie wich dabei von der lyrischen Tradition ihrer Zeit ab: Die Gedichte Vittoria Colonnas setzen eine weibliche Sprechende und Liebende ein statt einen männlichen Sprecher und Liebenden. Colonna thematisiert darüber hinaus die eheliche Liebe, die nach damaliger Auffassung mit der Liebe, wie sie in Gedichten und Traktaten gefeiert wurde, nicht viel zu tun hatte und folglich nicht vorkam. Sie ging jedoch noch einen Schritt weiter und gab ihrer Dichtung später eine ganz besondere Wendung. 1525 starb ihr Mann an den Folgen einer Verletzung in der Schlacht bei Pavia gegen die französischen Truppen. Das wurde für die Markgräfin von Pescara zum Anlass der klaren thematischen Ausrichtung ihrer Liebesdichtung: Sie nimmt die Perspektive der endgültig verlassenen Ehefrau ein, nämlich die der Witwe – unerhört und sehr innovativ. Trotz dieser Neuinterpretation schlägt sie geschickt den Bogen zurück zur Tradition der verlassenen Frau einerseits und zu dem literarischen Motiv der unlebbaren und darum umso dauerhafteren Liebe andererseits.

Als junge Frau – in der Zeit also, in der die Epistola entstand und ihr Mann noch lebte – hatte sie auf Ischia das übliche Leben einer weltoffenen Fürstin geführt: Sie hatte Hof gehalten, Turniere veranstaltet, Wissenschaftler und Künstler um sich versammelt und mit ihnen die Kunst der gebildeten Konversation – nicht zuletzt durch Gedichte, die man austauschte – gepflegt; sie hatte Verehrer, die ihr ihre Anbetung in formvollendeten (und oft stereotypen) Gedichten zu Füßen legten.[7] Natürlich hatte sie selbst gedichtet, denn das Verfassen von Gedichten gehörte in ihrer gesellschaftlichen Schicht einfach dazu.[8] Literatur war in der Renaissance nicht nur Kunst, sondern eine Form der geselligen Kommunikation auf hohem Niveau.

Die Lyrik der Renaissance brachte die Gestaltung der Gefühle zur Vollendung, indem sie ein System der Liebe erdachte, das Jahrhunderte hindurch wirksam blieb. Francesco Petrarca (1304–1374) hatte mit seinem »Canzoniere« das Modell geschaffen, das nachgeahmt und variiert wurde. Der Gedichtzyklus ist im »Volgare«, in der Vulgärsprache, verfasst, also auf Italienisch statt Lateinisch, das bislang als Sprache der großen Dichtung gegolten hatte.

Die 366 Gedichte des »Canzoniere« (davon allein 317 Sonette) schildern im ersten Teil die Liebe des lyrischen

Ich zu der unerreichbaren Laura, im zweiten Teil die Klage des Liebenden nach Lauras Tod. Da der Liebende niemals erhört wird, klagt er schon im ersten Teil beständig über seinen Kummer. »Schmerzliebe« ist der Kern dieses Konzepts.

Liebe und Trauer wandeln sich nach und nach in ein religiöses Gefühl, in dem Laura nicht mehr als irdische, schöne und tugendhafte Frau begehrt wird, sondern den Weg zur Gottesliebe als dem eigentlichen Ziel jeder Liebe weist. Wichtiger als die Geliebte – die zuweilen fast einem Stereotyp von Schönheit und Tugend entspricht – sind die Gefühle und Stimmungen des sprechenden Ich, die zum Anlass einer fortgesetzten Introspektion und Selbstreflexion werden.

Im letzten Drittel des 15. Jahrhunderts setzte sich in Italien mehr und mehr das Dichten in der Volkssprache durch. Damit einher ging das Interesse an der Lyrik Petrarcas, die nachzuahmen und zu übertreffen zur großen Mode wurde. Pietro Bembo war derjenige, der die Mode gleichsam installierte. 1501 gab er die erste textkritische Ausgabe des »Canzoniere« heraus und begründete damit das textkritische Studium Petrarcas.[9] In seinem bedeutenden theoretischen Werk »Prose della volgar lingua« (1525) argumentiert er für die Verwendung der italienschen Sprache anstelle des Lateinischen; er begründet das linguistisch und legt den Stil Petrarcas als literarische Norm fest. Damit wird zum ersten Mal programmatisch ein moderner Autor anstelle eines antiken Klassikers als Gegenstand der Nachahmung (»imitatio«) und des Wetteiferns (»aemulatio«) zum Vorbild gemacht.

Zu den wichtigsten Kennzeichen des Petrarkismus gehört die Übernahme bestimmter Liebeskonzepte und Motive. Der Liebende sieht sich als Sklave der Dame, die über Leben und Tod entscheidet. Die Dame ist unübertrefflich schön und tugendhaft und zugleich außerordentlich grausam, weil sie den Liebenden nicht erhört (Topos des Liebeskrieges).

Zu den stilistischen Merkmalen gehören die reichliche Verwendung von Antithesen beziehungsweise Oxymora sowie das Wortspiel mit dem Namen der Geliebten. Hinzu kommt eine bestimmte Metaphorik, um die Geliebte und die eigenen Gefühlszustände zu beschreiben (Zähne wie Perlen, Lippen wie Korallen, das Gold der Haare, der Schnee des Busens). Häufig wird das Sonett verwendet, das eine klare Gliederung der Argumente und Bilder erlaubt: In den Quartetten wird eingangs die Situation entworfen, in den folgenden Terzetten wird gleichsam eine Schlussfolgerung gezogen.

Die Petrarca-Mode führte auch dazu, dass es regelrechte Grammatiken gab, Reime, Verse und Syntagmen handlich zusammengestellt.[10] Damen ließen sich häufig mit einem Büchlein in der Hand porträtieren, das nicht die Bibel, sondern eine handliche »Canzoniere«-Ausgabe war. Die Nachahmung des »Canzoniere« legitimierte die eigene Dichtung und den Anspruch auf eigenen Ruhm. Der literarische Petrarkismus wurde zur zweiten Sprache der höfischen Eliten.[11] Damit war auch Frauen ein dichterischer Freiraum gegeben, in dem ihr Schreiben sich besser denn je zuvor entfalten konnte. Dabei gilt, dass Autorinnen sich einerseits der männlichen Tradition anschlossen, andererseits jedoch eigene weibliche Varianten ausbildeten; sie bezogen sich in ihren Dialoggedichten auf Lyriker, aber ebenso dezidiert auf Lyrikerinnen.

Auch Vittoria Colonna steht in der petrarkistischen Tradition.[12] Daraus ergaben sich für sie einige Schwierigkeiten. Denn wie konnte eine Frau aktiv einen passiven Mann und seine Schönheit besingen?[13] Das hätte die herrschenden kulturellen Geschlechterrollen auf den Kopf gestellt, nach denen Männer liebten und Frauen geliebt wurden.

Sie musste das dichterische System ebenso wie das System der Liebe verändern. Sie musste in jedem Fall als schreibende Frau den Anstand wahren, was auch bedeutete: Körperliches und Sexuelles möglichst verschweigen. Sie musste ihre Gefühle als Gegenstand, als Anlass der Dichtung gegenüber der Kunstfertigkeit unbedingt betonen und vermitteln, dass es ihr nicht um Ruhm, sondern um Selbstausdruck gehe. Und sie musste den Mann gemäß den herrschenden männlichen Idealbildern darstellen, wie sie etwa in dem einflussreichen »Buch vom Hofmann« von Baldassare Castiglione gezeichnet worden waren (entstanden 1508–1516, erschienen 1528).[14] Vittoria Colonna kannte Castiglione persönlich und hatte von ihm einige Kapitel seines Buches erhalten, die sie ohne seine Zustimmung vor der Drucklegung verbreitete, was Castiglione in etlichen Briefen bitter beklagte.

Das Lob des Mannes musste folglich dem überlegenen Kavalier und Helden gelten, während die dichtende und liebende Frau sich als gefühlsbetont und weniger intellektuell zu schildern hatte – ganz gleich ob dieses Bild stimmte oder nicht.

In der Liebesdichtung ging es um die grundsätzliche Unerreichbarkeit der umworbenen Dame, um das Umwerben der Geliebten und um das Leiden an der Vergeblichkeit. Eine Ehe nun setzt eine Beziehung voraus – das ist der entscheidende Widerspruch, dem Vittoria Colonna dadurch begegnete, dass sie ihren Zyklus von Liebesgedichten mit dem Tod des Gatten beginnen (und nicht enden) lässt. Damit wird er, der einst erreichbar schien, endgültig unerreichbar, und an die Stelle der Sehnsucht nach dem nie Gelebten und Unbekannten tritt die Trauer um das bekannte Verlorene.

Seit etwa 1525 schrieb Vittoria Colonna Liebeslyrik – beziehungsweise diktierte sie sie, was nicht nur ihre Rolle als aristokratische Dilettantin betonte, sondern außerdem der musikalisch-rhythmischen Qualität der Texte zugutekam.

Die Gedichte zirkulierten handschriftlich und waren in das Ritual des höfisch-höflichen Konversationsmodus eingebettet; Vittoria Colonna wollte sie nicht drucken lassen. Das hätte wohl ihrer Vorstellung von ihrer sozialen Position als Aristokratin nicht entsprochen: Diese ließ nur Dilettantismus (im allerbesten Sinne) zu, jedoch nichts, was auch nur entfernt nach der Professionalität bezahlter Intellektueller hätte aussehen können. Erst 1538 erschien die erste, von ihr keineswegs autorisierte Buchausgabe. Wenn auch die Anordnung der Gedichte nicht von ihr stammt, so ist doch sicher, dass Vittoria Colonna einen zusammenhängenden Zyklus (»canzoniere«) geplant hatte, in dem die Gedichte sich aufeinander bezogen und eine Geschichte erzählt wird: die Geschichte ihrer Liebe, der Trauer um den Verstorbenen sowie seiner Tugenden.

Das einleitende Gedicht ist in allen Canzonieri wichtig, weil es Anlass und Thema des Schreibens sowie die Position des schreibenden und erlebenden Ich skizziert. Vittoria Colonnas berühmtes Eingangsgedicht der »Rime amorose« (»Liebesgedichte«) benennt die persönliche Betroffenheit als Auslöser der Dichtung – aber Vorsicht!

Ich schreibe einzig, um den Schmerz zu lindern,
Dem Herzen Licht und Wärme an die Welt zu spenden;
Nicht um meinem schönen Stern und seinem Schimmern,
Dem ruhmbedeckten Toten neuen Glanz zu geben.

Nur zu begründet ist mein Klagen: Sehr
Setzt mir die Sorge zu, seinen Ruhm zu mindern;

Daß andre Verse, schönere Worte angemessen,
Dem Tod den großen Namen zu entwinden.[15]

Nicht um den Ruhm des verstorbenen Gatten mehren zu können, hebt das lyrische Ich zu schreiben an – das wäre anmaßend. Denn, das ist die Idee, dieser Ruhm ist ohnehin schon so groß, dass er gar nicht vermehrt werden kann, schon gar nicht durch ihre bescheidenen Verse. Bescheidenheitstopoi waren damals vollkommen üblich und gehörten besonders zur literarischen Anbetung einer geliebten Person, die grundsätzlich als überlegen dargestellt wurde. Darüber hinaus waren sie für Frauen, die sich die dichterische Rede anmaßten, besonders wichtig, um zu verdeutlichen, dass sie trotz allem ihren gesellschaftlichen Ort sowie die geforderten Eigenschaften Bescheidenheit und Anstand nicht vergaßen.

Nein, sagt das Gedicht, die Dichterin schreibt nur, um ihrem Schmerz, ihrer unstillbaren Trauer Ausdruck zu verleihen und zu lindern. Sie erhebt keinen Anspruch auf künstlerische Vollkommenheit, im Gegenteil, sie setzt ihr Gefühl dagegen: Denn das Verdienst dieser Gedichte liege ausschließlich in der Tiefe und Dauer ihres Schmerzes.

Kann man das glauben? Ja – wenn man nicht die historische Vittoria Colonna damit meint, über deren wahre Gefühle wir nichts wissen können, sondern das fiktionale Ich der Texte, das klare Aussagen macht, die ernst genommen werden wollen. Dieses Ich macht sich bestimmte dichterische Traditionen zu eigen. Allein die formal bestechende Komposition von Vittoria Colonnas Sonett verweist darauf, dass wir hier entgegen der Aussage des Gedichts keine Erlebnislyrik im modernen Sinne vor uns haben, sondern ein durch und durch *gestaltetes* Gefühl. Gerade das macht seine dauerhafte Wirkung aus: Ein unmittelbarer Gefühlsaufschrei könnte in der Kunst diese

Wirkung nicht haben. Nur ein ästhetisch gestaltetes Gefühl vermag seine volle Wirkung zu entfalten. Auch unsere Gefühle, für wie authentisch wir sie auch halten, sind nicht einfach von Natur aus da, sondern sind kulturell geprägt und werden erlernt, und ihr Ausdruck ist es umso mehr.

Vittoria Colonnas Liebesdichtung schildert wechselnde Zustände: Erinnerung an gelebtes Leben, Idealisierungen der Schönheit und Tugend des Verstorbenen. Sie schreibt von weltlichem Begehren und von Erfüllung; von irdischer Liebe, Verlust, gegenwärtiger Trauer; von Hoffnung auf Wiedervereinigung nach dem Tod, Hoffnung, dass der Schmerz weniger werde. Das Ziel kann nur sein, alles Irdische als Trug abzustreifen und sich auf das Geistige zu konzentrieren. Der Konflikt zwischen sinnlichem Begehren und Verstand, zwischen der Verhaftung im Diesseits und Jenseitsorientierung durchzieht den Zyklus.[16]

Das sind neuplatonische Ideen. Der Neuplatonismus war eine der wichtigen philosophischen Strömungen des 15. und 16. Jahrhunderts; der berühmteste und damals außerordentlich einflussreiche Traktat über das neuplatonischen Liebesideal ist Marsilio Ficinos »De amore«[17] (1469), ein Kommentar zu Platons »Symposion«. Neben einigen anderen verfasste auch Tullia d'Aragona einen Dialog über die Unsterblichkeit der Liebe.[18] Ficino erläutert, dass alles Irdische nur Abbild der wahren, der göttlichen Schönheit sei. Wahre Liebe sei mithin »platonisch«, da sie nicht den Körper meine, sondern die Seele und mit der Seele Gott. Der schöne Körper könne als Spiegel der wahren Schönheit verehrt werden. Der Eros reiße zum Schönen hin und mache alles schön.

Liebe wird also als Verlangen nach Schönheit gedeutet; als Schönheit gilt ein »harmonisches Zusammenstimmen mehrerer Eigenschaften«. Die sinnliche Lust jedoch zerstöre Harmonie und geistiges Gleichgewicht, und so gelten Liebe und Lust zum Beischlaf als unvereinbare Gegensätze: »Lieben wir daher, wo nicht der Geist, sondern nur der Leib schön ist, diesen als das flüchtige Schattenbild der Schönheit kühl und oberflächlich! Wo nur der Geist schön ist, lasst uns diese unvergängliche geistige Herrlichkeit inbrünstig lieben. Wo aber beide Arten der Schönheit vereint sind, da werden wir zur höchsten Bewunderung hingerissen sein.«[19] Die irdische Liebe müsse sich also zur göttlichen Liebe läutern, das heißt sich von aller Sinnlichkeit und Weltverfallenheit lossagen (zu der auch die Trauer zählt[20]) und sich Gott zuwenden.

Diesen Schritt vollzieht Vittoria sehr konsequent in der zweiten Phase ihres dichterischen Schaffens, die, vollkommen gelöst von Irdischem, sich nunmehr religiösen und theologischen Themen widmet. Die Vergeblichkeit menschlichen Bemühens, die Sehnsucht nach Überwindung des Irdischen durch die Hinwendung zum Unendlichen sind die Gegenstände des zehnten Sonetts aus den »Rime spirituali« (»Geistliche Gedichte«):

Ich breite vergebens, O Herr, meine Flügel zu Euch,
bevor Euer warmer und inniger Wind mir die Luft
ringsum öffnet – so oft ich auch fühle, wie die neue
Glut nun das frühere Übel vertreibt.

...

damit dann die Seele, ganz leicht in der Wärme, im Nebel,
und ganz auf die göttliche Liebe gerichtet, zum stolzen
Fluge, mit anderem Gefieder, sich anschickt.[21]

Das Bild vom Flug, vom Flügelausbreiten meint den Weg der Seele zu Gott. Wie in der Liebeslyrik werden sinnliche Eindrücke geschildert: Der warme und innige Wind ist spürbar, die Glut vertreibt das Übel, die Flamme schmilzt das Eis, der Strahl erhellt den Himmel. Alle Sinne nehmen wahr, obgleich es sich um ein geistiges Erleben handelt: Auf diese Weise wird umfassende, alles durchdringende Bedeutung suggeriert und das Gefühl, nicht der Verstand als Weg zu Gott ausgewiesen. Es ist nicht untypisch für die Lyrik der Zeit, dass sich religiöse und weltliche Dichtung ähnlicher Bilder bedienen, was die Ähnlichkeit zwischen den Gefühlen und den graduellen Übergang von einem zum anderen anschaulich macht. Dabei ist einmal die Liebe gemeint – zu einem Menschen, zu Gott – und andererseits die unstillbare, oft in Melancholie mündende Sehnsucht, die in beiden Fällen von zentraler Bedeutung ist.

Colonnas Ehemann, Francesco d'Avalos, war auch nach seiner Freilassung aus der Gefangenschaft immer nur kurze Zeit zu Hause gewesen: Er führte das unstete Leben eines Feldherrn. Als der General im Dezember 1525 starb, hatte wenige Monate zuvor Papst Clemens VII. der Markgräfin aufgrund der andauernden Abwesenheit ihres Gatten die Verwaltung der Stadt Benevent übertragen, dem neuen Lehen d'Avalos', und er betonte in seinem Schreiben ihre herausragenden Fähigkeiten und die Ebenbürtigkeit mit ihrem Mann.[22] Kaiser Karl V. hatte ihr im März desselben Jahres einen Huldigungsbrief geschickt, in dem er ihren Namen, Vittoria, als Omen für den Sieg (lat. »victoria«, ital. »vittoria«) deutete.[23] Das sind für die damalige Zeit übliche Wortspiele, die ernst genommen wurden, denn Namen galten als wesentlich mit der Sache verbunden, und so ist dieser kaiserliche Brief mehr als nur eine galante Huldigung.

Nach dem Tod ihres Mannes zog sich Vittoria Colonna von ihren repräsentativen Pflichten zurück, wenn auch nicht von ihren politischen Aufgaben. Sie verließ Ischia. Der Besitz ihres Mannes ging an einen Verwandten, und ihre eigenen Besitztümer wurden von ihrem Bruder verwaltet.[24] Finanziell selbständig, musste sie als kinderlose Witwe dennoch gewärtig sein, dass ihre Familie sie erneut zu verheiraten suchte; dagegen sicherte sie sich notariell ab. Ihren Wunsch, ins Kloster einzutreten, konnte sie aufgrund eines päpstlichen Verbots nicht erfüllen; der Papst brauchte sie als Vermittlerin zwischen sich und ihrer Familie, da beide Seiten häufig sehr unterschiedliche Interessen verfolgten. Die Zeiten waren bewegt, Spanien und Frankreich kämpften seit Ende des 15. Jahrhunderts um den Besitz Italiens und damit um die Vorherrschaft in Europa; Italien wurde immer wieder zum Schauplatz von Kriegen, Allianzen, die gebrochen und durch neue ersetzt wurden, und natürlich spielte der Papst eine ganz entscheidende Rolle bei alldem und verfolgte seine eigene Machtpolitik. Die Familien Colonna und d'Avalos (in Italien lebende Aragoneser) waren in diese Vorgänge involviert, ihr Schicksal hing immer wieder davon ab.[25]

Vittoria Colonna durfte zwar nicht Nonne werden, aber der Papst erlaubte ihr in einem Brief vom 5. Mai 1526, sich mit einigen tugendhaften Frauen in ihr Haus in Neapel zurückzuziehen, dort Andachten abzuhalten und die Messe feiern zu lassen.[26] Sie musste freilich im selben Jahr vor der Pest aus Neapel in ihren Geburtsort Marino fliehen. In der folgenden Zeit lebte sie vorzugsweise in Klöstern: in Neapel, Rom, Viterbo. Für ihre Umgebung repräsentierte sie die vorbildliche Witwe schlechthin, die sich der höfischen Repräsentation für den Rest ihres Lebens verweigerte, ihr Prunkkleid verkaufte und sich dem Gedächtnis ihres Mannes und der Religion widmete. (Ihr späterer dichterischer Ruhm hatte nicht zuletzt mit dieser Lebensform und Selbstinszenierung zu tun, nicht nur mit der Qualität ihrer Dichtung.)

Inzwischen war Vittoria Colonna als Dichterin bekannt, wenn auch nichts von ihr bislang im Druck erschienen war.

Ihre Gedichte zirkulierten in den gebildeten Kreisen, und Vittoria Colonna hatte den Ruf erworben, eine vorbildliche Witwe nach antikem Muster zu sein. Ab etwa 1530 stand sie im engen brieflichen Kontakt mit dem erwähnten Pietro Bembo, dem »Literaturpapst« des italienischen 16. Jahrhunderts: Er nobilitierte sie offiziell als Dichterin, indem er eines ihrer Gedichte in seine »Rime« aufnahm. Ludovico Ariosto erkannte öffentlich ihre herausragende Bedeutung als Dichterin an. In der zweiten Ausgabe seines berühmten Epos »Orlando Furioso« (1537) feiert er bedeutende Frauen, darunter bedeutende Dichterinnen, und hebt ganz besonders Vittoria Colonna hervor:

Nur eine wähl ich aus dem ganzen Kreise,
Doch die schon längst dem Neide so entrann,
Daß keine Frau, wenn ich nur diese preise
Und niemand sonst, es mir verargen kann.

...

Victoria heißt sie; ihr, die unter Siegen
Geboren ist, die immer um sich her
Victorien sieht mit Siegeskränzen fliegen,
Ziemt trefflich dieser Name, hoch und hehr.
Ist Artemisias Ruhm so hoch gestiegen,
Weil sie den Mann geliebt: Um wieviel mehr
Hat sie getan! Denn schöner ist's, den Gatten
Der Grabesnacht entziehn, als ihn bestatten.[27]

Seit Mitte der 1530er Jahre engagierte sich Vittoria Colonna zunehmend für die Reform der Kirche, die damals, weit von der biblischen Lehre entfernt, in weltliche Machtpolitik verwickelt und moralisch korrupt war. Sie sympathisierte mit der Kritik des spanischen Theologen und Humanisten Juan de Valdés gegen den Materialismus und die Verweltlichung der Kirche. In den Briefwechseln mit ihrem Beichtvater, dem Prediger und Kapuziner Bernardo Ochino, und dem aus England stammenden Kardinal Reginald Pole erörterte Vittoria Colonna theologische Fragen. Den neu gegründeten und vom Papst nicht gern gesehenen Kapuzinerorden suchte sie mit allen ihr zur Verfügung stehenden Mitteln zu unterstützen. Die spirituale Richtung wich in manchen Aspekten vom katholischen Dogma ab und näherte sich nach Ansicht der Kirche gefährlich reformatorischen Ideen an, zum Beispiel was das Konzept der Gnade anging. Während die katholische Kirche die Gnade Gottes an gute Werke in der Welt band, meinten die Reformer, ganz ähnlich den Lutheranern, dass die Gnade Gottes völlig unabhängig von guten Taten sei. Sie wurde letztlich als die Gnade des Glaubens betrachtet. Der feste Glaube war also ein untrügliches Zeichen dafür, dass jemandem Gottes Gnade zuteil werde.[28] Damit rückten die Verehrung Christi und die Betonung seines Kreuzestodes ins Zentrum des Glaubens, und die unmittelbare Lektüre der Bibel wurde zur Grundlage der Beschäftigung mit der Heilsbotschaft, die nicht mehr vermittelt und nicht mehr vom Verstand erklärt werden, sondern unmittelbar erfahren werden sollte.[29]

In diese Zeit fällt auch der Beginn der Freundschaft mit Michelangelo Buonarroti, dem großen Renaissance-Künstler: Bildhauer, Architekt, Maler. Er war außerdem ein bedeutender Lyriker in petrarkistischer Tradition, wandelte den Petrarkismus jedoch auf seine spezifische Weise ab. Michelangelo schrieb Liebeslyrik und religiöse Gedichte. Erst sechzig Jahre nach seinem Tod 1564 wurden sie von seinem Neffen veröffentlicht. Man hat keine Hinweise auf einen geplanten »canzoniere« gefunden, aber man weiß, dass er seine Gedichte viele Male überarbeitet hat – also keine wohlfeile Freizeitbeschäftigung, sondern etwas, was er durchaus ernst nahm. Michelangelos Lyrik ist fern von jeder Gefälligkeit, die petrarkistische Liebeslyrik durchaus haben kann; sie ist rau und oft sperrig.

Seine Liebesgedichte sind teilweise an einen jungen Mann gerichtet, Tommaso Cavalieri (seit 1533), teilweise an Vittoria Colonna (seit 1536) und möglicherweise noch an eine andere unbekannte Frau. Bekannt ist Michelangelos Überzeugung, Bildhauern sei ein Befreien der Form aus dem Stein, ein Wegnehmen, niemals ein Hinzufügen. Man kann Ähnliches über seine Gedichte sagen. Zuweilen besitzen sie etwas Fragmentarisches, das sich auch in den Skulpturen findet.

Vittoria Colonna und Michelangelo tauschten Briefe und Gedichte aus.[30] Sie sandte ihm 103 religiöse Sonette in einer Abschrift (veröffentlicht wurden sie 1546). Viele von Michelangelos Gedichten sind ihr gewidmet; er präsentierte ihr manchmal in petrarkistischer Manier und doch sehr unverwechselbar seine Verehrung, was immer wieder zu dem Missverständnis geführt hat, zwischen den beiden hätte eine Liebesbeziehung bestanden (während seine Beziehung zu Tommaso dei Cavalieri in der Forschung lange gern als »Freundschaft« bezeichnet wurde).

Vittoria Colonna stand seinen Huldigungsgedichten wohl eher ablehnend gegenüber; sie gilt jedoch als Michelangelos wichtigste theologische Gesprächspartnerin, die ihn tiefgreifend beeinflusste.[31] Er äußerte sich emphatisch und stellte ihr Fragen zu der Gestaltung einer Kreuzigungsszene in dem Gedicht »Von meinem rechten Fuß auf meinen linken wankend«[32] oder bat sie um geistlichen Rat; er schickte ihr ein Gedicht über den Ruhm, den er mit der Kunst zu erringen glaubte. Sie antwortete deutlich zurückhaltender. Michelangelo zeichnete mindestens zwei Bilder für Colonna: eine Kreuzigungsszene und eine Pietà, für die sie ihm dankte: »Ich habe Euer Schreiben erhalten und den

Crucifixus gesehen, der alle anderen Bilder, die ich je gesehen, in meinem Gedächtniss ans Kreuz geschlagen hat. Ein besseres, lebendigeres und vollendeteres Bild kann man nicht sehen, und wahrlich, niemals könnte ich mir erklären, wie zart und wunderbar es gemacht ist.«

Und in einem anderen Brief aus der gleichen Zeit: »Eure Schöpfungen steigern mit Gewalt das Urtheil Dessen, der sie betrachtet, und, um dies noch mehr zu erfahren, sprach ich von einer Verbesserung vollkommener Dinge. Nun habe ich gesehen: *omnia possibilia sunt credenti* [einem Gläubigen ist Alles möglich]. Ich setzte größten Glauben in Gott, dass er Euch eine übernatürliche Gnade verleihe, diesen Christus zu machen: dann erschien er mir so wunderbar, dass er meine Erwartungen in jeder Weise übertraf.«[33]

Man vermutet, dass Vittoria Colonnas theologische Überzeugungen die besondere Art der Darstellung dieser Zeichnungen beeinflusst haben.[34] In der Reformbewegung gehörten, wie gesagt, das Opfer Christi und die Rechtfertigung durch den Glauben zu den zentralen Glaubensinhalten. Ungewöhnlich ist an der Kreuzigungsszene, dass Christus nicht, wie üblich, mit auf die Seite gesunkenem Kopf tot dargestellt wird, sondern im Moment der Verzweiflung (»Mein Gott, mein Gott, warum hast du mich verlassen?«). Damit werde sein Opfer für die Menschheit betont. Das erschien der offiziellen Theologie jedoch durchaus häretisch. Ihr zufolge ist Christus als Sohn Gottes niemals verzweifelt. Die Haltung Christi kann freilich auch anders gedeutet werden: Der Künstlerbiograph und Vorläufer der modernen Kunstgeschichte, Giorgio Vasari, meinte, es sei der Moment, in dem Christus sich in die Hände Gottes befiehlt.[35]

Vittoria Colonna mischte sich vehement in die brisanten theologischen Debatten ihrer Zeit ein, was ihr große Schwierigkeiten hätte machen können, wäre sie nicht so einflussreich und geschickt gewesen. Als das Heilige Offizium, die Kongregation für die Reinheit der Glaubenslehre und die italienische Version der Inquisition, 1542 von Papst Paul III. gegen Häresien und Ketzer jeder Art ins Leben gerufen wurde, floh der Kapuziner Ochino. Er schickte Colonna seine Verteidigungsschrift, die sie an Kardinal Marcello Cervini, den späteren Bibliothekar der Vatikanischen Bibliothek und (für wenige Wochen) Papst Marcellus II., weiterleitete.[36] Eine eigentümliche Handlung, über deren Gründe viel debattiert worden ist: Verriet sie ihre Überzeugungen und ihre Weggefährten? Oder handelte sie im Sinne der Kirchenreform, der sich ja auch Cervini widmete?[37] Danach macht sie ihre Bestrebungen nicht mehr öffentlich; vielleicht war sie erschöpft und enttäuscht und schließlich krank geworden – sie verbrachte ihre letzten Lebensjahre resigniert über ihr gescheitertes Herzensanliegen, die Reform der Kirche.

Vittoria Colonna verwendet, wie schon erwähnt, in ihrer religiösen Dichtung eine Metaphorik, die auch in der Liebesdichtung üblich war. Begriffe wie »Sonne« oder »Licht«, zuvor auf den Gatten angewendet, tauchen nun im Zusammenhang mit Gott wieder auf – das ist ein durchaus übliches Verfahren, dessen nicht nur sie sich bediente. Gleichzeitig ist diese Lyrik sehr begrifflich, sie setzt sich mit Glaubensinhalten ebenso auseinander wie mit dem andauernden Bestreben des Ich, zum wahren Glauben zu gelangen, mit seinen Enttäuschungen und Hoffnungen. Manche Gedichte sind lesbar als mystisches Zwiegespräch mit dem Schöpfer.[38]

Als Vittoria Colonna im Sterben lag, sandte ihr Michelangelo ein Gedicht, in dem er sie und ihre Befreiung aus dem Kerker des Lebens zum Jenseits preist, wo sie Vorbild der Engel werden sollte.[39] Vittoria Colonna starb am 25. Februar 1547.

CASPARA STAMPA
Clarior ingenio, forma virtutis amore,
Heroisque sui nulla fuit, nec erit.
Ant. Bertoli del.
Felicitas Sartori

Du gabst mir viele Freuden

Gaspara Stampa
(1523–1554)

Sehnsucht und erotische Leidenschaft, Eifersucht, die Angst, verlassen zu werden, der Schmerz über die Untreue und Unstetheit ihres Geliebten und schließlich die bodenlose Trauer, als sie verlassen wird: Das sind die Themen der Dichtung von Gaspara Stampa.

Knapp eine Generation jünger als ihre berühmte Kollegin Vittoria Colonna, schrieb die Venezianerin wie diese in der Tradition der petrarkistischen Liebeslyrik: Liebe und Leiden der unerwidert liebenden Person werden in einem kodifizierten, bildreichen, oft paradoxalen Stil bedichtet, die Schönheit der Geliebten wird gepriesen, aber auch ihre Grausamkeit beklagt, wenn sie den Liebenden nicht erhört. Das bevorzugte Genre ist das Sonett, das »klingende Gedicht«, das unzählige Variationen zulässt.

Petrarca (1304–1374) »erzählt« in seinem »Canzoniere« die Liebesgeschichte zwischen dem lyrischen Ich und der angebeteten und früh verstorbenen Laura – oder besser: die Geschichte seiner Gefühle. Denn eine »Beziehung« zwischen Ich und Laura findet nicht statt. Er erblickt sie zum ersten Mal am Karfreitag 1327, und das setzt seine Liebe in Gang, die alle nur erdenklichen Höhen und Tiefen durchmacht, über ihren Tod anhält und schließlich geläutert wird zur reinen Gottes-Liebe. Man weiß nichts über die historische Laura, auch wenn Generationen von Forschern sie zu identifizieren suchten und es auch ein Vorbild gab. Das aber ist völlig irrelevant.

Gaspara Stampa machte indes etwas ganz anderes daraus: eine oft sehr direkte, leidenschaftlich bewegte Liebesdichtung, die ganz im Jenseitigen wurzelt. Ihre Dichtung scheint unmittelbar ihr eigenes Leben zum Gegenstand zu haben; dazu zählt auch, dass sie, als sie den Schmerz um den untreuen Geliebten endlich hinter sich gelassen hat, sogleich eine neue Liebe bedichtet – unerhört für die klassische petrarkistische Dichtung, die nur eine einzige, ewige Geliebte kennt.

Vittoria Colonna, eine strenge, tugendhafte Witwe aus dem Hochadel, interpretierte zwar auch schon das männliche Modell um und ließ eine Frau ihre Liebe zu einem Mann bedichten, wahrte jedoch stets Anstand und Sitte und ließ ihr tugendhaftes und absolut treues Alter Ego die große Liebe zu einem einzigen, noch dazu toten Mann feiern, den sie zum Inbegriff jeder Tugend erhob. Wenn Colonna ihr eigenes Leben zu thematisieren schien, so stilisierte und idealisierte sie es regelkonform und ohne Anstoß zu erregen, zumal in ihrer Dichtung die Religion eine zunehmend wichtige Rolle spielte.

Dass Gaspara Stampa mehrere Liebhaber hatte, gleichzeitig oder nacheinander, gilt als erwiesen. Ausgerechnet eine Frau wagte es, das Modell in dieser Hinsicht auf den Kopf zu stellen und sich zu mehreren Geliebten zu bekennen! Sie lebte recht emanzipiert und aus Sicht bestimmter Kreise wenig tugendhaft. Man vermutet sogar, die Dichterin sei eine »cortegiana onesta« gewesen – eine gebildete und hochkultivierte Kurtisane, die eine wichtige gesellschaftliche Rolle spielte. Abdelkader Salza, der 1913 – als noch andere Moralvorstellungen galten als heute – die erste moderne Ausgabe von Gaspara Stampas Dichtungen herausgab (zusammen mit denen von Veronica Franca), glaubte Belege dafür zu haben. Diese werden von anderen angezweifelt, zumal unklar ist, wie eine Kurtisane zu definieren ist.[1] Was uns heute selbstverständlich scheint, war es damals nicht unbedingt, je nachdem, in welchen Kreisen man verkehrte und welche moralischen Maßstäbe man anlegte. Wenn eine Frau nicht verheiratet war und dennoch einen oder sogar mehrere Liebhaber hatte, konnte sie als Kurtisane gelten. Eine im engeren Sinne ausgehaltene, sich prostituierende Frau muss sie deshalb nicht gewesen sein. Man machte auch einen Unterschied zwischen den kultivierten »cortegiane oneste«, die zwar in ungesicherten Verhältnissen, aber oft im Wohlstand lebten, Gesellschaften gaben, künstlerisch tätig waren und sich äußerlich kaum von den Damen der Gesellschaft unterschieden, und den einfachen, meist armen Prostituierten, die auf der Straße oder in Bordellen ihre Dienste anboten.

Gaspara Stampa wurde 1523 in Padua als Tochter eines Juweliers geboren. Der Vater starb, als Gaspara sieben Jahre alt war. Die Mutter zog daraufhin mit ihren Kindern nach Venedig, einer Hochburg des künstlerischen und intellektuellen Lebens und Zentrum der noch relativ jungen Buchdruckerei. Das Leben dort bot viele Möglichkeiten. Der Handel mit dem Orient hatte die Stadt reich gemacht; Orientalisches und orientalisierende Moden verbreiteten sich von hier aus nach Europa. Die wohlhabenden Damen und Herren leisteten sich einen unerhörten Luxus: die üppigsten Kleider aus den kostbarsten Materialien, Seide, Samt, Brokat, durchwebt mit Gold- oder Silberfäden. Die Moden wurden so extravagant, dass Kleiderordnungen Einschränkungen geboten. Wie andernorts auch wurden sie selten eingehalten. Die Wohnungen waren prunkvoll eingerichtet und mit Kunstwerken ausgestattet, die bildende Kunst blühte.

Man konnte ein müßiges, der galanten, gebildeten Konversation und der Kunst gewidmetes Leben führen. Man fand aber auch strenge, schwarz gewandete Patrizier und verheiratete Frauen, die ihr Leben der privaten Häuslichkeit und der Religion widmeten. Und natürlich gab es die Kirche mit ihren Klöstern, Kirchengebäuden, mit ihrer strengen oder auch lax gehandhabten Moral. Die isolierte Lage ermöglichte Venedig paradoxerweise eine Weltoffenheit wie keiner anderen Stadt, es zog viele Menschen von überall an und wurde Zuflucht für Exilierte aus Italien oder anderen Ländern.

Die Töchter Stampa genossen eine umfangreiche Ausbildung: Latein, Poesie, Musik, Griechisch, Philosophie, Tanz, Gesang, Lautenspiel. Gaspara erwies sich rasch als vielfältig begabt. Sie sang sehr schön und spielte die Laute; vielleicht sollte sie, ebenso wie ihre Schwester Cassandra, auf Wunsch der Familie professionelle Musikerin werden. Mit ihrer Schönheit und Begabung zogen die Schwestern Künstler und Wissenschaftler in den Salon ihrer Mutter, darunter Benedetto Varchi, Sperone Speroni, Pietro Aretino und Giovanni della Casa.[2]

Das glanzvolle gesellige Leben der Schönheit und Bildung bekam erste Risse, als 1544 Gasparas innig geliebter neunzehnjähriger Bruder starb. Dieses Unglück stürzte sie in eine tief existentielle und religiöse Krise. Man nutzte die Gelegenheit und erteilte ihr den Rat, dem allzu weltlichen Leben abzuschwören und sich ins Kloster zurückzuziehen, um ihr Leben Gott zu weihen. In einem Gedicht wägt sie mit recht konservativen Argumenten die weltliche und die spirituelle Lebensform gegeneinander ab: glücklich die, die dem Elend der Welt entfliehen und sich von den irdischen Gefühlen lösen, die sich Christus vermählen und die Leiden einer irdischen Ehe nicht erdulden müssen.

Alle deine Tage werden fröhlich und heiter sein,
ohne Zorn, ohne Krieg, ohne Schaden,
voller Frieden, Ruhe und Liebe.[3]

Die Menschen hingegen, die in der Welt leben und ihrer Eitelkeit frönen, seien unglücklich: Sie kümmern sich nur um die Pflege ihrer Schönheit und nicht um ihre Pflichten. Andere sorgen sich ständig: um die Ehre der Familie, um die rechte Verheiratung der Töchter. Manche leiden darunter, dass ihre Ehemänner sie nicht lieben, andere lieben ihrerseits den Gatten nicht. Sie langweilen sich oder sind zornig, eifersüchtig, ungerecht, heuchlerisch, kurz: Sie alle werden von ihren irdischen Wünschen und Begierden, ihren eitlen Hoffnungen und unausweichlichen Enttäuschungen umgetrieben und immer weiter vom Frieden des wahren Glaubens entfernt. Glücklich sind nämlich nur diejenigen, die um »die wahre Sonne kreisen,/die ewig auf Erden und im Himmel leuchtet!«.

»Sonne« ist ein Begriff, der in der petrarkistischen Lyrik ständig vorkommt und der neben der konkreten noch verschiedene andere Bedeutungen besitzt: Hier ist Gott beziehungsweise Christus gemeint, gemeint sein können aber auch der Geliebte oder die Augen des oder der Geliebten. Mit solchen mehrfachen Bedeutungen spielt die Dichtung, weswegen sich die Bereiche, von denen gesprochen wird, oft überlagern und religiöse und irdische Liebe ineinander übergehen. Natürlich mag in einem Gedicht ein Wort wie »Sonne« auch einfach wörtlich gemeint sein, die möglichen Bedeutungen aber schwingen für die zeitgenössischen Leserinnen und Leser stets mit.

Nach einigem wenig überzeugenden Abwägen entschied sich Gaspara Stampa gegen das Kloster und für die glanzvolle Welt des venezianischen Salons, des sogenannten »ridotto«, wo Frauen und Männer über literarische Fragen diskutierten, gemeinsam Gedichte und Abhandlungen lasen, musizierten und über die Liebe debattierten.[4] Die Musik spielte für Stampa weiterhin eine zentrale Rolle. Auch ihren Gedichten merkt man die Musikalität der

Verfasserin an: Sie sind für das Ohr ebenso gemacht wie für die Augen, für das (ästhetische) Gefühl und den (Kunst-) Verstand.

1548 lernte die elegante, kultivierte und schöne Dichterin den Grafen Collaltino di Collalto kennen. Er entstammte einem der alten Adelsgeschlechter, was bedeutete, dass eine Ehe zwischen den beiden nicht in Frage kam, der Standesunterschied war viel zu groß. Eine Affäre schon eher, und er sah die Beziehung vermutlich von Anfang an so. Sie scheint sich leidenschaftlich in ihn verliebt zu haben, jedenfalls heißt es in einem ihrer Sonette (mitnichten wörtlich zu nehmen):

Im Herzen setze meinen Herrn ich oft
dem Himmel gleich, sein Angesicht der Sonne,
sein Augenpaar den Sternen; seinem Wort
verleiht Apollo Harmonie und Wonne.[5]

Schon sehr früh im Zyklus – dieses Gedicht ist das vierte – wird neben dem überbordenden Lob des Geliebten im weiteren Verlauf die Kritik angebracht oder anders gesagt: wird der Zwiespalt ihrer Gefühle an die widersprüchlichen Eigenschaften und Verhaltensweisen des Grafen gebunden. Er verkörpert das Renaissance-Idealbild des Hofmanns, den Baldassare Castiglione im »Cortegiano« schildert – aber er ist untreu, gefühlskalt, grausam:

Dieser harte Graf – ein Bärenherz,
ein Tigerherz, von Ansehen schön und mild
und mit Verstand und Kraft versehen,
scheint die Bahn des Ruhmes zu beschreiten.

Ich weiß nicht, warum er durch Untreue
eine so würdige Zuneigung trübt und befleckt

und warum er die Flügel des Ruhmes durch Mangel
an Treue so hemmt und so bleiern macht.[6]

Er scheint sich seiner Geliebten immer wieder entzogen zu haben, war einige Monate mit ihr zusammen, ging dann nach Frankreich in den Krieg, kam zurück, war wieder mit ihr zusammen, lud sie auf sein Landgut ein, verschwand erneut und so fort.

Colonna, die Witwe, schreibt von der Gegenwart ihrer Trauer, aber was die Gedichte dominiert, ist die Erinnerung an das Vergangene. Stampa wiederum erweckt den Eindruck, alles im Hier und Jetzt zu erleben und zu fühlen – und zwar erotische Leidenschaft, Eifersucht, die Angst, verlassen zu werden, das Warten auf ihn, unendliche Sehnsucht, maßlose Bewunderung für diesen Mann und zugleich Abneigung gegen so manche seiner Eigenschaften. Ihr Sonettzyklus erzählt die ganze Geschichte der Liebe »Gasparas« zu Collaltino di Collalto, vom Glück der ersten Begegnung über das schmerzhafte Ende bis zu den Qualen der Verlassenen. Dazwischen liegen Gedichte der Leidenschaft und der Zerrissenheit.

Dennoch will sie ihre Liebe nicht aufgeben – kann sie sie nicht aufgeben, sie ist ihr ausgeliefert. Damals glaubte man noch nicht wie wir heute, dass Gefühle etwas zutiefst Persönliches, in unserem Inneren Entstehendes seien. Vielmehr war man der Ansicht, dass die großen Gefühle eine Macht außerhalb unserer Person wären, dass sie uns überfallen (symbolisiert in der Figur des Amor mit den Pfeilen) und in Bann halten.

Für heutige Leserinnen und Leser ist der erzählerische Anteil in der frühen Lyrik erstaunlich. Wir sind seit der Romantik daran gewöhnt, dass Gedichte für sich stehen und Einzelbeobachtungen, Stimmungen, Atmosphären kreieren, aber nicht, dass sie zusammenhängend berichten (es sei denn, es handelt sich um erzählende Genres wie die Ballade, die im 19. Jahrhundert außerordentlich beliebt war). Im Unterschied zu den meist einzelnen, für sich stehenden Gedichten der Moderne besitzen die Renaissance-Zyklen immer ein erzählerisches Moment. Das einzelne Sonett erzählt nicht unbedingt eine zusammenhängende Geschichte, aber es entwirft eine Situation, die den Kern einer Geschichte bildet. Und auch wenn es »nur« Stimmungen, Gefühle und Einzelbeobachtungen thematisiert, werden diese stets in einen Gesamtkontext eingebunden und gehören als Teil des Zyklus einer übergeordneten Erzählung an.

Der Geliebte kommt, er geht: Sonett 18 schildert, wie glücklich sie ist – wie die Sonne für sie aufgeht, wenn er kommt, und wie düster alles wird, wenn er geht und sie in der Furcht zurücklässt, dass er nie wieder zurückkehrt. In Sonett 47 ist sie das Warten leid.

Zu warten werde müder ich und müder,
besiegt hat mich der Schmerz, der Wunsch betrogen:
er war, wenn auch nur kurz, mir wohl gewogen,
doch er vergaß – und kehrt zu mir nicht wieder,

so daß zuweilen ich von dem erflehe,
der mit der Sense kommt, sich zu erbarmen
der Leidgeprüften, Unglücksvollen, Armen,
damit ihr Schmerz nicht noch einmal erstehe.[7]

Die Todessehnsucht steigert sich zur Überlegung, ob sie sich umbringen solle; aber sie nimmt Abstand davon, denn sie gehöre ihm ganz und gar, nur er könne darüber entscheiden. Was man fast als religiöses Gedicht lesen könnte, entpuppt sich schnell als durch und durch weltlich, denn mit dem Herrn, den sie nennt, ist nicht Gott, sondern der Graf gemeint, der ihr allein die Erlaubnis geben könne, sich zu töten.[8] Das ist fast blasphemisch. Denn natürlich ist nach christlichem Glauben Selbstmord eine der schwersten Sünden, und kein Mensch darf sich das Leben nehmen oder gar einem anderen die Freiheit geben, es zu tun. Gott allein entscheidet über Leben und Tod.

Man muss dieses Gedicht freilich nicht wörtlich nehmen, sondern sollte es als Metapher dafür lesen, wie verfallen die Liebende ihrem Geliebten ist – dennoch schwingen, gerade für Zeitgenossen, die religiösen Implikationen immer mit. Kann das ironisch gemeint sein? Vielleicht. Manches an Gaspara Stampas Gedichten scheint aus heutiger Sicht ironische Züge zu tragen. Diese kommen zustande durch den Bezug auf das petrarkistische Modell, folglich auch auf die Erwartungshaltung der zeitgenössischen Leserinnen und Leser, die immer eine möglichst geistreiche Variation erwarteten. Die erhalten sie auch.

Von Beginn an ist klar, dass dieser Zyklus keine glückliche Geschichte erzählt, sondern eine, die zwischen maßloser Liebe, unstillbarem Begehren, Enttäuschung und Schmerz gespannt ist. Damit tut sie dem petrarkistischen Modell Genüge, das von der Schmerzliebe lebt und allein daraus seine kreative Energie bezieht.[9] Allerdings variiert Gaspara Stampa das Modell auf charakteristische Weise. Neben der Tatsache, dass sie eine weibliche Liebende gleich mehrere Liebesbeziehungen thematisieren und reflektieren lässt, führt hier kein Weg mehr von der irdischen Liebe zur göttlichen. Es gibt zwar einige religiöse Gedichte, gebetsähnlich und ein wenig klischeehaft, aber sie sind keineswegs der Zielpunkt der irdischen Pilgerschaft. Die Gedichte Gaspara Stampas sind vollständig diesseitig, und alle Gefühle kommen in ihnen vor, Schmerz, Kummer, Glück, Sehnsucht, Verzweiflung.

Völlig ungewöhnlich das Sonett 94, das tatsächlich eine Liebesnacht mit dem Grafen schildert:

Du gabst mir viele Freuden und zerstreutest,
was mir an Bitterem das Leben gab,
du gabst mir ihn – o wie du mich erfreutest,
als damals er in meinen Armen lag.

Was immer ich bedauern muß, ist nur,
Daß mir Alkmenes Glück nicht widerfuhr,
als sich der Morgen ihr nicht zeigen wollte.[10]

Alkmene wurde von Jupiter getäuscht, der in Gestalt ihres Ehemanns zu ihr kam und eine Liebesnacht mit ihr verbrachte, die besonders lang war, weil er die Morgenröte gebeten hatte, später zu erscheinen. Interessant, dass Stampa sich auf diesen Aspekt beschränkt und die Täuschung völlig außer Acht lässt.

Eine Liebesnacht wurde in der petrarkistischen Lyrik bis dahin nicht thematisiert, die ja gerade von der Unerreichbarkeit lebt und Körperliches nur sehr gezähmt vorkommen lässt. Das italienische Original ist wesentlich knapper, präziser, zugleich spontaner und scheinbar gefühlsunmittelbarer als die zuweilen mit Füllwörtern arbeitende deutsche Übersetzung. Das Original liest sich auch, anders als die deutsche Übertragung, als wäre es unmittelbar nach dieser glücklichen Nacht entstanden, während das deutsche Wort »damals« den Eindruck erweckt, als liege diese Nacht schon eine Weile zurück.

Auffallend ist neben der scheinbaren Unmittelbarkeit der Gefühle die durchgängige Verbindung von Liebe und Dichtung: Denn schon zu Beginn heißt es, sie sei nicht imstande, diese Nacht zu loben, das könnten nur außergewöhnlichere Geister als sie. Dieser Kreis schließt sich am Ende mit der Überlegung, ob sie diese Nacht beschreiben könne, ohne dass die materielle Realität die Dichtung besiege. Ein zutiefst sinnliches Gedicht wird also sogleich mit der Frage versehen, wie man dieses Glück in Worte übersetzen kann.

Man kann darin den Unsagbarkeitstopos vermuten, der ja nicht nur in der Dichtung, sondern auch im Leben häufig zu finden ist: diese Liebe, dieses Glück (oder auch dieser Schmerz) ist so groß, dass es einfach nicht in Worte zu fassen ist. Das kennen wir alle. Hier kommt aber noch ein anderer Aspekt ins Spiel, nämlich die Frage, wie Dichtung und Gefühl sich zueinander verhalten und wie gut die Dichterin ist.

Beide Fragen durchziehen den Gedichtzyklus. In Sonett 8 nennt sie sich beispielsweise »gemein und niedrig« und erklärt, wenn sie trotzdem eine solche Glut entwickeln könne, wenn die Liebe sie so hoch erhebe – warum es dann nicht möglich sein sollte, dass sie durch die Liebe zu einer großen Dichterin werde?

Solche Bescheidenheitsgesten gehören zum literarischen und gesellschaftlichen Spiel und sind, wenn überhaupt, nur teilweise ernst zu nehmen. Sie werden von beiden Geschlechtern formuliert, für Frauen jedoch hatten sie eine noch bedeutendere Funktion. Frauen wurden damit ihrer gesellschaftlichen Rolle gerecht und vermieden es, sich zur Konkurrenz für die Männer zu stilisieren. Darüber hinaus sind Äußerungen der Bescheidenheit auch Bestandteil des Spiels mit Gegensätzen, das die Zeit so liebte. Denn was geschieht hier anderes, als dass jemand die eigene Unfähigkeit beteuert, um dann die tatsächliche Fähigkeit im gelungenen Gedicht umso strahlender in Szene zu setzen? Das, was gesagt wird, und das, wie es gesagt wird, bilden einen reizvollen Kontrast.

Damit wird einmal mehr deutlich, dass Gaspara Stampas Dichtung kein intimes Tagebuch einer Liebe ist, sondern immer eine kalkulierte Dichtung, die den Anschein von Unmittelbarkeit kunstvoll zu erzeugen vermag – und zwar gerade durch die eingesetzte Kunstfertigkeit. Nur deswegen konnte Gaspara Stampa ihrem Geliebten eine Sammlung ihrer Gedichte als Botschaften ihrer Liebe und ihrer Verzweiflung über seine Abwesenheit schicken. Sie wusste, dass die Texte in ihrer künstlerischen Perfektion akzeptabel waren und etwas zum Ausdruck zu bringen vermochten, was ein privater, nicht so durchkomponierter Brief niemals hätte vermitteln können.

Die Liebesnacht markiert eine Zäsur im Gedichtzyklus. Als Zäsur nimmt sie die Stelle und Funktion ein, an der in Petrarcas »Canzoniere« der Tod Lauras steht[11] – eine durchaus eigentümliche Bezugnahme, die entweder das Pathos Petrarcas ironisiert oder ganz ernsthaft den Tod der Geliebten der sexuellen Ekstase gleichsetzt. Nach dieser Nacht wird im Gedichtzyklus die Evokation der schmerzlichen Gefühle von Angst und Eifersucht aufgrund der inneren wie äußeren Abwesenheit des Geliebten immer wichtiger.

Gaspara Stampa bezieht sich in ihrer Dichtung in auffallendem Maße auf Petrarcas »Canzoniere« selbst. Wie Petrarca erzählt sie die Geschichte einer Liebe und der damit verbundenen unterschiedlichen Gefühle. Wie Petrarca bettet sie diese Geschichte in einen jahreszeitlichen Rahmen ein, der die Wiederkehr bestimmter Tage zu einem Kult macht und zudem einen tieferen Sinn besitzt. Petrarcas erste Begegnung mit Laura findet ja an Karfreitag statt, dem Tag des Todes Christi: kein freudiger Auftakt, der jedoch bereits einen religiösen Hinweis auf die Erlösung und Hinwendung zum Spirituellen enthält. Gaspara Stampa lässt ihre Geschichte Weihnachten beginnen, einem Tag der Freude.[12] Ich persönlich bin geneigt, darin eine Spur Ironie zu finden: Ironie über den allzu engen und dann auch wieder willkürlich veränderten Umgang mit dem meisterhaften Vorbild.

Auf viele Sonette Petrarcas spielt Gaspara Stampa wörtlich an, um sie dann abzuwandeln.[13] Es war das ein damals sehr übliches künstlerisches Verfahren, bei dem es auf die Ehrerbietung vor dem Vorbild ankam wie auf die Fähigkeit der geistreichen Variation. Und die stellte Stampa immer wieder unter Beweis, unter anderem gleich im einleitenden Sonett, das mit denselben Worten beginnt wie Petrarcas erstes Gedicht: »Ihr, die ihr hört«. Dann aber ändert sich nicht nur der Rhythmus, sondern auch die Aussage. Zwar ist bei beiden im Folgenden von Dichtung die Rede. Petrarca jedoch schafft zwei zeitliche Ebenen: eine vergangene, in der er falsch geliebt und falsch gedichtet habe, und eine gegenwärtige, in der er, mittlerweile geläutert, dafür Nachsicht von den Zuhörern erwartet. Gaspara Stampa hingegen will kein Mitleid für ihr dichterisches Weinen und Klagen, das sie mitnichten in Frage stellt, sondern sie will Ruhm – und die Anerkennung der anderen Frauen, die sie um ihren »hohen Herrn«, um ihren außergewöhnlichen und gesellschaftlich hochstehenden Geliebten beneiden sollen.

Seit der Antike war man der Überzeugung, ein Wort benenne das Wesen der bezeichneten Sache. Petrarca nutzte das zu bedeutungsreichen Wortspielen mit dem Namen »Laura«. Der Name selbst wird von ihm nur einmal genannt, freilich ist er in einer Fülle von Umschreibungen ständig präsent, zum Beispiel in »l'aura« (die Luft), »l'oro« (Gold), »lauro« / »alloro« (Lorbeer).[14] Der Lorbeer ist von besonderer Bedeutung, da der immergrüne Baum Apolls, des Gottes der Dichtkunst, die Unsterblichkeit der Dichtung symbolisiert. Auf diese Weise wird ein ursächlicher Zusammenhang zwischen Laura und Petrarcas Dichten hergestellt.

Gaspara Stampa übernimmt, wie viele Petrarkisten ihrer Zeit, die Idee des Spiels mit einem Eigennamen. Sie musste nicht einmal einen Namen erfinden, wie viele ihrer Kolleginnen und Kollegen, denn zu ihrem Glück hieß ihr Gelieber Collaltino di Collalto: Der Name ist zwar lang, umständlich und nicht besonders klangvoll, in diesem Namen aber steckt der Hügel (»colle«), sogar der hohe Berg (»colle alto«). Daraus bezog sie eine Fülle von Anspielungen, besonders auf die Besitztümer des Grafen auf einem Berg, so dass »colli« zum Symbol der Liebe, der Entfernung und Unerreichbarkeit werden konnte.[15] Der Hügel erinnerte unter anderem an den Parnass, den Berg, auf dem die Götter thronen, und an den Helikon, die Wohnstatt Apolls und der Musen. Auf diese Weise wird auch hier die Liebe mit der Dichtung untrennbar verbunden, was nie nur Spiel ist, sondern immer eine ernst zu nehmende poetologische Aussage.

Schließlich verlässt Collaltino di Collalto Gaspara Stampa endgültig. Aber die Trennung lässt ihre Liebe keineswegs sogleich erkalten, sie löst im Gegenteil große Bitterkeit, Vorwürfe, Verzweiflung aus: »Nun weint, ihr Frauen – und mit euch die Liebe,/denn er, der mich verwundete, weint nicht.«[16] Der Wunsch nach Wiedervereinigung und auch Todessehnsucht werden laut. Die Sprecherin stellt sich ihren Grabstein samt Inschrift vor: »Sie liebte, aber glücklos war ihr Lieben,/und glücklos war im Leben sie – im Tod;/hier liegt sie nun, die treueste der Frauen.«[17] Dann wilder Schmerz: »Reiß, Liebe, mich in Stücke und zerfetz mich,/nimm mir auch den, dem ich mich ganz verschrieben,/nimm mir mit ihm, du Gnadenlose, letztlich/was mir an Glück und Friede noch geblieben.«[18] Sie verspricht dem Untreuen ewige Liebe auch über die Trennung hinaus, denn sie liebe nicht »wie die andern«, die nur Nutzen in der Liebe suchen.[19]

Es dauert lange, bis diese leidenschaftliche Liebe verabschiedet werden kann. Erst viele Gedichte später bittet sie Amor, nun schon deutlich gelassener, ihr die wiedergegebene Freiheit möglichst lange zu gönnen und dafür Sorge zu tragen, dass, wenn sie noch einmal lieben müsse, es nicht mehr so heftig sein möge.[20] Unmittelbar darauf aber lesen wir:

Kaum war die erste Glut erstickt, da hat
mich Amor gleich zu neuer Glut entfacht,
und heißer brenne ich an dieser neuen.

Doch kann ich dieses Brennen nicht bereuen,
solang es der, der mich dazu gebracht,
versteht und seine Freude daran hat.[21]

Eine neue Liebe – unerwartet nach allem, was vorher zu lesen war, zumindest für die zeitgenössischen Leserinnen und Leser, und ungehörig im Kontext des gültigen Liebesmodells für Frauen, zumal in der Dichtung. Eine Liebe, die die Liebende glühen lässt, ohne sie den Qualen zu unterwerfen, die sie vorher gelitten hatte. Eine Liebe, über die sie viel ruhiger dichtete.

Es gab tatsächlich einen neuen Liebhaber in Gaspara Stampas Leben. Der venezianische Patrizier Bartolomeo Zen war ein ganz anderer Typ als der Graf, offenbar zugewandter, vielleicht war auch ihre Liebe nicht so ausschließlich, wer weiß. Es gibt nur wenige Gedichte über diese neue Liebe, die letzte ihres Lebens. Die größere Gelassenheit ist aus psychologischer Sicht realistisch nach den vorangegangen Gefühlsstürmen, wirklich oder erdichtet, ebenso die Tatsache, dass es einen neuen Mann in ihrem Leben gab. Erstaunlich ist vor allem, dass sie das dichterisch thematisierte. (Erst bei den französischen – männlichen – Dichtern der Zeit wurde die poetische »serielle Monogamie« üblich, Pierre Ronsard etwa schrieb mehrere Zyklen von Liebesgedichten an unterschiedliche Frauen.)

Dies stellte eine weitere auffallende Abweichung vom »Canzoniere« dar. Niemals würde Petrarca die Liebe »zweifelhaft und flüchtig« nennen und vom Wurm der kalten Eifersucht und der kalten Angst sprechen.[22] Nie würde er der Laura-Liebe eine weitere Liebe folgen lassen, ganz gleich, was er im wirklichen Leben erlebte. Auch hierin scheint mir eine ironische Note in den Dichtungen Gaspara Stampas zu liegen, die das Modell genau kannte und wusste, wie verblüffend gerade diese Abweichung wirkte – denn sie setzte damit alle vorher gemachten Beteuerungen ewiger Liebe außer Kraft und unterlief das Modell grundlegend. Darin wird deutlich, welche Absichten ein solcher Dialog mit dem »Canzoniere« hatte. Die Dichterin wollte wetteifern, das Original übertreffen und es in wesentlichen Punkten als unzeitgemäß ironisieren, ohne es ganz außer Kraft zu setzen. Vermutlich liegt hier eine Ironisierung des gesamten poetischen Liebessystems vor, obgleich Gaspara Stampa ihm selbstverständlich verpflichtet war. In jedem Fall verändert sie es auf besonders originelle und »moderne« Weise und stellt ein Gegenmodell zur gängigen dichterischen Praxis von Frauen dar.

Langes Glück war Gaspara Stampa freilich nicht mehr vergönnt. Sie wurde sehr krank und starb im Alter von einunddreißig Jahren in Venedig.

Man vermutete eine Zeitlang, dass sie sich umgebracht hätte, weil Collaltino di Collalto heiratete. Das ist unwahrscheinlich, nicht nur weil Collalto erst Jahre nach Gaspara Stampas Tod die Ehe einging. Sie hatte immer mit seiner Untreue leben müssen, und vor allem wird sie nie erwartet haben, dass Collalto sie zur Frau nähme. Sie kannte die Welt, in der sie lebte, und die Rolle, die sie in ihr spielte. Man heiratete aus dynastischen oder ökonomischen Erwägungen, Liebe spielte dabei keine Rolle. Gaspara Stampa hatte für eine Ehe mit einem Aristokraten nichts zu bieten.

Sie war über das Heiratsalter hinaus, sie war weder Aristokratin noch Patrizierin, und zudem hatte sie ein Leben geführt, das an die Halbwelt zumindest angrenzte. Elegant und kultiviert, unterschied es sich doch deutlich vom Leben tugendhafter verheirateter Frauen. In den »ridotti« pflegten die Damen freien Umgang mit den Herren, sie konversierten gemeinsam über Fragen der Liebe, was Erotik immer einschloss. So liegt es nah, zu vermuten, dass die geübte gesellschaftliche und verbale Freizügigkeit sich auch auf erotische Beziehungen erstreckte. Das alles prädestinierte sie mitnichten zur Heirat mit einem Aristokraten oder einem wohlhabenden Patrizier. Die (gesellschaftliche und reale) Macht in Venedig lag bei den Patriziern, dem alteingesessenen Stadtadel. Sie achteten genau darauf, dass kein Unbefugter in ihre Kreise gelangte. Sie wählten die sittsamen Jungfrauen aus ihrer eigenen Schicht, die zwar gebildet sein durften, aber doch mehr danach ausgesucht wurden, dass sie den Fortbestand der Familie garantierten und der Familie mit ihrer Tugend Ehre machten.

Nach Gaspara Stampas Tod gab ihre Schwester Cassandra 1554 die erste gedruckte Ausgabe ihrer Gedichte heraus. Sie widmete sie im Namen ihrer Schwester dem einflussreichen und berühmten Dichter Giovanni della Casa. Gaspara Stampa selbst hatte bedauerlicherweise ihre Gedichte nicht für die Veröffentlichung zusammengestellt; es ist auch kein Manuskript von ihrer Hand erhalten, so dass man auf Vermutungen angewiesen ist und sich mittlerweile darauf geeinigt hat, mehr oder weniger die Anordnung zu übernehmen, die ihre Schwester für die erste gedruckte Ausgabe der Gedichte vornahm.

Die Nachwelt stilisierte Gaspara Stampa zur großen Liebenden,[23] weil sie die Gedichte für persönliche Selbstaussagen hielt oder, wie Rilke vermutlich, so tat als ob. Was man jedoch sicher sagen kann, ist, dass die Beziehung zu

Collalto zum Anlass ihrer zusammenhängenden Gedichte wurde, die eine Liebes- und Leidensgeschichte erzählen, so wie Petrarcas »Canzoniere« die Geschichte der Gefühle für Laura erzählt oder Vittoria Colonnas Gedichtzyklus die zu einem Ehemann.

Gaspara Stampas Ruhm verblasste bald nach ihrem Tod. Erst im 18. Jahrhundert wurden ihre Gedichte wieder gedruckt, von einem Nachfahren des Collaltino, der Wert auf eine positive Darstellung des Grafen legte und auch Gedichte von ihm in den Band einfügte. Erst im 20. Jahrhundert erfolgte eine differenzierte Neubewertung der Dichtung Gaspara Stampas, die ihr gerechter wird als die Idealisierungen zur »großen Liebenden«. Gaspara Stampa gilt heute als eine der großen Dichterinnen der europäischen Renaissance.

Wozu ein Angriff auf die Unbewehrte?
Wozu die werfen, die sich schon ergab?
Wozu mit einer kämpfen, die nicht kämpft,
Und die Ihr längst in Euern Krallen habt?
Wißt, Graf: mit Toten führt man keinen Krieg.[24]

Küss mich noch einmal

Louise Labé
(1520/25–1566)

Ich brenne und ertrinke, lebe und bin tot;
Mir ist so heiß und ist so kalt zugleich;
Mein Leben ist zu hart und auch zu weich;
Und Freude mischt sich in die ärgste Not.

…

So leitet mich der Liebe Wankelmut;
Und meine ich, mein Schmerz erwache neu,
Wird unversehens alles wieder gut.

Doch glaube ich, die Freude sei mir treu,
Ich könne schweben im ersehnten Glück,
Fall in mein erstes Unglück ich zurück.[1]

Nicht die Seligkeit der Liebe (oder des Verliebtseins) ist Thema dieses berühmten Sonetts der französischen Dichterin Louise Labé, nein: die fast unerträgliche Spannung zwischen vollkommen gegensätzlichen Gefühlen, die die Liebe in der Liebenden auslöst: Ihr ist heiß, ihr ist kalt, sie ist froh, sie ist verzweifelt, sie lacht, sie weint … Sehr klar, fast einfach strukturiert in spektakulären Gegensätzen, zeichnet das Gedicht die Zerrissenheit der Liebenden nach, die sich als eine zirkuläre Struktur entpuppt: Es fängt immer wieder von vorn an.

Die Liebe freilich, »l'Amour«, ist großgeschrieben: »So leitet mich der Liebe Wankelmut«, heißt es im Weiteren. Damit wird einerseits das Gefühl bezeichnet, andererseits wird der Gott Amor ins Spiel gebracht. Amor verursacht die Gefühle, er tut sie der Liebenden an. Sie ist ihnen ohnmächtig ausgeliefert. Das erklärt die Zirkularität des Gedichts, die unaufhörliche Abfolge der Gegensätze. Nicht im Innersten der Liebenden entsteht das Gefühl, sondern es wird ihr von außen aufgezwungen: Amor, der vorwitzige Knabe, schießt mit Pfeilen, und die haben sie getroffen. Gefühle sind eine Macht, die außerhalb des Individuums existieren und die das Individuum überfallen können – das ist eine Auffassung, die sich von der Antike bis in die frühe Neuzeit Europas zieht. Erst mit der beginnenden Moderne werden die Gefühle ins Innerste des Individuums verlagert, das sich und seine Gefühle nunmehr als einzigartig und gleichsam autonom versteht.

Louise Labé treibt ein Verfahren auf die Spitze, das von Francesco Petrarca (1304–1374) eingeführt und von seinen Nachfolgerinnen und Nachfolgern[2] in unterschiedlicher Weise weiterentwickelt worden ist: das Argumentieren in Gegensätzen, die sich scheinbar ausschließen. In diesem Gedicht werden sie gleichsam zum einzigen Inhalt des Gedichts. Wir erfahren weder, wer liebt, noch wer geliebt wird, wir erfahren nur, in welch brillant formulierte Oxymora Liebe gefasst werden kann. Rhetorik und Inhalt fallen in eins; Liebe existiert nurmehr als Dichtung, könnte man überspitzt folgern.

Louise Labé führte einen der ersten literarischen Salons in Frankreich, in dem die wichtigen Dichter ihrer Zeit verkehrten. Lyon, ihre Heimatstadt, konnte damals durchaus mit Paris wetteifern, ja war ihm sogar als kulturelles und wirtschaftliches Zentrum überlegen. Über Lyon fand die italienische Dichtung, die im 16. Jahrhundert tonangebend in Europa wurde, nach Frankreich. Petrarca war, wie gesagt, das große Vorbild, dem nachgeeifert wurde, hinzu kam die Nachahmung der zeitgenössischen italienischen

Autoren und Autorinnen. Nachahmung galt damals als ein durchaus kreatives Verfahren des Nacheiferns, der Aneignung von Techniken und Formen, des Variierens, des Wetteiferns – manchmal gar des Übertreffens. Man imitierte nicht blindlings, sondern ließ sich von den als vorbildlich anerkannten Modellen anregen. Das ist heute nicht anders, allerdings gehört die kreative Nachahmung nicht mehr explizit ins Zentrum der Poetik. Seit der Romantik hat das Gebot der genialen Originalität Vorrang – wenn Nachahmung auch seit der Postmoderne als »Intertextualität« wieder an Bedeutung gewonnen hat.

Zunächst aber wurde das Sonett à la Petrarca zu einer der dominierenden Dichtungsformen Europas; sein Siegeszug dauerte Jahrhunderte. Es hatte den Vorteil der Kürze und Prägnanz, man konnte es für Gelegenheitsdichtung ebenso gut einsetzen wie für philosophische Themen. Und schließlich wurde es zu der wichtigsten Form der Liebesdichtung in Europa.[3] Nach Frankreich kam das Sonett in der ersten Hälfte des 16. Jahrhunderts. Der kulturelle Austausch zwischen Italien und Frankreich war durch die französischen Kriege in Italien (1494–1526) befördert worden. Am Hof von François I. galten italienische Kunst und Literatur viel. Der König förderte die Künste und die Wissenschaften, holte einige der großen Künstler der Renaissance an seinen Hof, unter anderem Leonardo da Vinci. Die Schwester des Königs, Marguerite, Königin von Navarra, war selbst Dichterin, die mit ihrer Lyrik und ihrem Novellenzyklus »Heptaméron« berühmt wurde.

Louise Labé stammte aus dem reichen Bürgertum Lyons und gehört heute zu den bedeutendsten französischen Dichterinnen. Im 16. Jahrhundert gab es in Frankreich, anders als in Italien, nicht viele Lyrikerinnen. Neben Labé ist Marguerite de Navarre zu nennen. Gemeinsam mit Maurice Scève ist Louise Labé die wichtigste Vertreterin der

»Ecole Lyonnaise«, der »Lyoner Dichterschule«, die entscheidend zur Verbreitung des italienischen Petrarkismus in Frankreich beigetragen hat (der dann durch die Vertreter der Dichterschule »Pléiade«[4] wenige Jahre später weiterentwickelt und variiert wurde).

Louise Labé hat ein schmales Werk hinterlassen: drei Elegien, einen Zyklus von vierundzwanzig Sonetten samt einer vorangestellten Zueignung, die zugleich ein Traktat über weibliches Schreiben ist, und einen »Débat de Folie et d'Amour« (»Streitgespräch zwischen Wahnsinn und Liebe«).

Lyon, mit 60000 Einwohnern für damalige Verhältnisse eine sehr große Stadt, übte aufgrund seiner zentralen Lage – auf dem Weg zwischen Frankreich und Italien – eine wirtschaftliche und kulturelle Katalysatorfunktion aus. Es war eine der wichtigsten Handelsstädte der Zeit, berühmt für seine Textil-, insbesondere die Seidenproduktion, und jährlich Schauplatz von vier großen Märkten, zu denen Händler aus ganz Europa anreisten. Ein blühendes Bankensystem entstand, florentinische und venezianische Bankiers siedelten sich an. Lyon war zudem berühmt für Goldschmiedearbeiten und, last but not least, es wurde rasch zu einem der herausragendsten europäischen Zentren des Buchdrucks.

Eine wohlhabende und eine kosmopolitische Stadt also, die trotz ihrer vielen Klöster eine Zeitlang auch offen für Ideen der Reformation war. Offenbar war eine Koexistenz von Katholiken und Protestanten auch innerhalb der Familien möglich, wie Louise Labés Familie bezeugt: Einige konvertierten zum Protestantismus, ohne dass es familiäre Konflikte deshalb gegeben hätte.[5]

Viele bedeutende Dichter und Künstler Frankreichs machten in Lyon wenigstens Station. François Rabelais lebte in den 1530er Jahren in Lyon und gab im dort ansässigen Verlag Gryphe seine Romane über die Riesen Gargantua und Pantagruel heraus. Die erwähnte Schwester des Königs und Schriftstellerin Marguerite de Navarre verbrachte mehrfach längere oder kürzere Perioden in der Stadt und lernte dabei vielleicht auch Louise Labé kennen.

Gegen Ende des Jahrhunderts freilich hatte sich die Bevölkerung drastisch verkleinert. Der große Handel wendete sich Richtung Nord- und Südamerika, die Ausländer verließen die Stadt, die Religionskriege und Epidemien entvölkerten sie. Das kulturelle Zentrum hatte sich längst nach Paris verlagert. Zu diesem Zeitpunkt war Louise Labé schon lange tot: Sie hatte die Blütezeit der Stadt erlebt, und sie hatte zweifellos zu ihrer Blüte beigetragen.

Über Louise Labés Leben ist ungewöhnlich wenig bekannt, dafür gibt es umso mehr Spekulationen. Sie war Tochter eines wohlhabenden Seilers namens Charly und gehörte damit zum Bürgertum, dem die Handwerker zugerechnet wurden. Geboren wurde sie zwischen 1520 und 1525; es gibt keine Nachweise darüber. Sie erhielt eine für ihre Herkunft außergewöhnlich gute Ausbildung: Lesen, Schreiben, Latein, Italienisch, möglicherweise auch Spanisch, in jedem Fall Sticken, zusätzlich – was wieder ungewöhnlich ist – Reiten und Fechten. Ihre dritte Elegie wird oft als autobiographisch gelesen; man kann sie zumindest als Autobiographie ihrer literarischen »persona« verstehen. Darin schildert sie sich als bescheiden, loyal und ehrlich. In ihrer Jugend habe sie überaus geschickt sticken können und auch die kriegerischen Künste beherrscht:

Wer sah, wie stolz ich meine Rüstung trug
Und meine Lanze, meines Speeres Flug,
Wie im Getümmel ich aufs Roß mich schwang,
Es spornte und zu einer Wendung zwang,
Der glaubte, daß ich Bradamante war …[6]

Bradamante ist eine der großen Liebenden des Renaissance-Epos und nimmt in Ludovico Ariostos »Rasendem Roland«, als Ritter verkleidet, außerordentlich erfolgreich an den Kreuzzügen teil. Der Verweis Labés auf Bradamante gab Anlass zu dem Gerücht, sie habe, als Mann verkleidet, an der Belagerung von Perpignan teilgenommen. Labés Biographin Madeleine Lazard diskutiert das gründlich und hält es für unwahrscheinlich; eher könnte es sich um die Teilnahme an einem Turnier anlässlich eines großen Festes gehandelt haben.[7] 1536 lernte Labé den Dichter Clément Marot kennen, der mit einer Petrarca-Übersetzung eine entscheidende Rolle für die Übernahme des italienischen Sonetts in die französische Literatur spielte und Labés Arbeit beeinflusste.[8]

Louise Labé soll sich, so die Spekulation, in einen Edelmann verliebt haben, nachdem sie einen älteren römischen Dichter abgewiesen habe. Manche sagen, es handle sich um den späteren König Henri II., andere meinen, es sei ein Hofmann gewesen. Das alles lässt sich nicht mehr überprüfen, und Madeleine Lazard hält vieles davon für unglaubwürdig. Trotzdem könnte sie eine oder mehrere frühe Lieben gehabt haben. In der erwähnten dritten Elegie schreibt das lyrische Ich, ihr Sinn habe »nach Mars und Wissen« gestanden (also nach Kriegskunst und Gelehrsamkeit), aber Amor hätte ihr einen Strich durch die Rechnung gemacht, als sie sechzehn Jahre alt war, und seitdem (das sei dreizehn Jahre her!) leide sie, könne nicht mehr essen oder trinken oder schlafen, denn Liebe, zumal unerwiderte – und nur darüber schreibt sie –, ist in ihren Augen eine Tortur und eine Form der Selbstentfremdung:

Ich habe nur noch Amors Glut im Sinn,
Die mich verwandelt, daß ich fremd erscheine,
Und ich mich selbst nicht mehr zu kennen meine.[9]

Im vierten Sonett heißt es noch radikaler:

Seit Amor mir, mit einem Schlag,
Die Brust vergiftet hat mit seiner Glut,
Brannte ich stets von seiner heiligen Wut,
Und sie verließ mein Herz nicht einen Tag.

Und am Ende steht, Amor sei den Menschen mitnichten zugeneigt, sondern er verachte Menschen und Götter und wolle nichts weiter als »stärker noch als Starke sein«.[10]

Um 1540 heiratete Louise Labé Ennemond Perrin, einen fünfundzwanzig Jahre älteren Seiler. Diese Ehe war, wie alle damals, ein familiäres Arrangement und hatte mit Liebe nichts zu tun, schon gar nicht mit einer Liebe, wie sie sie in ihren Elegien und Sonetten besingt. Es war an der Zeit für sie, unter die Haube zu kommen; unverheirateten Frauen standen in der Renaissance wenige Möglichkeiten offen außer dem Eintritt ins Kloster oder dem Leben als geduldete Tante in der Familie der Brüder – vorausgesetzt, die wollten sie. Über die Ehe ist nicht viel bekannt; sie blieb kinderlos.

Ab ungefähr 1545 unterhielt »la belle cordière«, die »schöne Seilerin«, einen literarischen Salon, der Anziehungspunkt für Intellektuelle, Künstler und einflussreiche Männer wurde: Maurice Scève und künftige Pléiade-Dichter wie Baïf, Peletier du Mans, Pontus de Tyard.

Louise Labé schätzte die Liebeskasuistik, intelligente und scharfsinnige philosophische Reflexionen über die unterschiedlichen Formen der Liebe, die literarisch meist in ein fiktionales (Streit-)Gespräch gekleidet wurden. Der italienische Kardinal, Humanist und Literat Pietro Bembo hatte mit seinen »Asolani« ein viel nachgeahmtes Vorbild geliefert, das auch ins Französische übersetzt wurde und das Louise Labé vermutlich kannte, wie ihr »Streitgespräch zwischen Wahnsinn und Liebe« zeigt.

Spuren davon finden sich auch in ihren Liebessonetten. Typisch für das französische Sonett, wie es zunächst von der »Ecole Lyonnaise« entwickelt und dann von den Pléiade-Dichtern übernommen wurde, sind Pointiertheit und Lust an sprachlichen und intellektuellen Spielereien.[11]

Man spekulierte oft, ob der »poète mineur«, der eher zweitrangige Lyriker Olivier de Magny, das Vorbild für den Geliebten in ihren Gedichten sei. Das lässt sich jedoch nicht nachweisen und ist auch nicht wirklich wichtig. Dafür spricht, dass beide literarisch mehrfach Bezug aufeinander nahmen. Auffallend ist insbesondere das zweite Sonett ihres Sonettzyklus, in dem sie Teile von seinem 55. Sonett aus der Sammlung »Soupirs/Seufzer« übernimmt und selbst weiterdichtet. Abgesehen davon, dass beide einem bereits bei Petrarca vorgegebenen Schema der Anrufe und Ausrufe als Gliederungsschema und emotionalem Raster folgen: Labé spielt hier ein raffiniertes Spiel mit seinem Liebesgedicht, das sie im Zitieren verändert und gegen den Geliebten wendet.[12]

Der Anfang bei beiden lautet:

O braune Augen, abgewandter Blick,
O heiße Seufzer, o vergoßne Tränen,
O schwarze Nacht, dir gilt umsonst mein Sehnen,
O lichter Tag, du kehrst umsonst zurück!

Wird also bei beiden eingangs Sehnsucht und Liebesschmerz beschrieben, so ruft Magny am Ende recht einsinnig mit »O« apostrophierte Dinge, Ereignisse und Gefühle als Zeugen für seine Liebe auf:

O verstreute Schritte, o zu heiße Flamme,
O süßer Irrtum, o Gedanken meiner Seele,
Die mich Tag und Nacht hierhin, dorthin treiben,

O ihr meine Augen, keine Augen mehr, sondern
Brunnen,
O Götter, o Himmel, und Menschen,
Seid um Gottes willen Zeugen meiner Liebe.

Das Ergebnis ist ein ziemlich plattes Liebesgedicht, das das bekannte Arsenal der Liebesdichtung (Blicke, Augen, Verderben, Unruhe und so fort) aufführt und nichts Überraschendes enthält, ja im Gegenteil ohne deutlichen Schlussakkord eher im Sande verläuft. Sie hingegen gibt geistreich durch eine Veränderung dem ganzen Gedicht eine völlig andere Stimmung und Aussage.

Dich klag ich an, du trägst all diese Brände
Überallhin, wo sie mein Herz bedrängen;
Auf dich kein Funke davon übersprang.[13]

Die Sprecherin klagt ihren Geliebten an, er habe ihre Liebe ausgelöst und erwidere sie nun nicht. Bei ihr bekommt das Gedicht Kohärenz und Klarheit. Er spricht im Gestus der Liebeswerbung, indem er seinen Schmerz über ihre Gleichgültigkeit gegen sein Werben darstellt. Sie wandelt das um in *ihre* Erinnerung an seine vergangene Liebeswerbung und gibt damit den abgewandten Augen des Anfangs einen doppelten Sinn: Das waren nämlich seine früheren schmerzlichen Reaktionen darauf, dass sie ihn einst verschmäht hat – und sind gleichzeitig ihre heutigen Reaktionen auf seine Zurückweisung. Denn nachdem es ihm offenbar doch noch gelungen ist, ihr Herz zu gewinnen, hat er sich abgewendet – und sie sehnt sich nach der ersten Zeit seiner Liebe zurück.

Das kann ein direkter Bezug auf eine Beziehung zwischen beiden sein, aber ebenso gut ein Spiel mit einer fiktionalen Beziehung oder schlicht ein dichterischer Wettstreit. Für Letzteres spricht, dass Magnys Gedicht später erschien als ihre Sonette – was natürlich nicht ausschließt, dass es bereits zuvor eine handschriftliche Version gab, die ihr bekannt war. Ein Wettstreit könnte so ausgesehen haben, dass sie sich zwei Quartette vorgaben und die zwei Terzette unabhängig voneinander dichteten. Vielleicht kann man das Ganze auch andersherum lesen, nämlich sein Gedicht als Reaktion auf ihr Gedicht mit den implizierten Vorwürfen. Dieser Weg – vom komplexen Text zum einfachen, von einer doppelten Zeitebene zu einer einsinnigen – ist freilich unwahrscheinlich.[14]

Louise Labés Sonettzyklus erzählt die Geschichte einer imaginären Liebe, einer idealtypischen Liebe, die keinen Anfang und kein Ende hat, sich gleichsam im Kreise dreht im ständigen Wechsel zwischen Hoffen, Enttäuschung, Leiden. Es bleibt der Liebenden außer Strömen von Tränen ob der Unmöglichkeit gelebter Liebe nur der Traum vom Liebesglück: »Bin ich ersehntem Schlummer hingegeben« – die Sprecherin hofft, im Schlaf Ruhe zu finden, aber sie gleitet in (erotische) Träume:

O sanfter Schlaf, beseligende Nacht!
Wohlige Ruhe voller Harmonie!
Mögt ihr mit meinem Traum mich immer laben!

Ist meiner liebenden und armen Seele nie
In Wirklichkeit so Gutes zugedacht,
So laßt sie wenigstens dies Trugbild haben.[15]

Der alte Topos der Liebe als Kampf taucht immer wieder auf. Dieser findet statt zwischen einem grausamen Amor, einer leidenschaftlich Begehrenden und dem Mann, der die Liebende zurückweist. Liebe hat hier nichts mit Glück zu tun, sondern wird ausschließlich als Schmerz imaginiert. Das Ich gewinnt keine Konturen außer denen der hoffnungslos Liebenden und Leidenden, ihr Gegenüber erscheint als grausamer Spieler mit ihrem Herzen. Er hat sie einst umworben und sie dann verlassen, als sie, zunächst kalt, schließlich aufgrund seiner Bemühungen doch für ihn entbrannte.

Mit Trost und Mitleid hab ich dich bedacht,
Als dir mein Feuer gar zu träge schien;
Doch jetzt, da ich in solchem Maß entfacht,

Wie du es haben wolltest, bis zum Glühn,
Gießt Wasser du in deine Glut hinein;
Nie pflegte ich so kalt zu dir zu sein.[16]

Damit wird das Motiv der verlassenen Frau, für das die italienischen Petrarkistinnen schon »moderne« Varianten fanden – etwa Vittoria Colonna, die als Witwe den Tod ihres Mannes betrauerte –, um eine weitere Version reicher: Die Umworbene wird fallengelassen in dem Moment, in dem sie zu einer Liebesbeziehung bereit wäre. Nur ein oder zwei Gedichte lassen etwas anderes vermuten:

Küß mich noch einmal, küß mich wieder, küß mich;
Laß mich den köstlichsten von allen trinken,
Laß mich in deinem innigsten versinken;
Viermal, so heiß wie Kohle, küß ich dich.[17]

So direkt und lustvoll hatte bislang keine Frau gedichtet, höchstens männliche Autoren begannen langsam, dem Petrarkismus eine stärker körperbetonte und sinnenfreudige Richtung zu geben. Kein Wunder, dass Louise Labés Ruf schon zu ihrer Zeit und auch im Laufe der Jahrhunderte nicht immer der beste war. Eine solche Deutlichkeit des Begehrens ging den Sittenwächtern zu weit, selbst wenn keine gelebte Gegenwart gemeint war, sondern vielleicht die Vergangenheit – oder das Ganze nur ein Wunschtraum ist. Ein Wunschtraum ist auch das dreizehnte Sonett, das – im Konditional – im raffiniert gestalteten Ineinander von körperlicher Nähe und Tod eine deutliche Anspielung auf den »kleinen Tod« im sexuellen Höhepunkt darstellt:

Und wenn, da meine Arme ihn umfingen
Wie Efeuranken sich um Bäume schlingen,
Die Wonne neidend, mir der Tod erschien,

Dann würde er mir süßre Küsse geben,
Zu seinen Lippen hin mein Geist entfliehn –
Sterben wär gut und glücklicher als Leben![18]

Der Lobpreis der schönen Frau ist charakteristisch für den Petrarkismus und überhaupt für die Dichtung der Zeit, die auch das »blason« erfand: allgemein eine exakte Beschreibung eines Menschen oder Dings, im Besonderen die genaue Beschreibung des weiblichen Körpers von den Füßen bis zum Kopf oder auch nur eines Körperteils (wie Maurice Scèves Gedicht auf die weibliche Brust). Das wird hier umgedreht und zum Lob des schönen Mannes durch die liebende Frau und Dichterin. Da dieses Lob jedoch sogleich mit seiner Grausamkeit kontrastiert wird, bleibt es folgenlos und lässt die Frau ohnmächtig erscheinen.

O Blicke, o ihr Augen, sanft und schön,
Gärtchen, wo lauter Liebesblumen blühn;

Und Pfeile Amors lauern schon darin;
Und ganz gebannt muß euch mein Auge sehn!

O falsches Herz voll schonungsloser Härte,
Wie unerbittlich bin ich dir vereint ...[19]

Das bestätigt seine Überlegenheit als grundsätzlich aktiver Part in einer Beziehung, wie es bis dahin üblich war. Denn der Geschlechterordnung zufolge durfte nur der Mann werben, die Frau ließ sich erobern. Alles andere würde dem »decorum«, dem Anstand und der weiblichen Sitte, widersprechen. Hier jedoch wirbt ein weibliches lyrisches Ich unablässig um einen Mann – und sie rechtfertigt sich, indem sie ihr Werben zur Folge des seinen macht und ihm die Aktivität der Zurückweisung zuschreibt. So hat sie keine eigenen Spielräume mehr, sondern bleibt Spielball. Das jedoch unterläuft sie auf doppelte Weise.

Zum einen, indem sie die bisher fraglos vorausgesetzte Einheit zwischen den Augen und dem Herzen auflöst. Solange die Augen als Spiegel der Seele galten, durch die folglich auch die Liebe entsteht, war klar, dass Augen nicht lügen. Hier tun sie es, ganz explizit: Auge und Herz entzweien sich. Die schönen, zärtlichen Augen des Geliebten sagen nichts über seine wahren Gefühle, über sein »falsches Herz«. Damit werden Grundlagen des petrarkistischen Diskurses und damit der Liebeskonzeption außer Kraft gesetzt.

Zum anderen wendet sich das liebende Ich der Dichtung zu und vermag damit einen ganz eigenen Handlungsraum zu erobern, der der Liebe sogar überlegen ist, weil es diese als Diskurs überhaupt erst hervorbringt und (implizit) unsterblich macht: Die »Laute, Gefährtin in den Unglückstagen, / die ich zum Zeugen meiner Seufzer machte«,[20] lässt sich nicht zwingen, frohe Töne anzuschlagen: Dann »erschlafft« sie. Sie gestattet nur traurige Lieder. Und solange die Liebende noch Tränen vergießen, singen und Laute spielen kann, wird sie nicht sterben.

Wenn aber meine Augen mir versiegen,
Die Hand erschlafft und meine Stimme bricht,

Und wenn mein Geist in diesem Erdenleben
Kann nicht mehr Zeichen meiner Liebe geben,
Verdunkle mir der Tod das Tageslicht.[21]

Das ist doppeldeutig: Man kann es durchaus als Ausdruck der Liebesklage lesen. Darüber hinaus ist es aber auch eine poetologische Aussage: Solange sie schreibt, lebt sie, jetzt und künftig; und die Dichtung (versinnbildlicht nicht nur in der Stimme, sondern auch in der Laute, denn damals wurde Lyrik vorgetragen) hat ihren eigenen Willen, wenn sie so tönt, »als sei mein Lied verzagt«, obwohl die Sängerin (damals sang man vorzugsweise) »frohe Klänge« anschlägt. Das hat nichts mehr mit der Beschreibung autobiographischer Liebeserfahrung zu tun, sondern ist ein klarer Verweis auf die Eigengesetzlichkeit der Dichtung, die das, worüber sie spricht, schöpferisch hervorbringt und nicht einfach schildert.

Eine ähnliche Sprache sprechen die Sprachspiele, so zum Beispiel deutliche Petrarca-Zitate im siebzehnten Sonett:

Um mein verliebtes Sinnen zu zerstreun,
Muß ich mich einsam in den Wald begeben.
Doch schweife ich umher von da nach dort,

Dann spür ich, will ich mich von dir befrein,
Kann ich nur außer mir noch weiterleben:
Denn du bist in mir auch am fernsten Ort.[22]

In Petrarcas »Canzoniere« sucht der Liebende des Öfteren die Einsamkeit in der Natur:

Allein und sinnend durch die ödsten Lande
Zieh ich mit langsam abgemessnem Schritte,
Und ringsum schweift mein Blick, wo Tritte
Der Menschen irgendwo zu sehn im Sande.[23]

Louise Labés Werke (»Evvres« in der alten Schreibweise) erschienen, wie es damals üblich war, mit königlicher Erlaubnis im Jahr 1555; ganz sicher waren sie zuvor schon als Handschriften zirkuliert. Es gab sehr rasch weitere Auflagen. Ihre eigenen Texte wurden begleitet von vierundzwanzig Gedichten zu ihren Ehren von Autoren wie Olivier de Magny, Pontus de Tyard und Maurice Scève.[24] Madeleine Lazard argumentiert, diese Sammlung fremder Texte, die Labés Tugend und die Qualität ihrer Gedichte zum Inhalt haben, sei als Vorsichtsmaßnahme zu verstehen, um die Kühnheit der Seilerin zu entschuldigen, die sich erdreistete, ihre Werke von offen sinnlichem Charakter zu veröffentlichen, und riskierte aufgrund dieses kühnen Schritts, als »öffentliche« Frau gebrandmarkt zu werden. Denn es gab immer wieder Beschuldigungen gegen ihren Lebenswandel; Pamphlete zirkulierten, die die »schamlose Louise« als Frau von losen Sitten anprangerten. Nicht zuletzt ihr früherer Freund, vielleicht Geliebter Olivier de Magny verunglimpfte sie auf hässliche Weise.[25] Seitensprünge waren zwar in der Aristokratie üblich, aber eine bürgerliche Seilersfrau konnte dafür keine Nachsicht erwarten.

In ihrer vorangestellten Zueignung an eine unbekannte Lyoner Dame namens Clémence de Bourges betont Louise Labé die Befähigung der Frauen zu Wissenschaft und Dichtung und fordert ihre Adressatin, stellvertretend für alle

Leserinnen, auf, ihre Zeit solch nützlichen und erbaulichen Dingen zu widmen, statt sich »mit Ketten, Ringen und aufwendigen Kleidern [zu] schmücken«.[26] Denn die Ehre, der Ruhm und das Vergnügen, die die Beschäftigung mit den Wissenschaften eintrage, können ihnen nie wieder genommen werden – im Gegensatz zu den Gefühlen, die vergehen und auch durch die Erinnerung nicht mehr wiederbelebt werden können. Und außer dem Ruhm, den die Frauen dadurch selbst erwerben, »fällt uns das Verdienst für die Allgemeinheit zu, dass die Männer mit mehr Sorgfalt und Eifer das Studieren der schönen Wissenschaften betreiben werden aus Angst, sich zu ihrer Schande von denen überflügelt zu sehen, denen gegenüber sie in fast allen Dingen immer ihre Überlegenheit behauptet haben«.[27] Das ist eine charakteristische Argumentation im Rahmen der »Querelle des femmes«, die seit dem späten Mittelalter von Frauen und Männern pro und contra weibliche Gelehrsamkeit und Kreativität geführt wurde ebenso wie um die Begründung von Geschlechterhierarchien überhaupt oder um die Ehe.[28]

Die Zueignung selbst hat vermutlich eine legitimierende Funktion, nicht anders als die Gedichte der Kollegen: Clémence de Bourges war eine junge Frau aus sehr gutem Hause von tadellosem Ruf; nie hätte ihre Familie eine solche Zueignung erlaubt, wenn Louise Labés eigener Ruf Flecken gehabt hätte. Sie hielt es aber offenbar für nötig, die Publikation dennoch mit einer Reihe von unterschiedlichen Zeugnissen zu flankieren, die ihren Ruf befestigten und jeder möglichen üblen Nachrede von vornherein einen Riegel vorschoben.[29]

Ihr Mann starb vermutlich in jener Zeit, denn 1557 kaufte sie allein ein Stück Land, ein Haus und einen Weinberg etwa zwanzig Kilometer außerhalb Lyons, wenige Jahre später einen zweiten Weinberg.[30] Zu der Zeit hatte sie vielleicht eine Liaison mit einem einflussreichen florentinischen Bankier, der in Lyon lebte und ihr bei ihren Vermögensangelegenheiten zur Seite stand.

Louise Labé verstummte nach der Publikation ihrer Werke; man weiß kaum etwas über ihre letzten Jahre. Die Zeiten wurden schwieriger. Religionskämpfe und Bürgerkriege, finanzielle Probleme beutelten Frankreich und trafen die Handelsstadt Lyon besonders hart. 1564 brach auch noch die Pest in der Stadt aus und raffte rund 60 000 Menschen dahin, etwa ein Drittel der Bevölkerung.[31]

Louise Labé überlebte die Pest. Am 28. April 1565 diktierte sie ihr Testament im Hause des florentinischen Freundes Fortini, der ihr Testamentsvollstrecker und, neben zwei Neffen, der Haupterbe ihres nicht geringen Besitzes war;[32] außerdem vermachte sie den Armen und verschiedenen Bediensteten einige Legate. Da war sie schon krank, denn es heißt am Ende des Testaments, sie liege krank im Bett. Sie wünscht ein Begräbnis ohne Pomp, bei Nacht und dem Licht einer Laterne, begleitet von vier Priestern. Beerdigt möchte sie werden an dem Ort ihres Todes, wo immer das sei. Ein Hochamt soll gelesen werden und hundert »kleine« Messen im Laufe einer Woche, und dafür hinterlässt sie der Kirche eine entsprechend hohe Summe.

Louise Labé starb vermutlich Anfang 1566, in jedem Falle vor dem – oder vielleicht auch am – 15. Februar.

Seneca
Bullar. Magnum
Ius Civile

Die Verworfenste von allen

Sor Juana Inés de la Cruz
(1648/51–1695)

Wie plant man sein Leben, wie kann man sein Schicksal autonom gestalten? Was wagt man? Oder muss man unwissend sein, um sich auf die Gefahren einer bestimmten Lebensführung einzulassen? Wenn man wüsste, was einem bevorsteht: Würde man andere Entscheidungen treffen? Aber auch: Welch ungeheure Chance besteht darin, wenn jemand den Mut hat, alle Gefahren vorherzusehen und sich dennoch auf das Wagnis einzulassen – könnte so jemand *alles* tun?

Würde man alle Seenot erst erwägen,
keiner hätte den Mut, aufs Meer zu fahren;
sähe man klar im voraus die Gefahren,
niemand wagte, den Kampfstier zu erregen.

Juana Inés de la Cruz musste selbst mehrfach Entscheidungen treffen, die ihre Existenz änderten. Nach einem glanzvollen Leben am Hof der spanischen Vizekönige in Mexiko entschied sie sich dafür, ins Kloster zu gehen. Sie wollte nicht heiraten, sich nicht der Verfügungsgewalt eines Ehemannes unterwerfen und ihr Leben mit Kinderaufzucht verbringen. Sie wollte frei sein, sie wollte selbst entscheiden, sie wollte lernen, sie wollte *wissen*. Und sie wollte schreiben, wissenschaftliche Texte und Dichtung.

Gäbe es aber jemand, kühn genug,
um der Gefahr zum Trotz mit kecker Hand
Apollos eigne Zügel zu erstreben,

zu lenken seines Lichtgefährtes Flug:
alltätig wäre der, nicht bloß imstand,
ein Leben lang im selben Stand zu leben.[1]

Wenn jemand den Mut *hätte* – die Sprecherin scheint zu bezweifeln, dass es möglich ist. Damit wird das ganze Gedicht, das im Konditional gehalten ist, auf die Ebene des Möglichen gehoben – im Gegensatz zum »wirklichen Leben«. Zugleich erhält es bei aller Bildkraft Züge einer philosophischen Argumentation. Ein philosophisches Gedicht also und zugleich ein Gedicht, das sehr kraftvoll Möglichkeiten und Entscheidungen vor Augen führt, ganz offensichtlich Partei ergreift: dafür, zu wissen, wissen zu wollen – und sich davon nicht lähmen, sondern im Gegenteil zum aktiven Handeln bewegen zu lassen.

Das Sonett ist typisch barock in seiner Metaphorik: Schifffahrt als das Leben, Schiffbruch als die Gefahren und das Scheitern sind eingeführte rhetorische Motive. Die Anschaulichkeit der bewegten Bildlichkeit ist verwoben mit der kristallklaren Argumentation eines scharfen Verstandes. Der Rückgriff auf die antike Mythologie verankert das Gedicht in der europäischen Tradition und verspricht zeitlose Geltung. Es ist ein grundlegendes menschliches Problem, das hier verhandelt wird – und zwar ganz und gar diesseitig, innerweltlich, zeitlos.

Das Kloster war seit dem Mittelalter die einzige Möglichkeit für eine Frau, die ein der Wissenschaft und Poesie gewidmetes Leben anstrebte. Aber dieses Leben barg auch Fallen, die der Nonne Sor Juana erst langsam deutlich wurden. Die Kirche war keineswegs begeistert von selbstbewussten und auch noch erfolgreichen Frauen. Obwohl sie während der ersten Jahre weitgehend das tun konnte, was sie wollte (und unglaublich erfolgreich weit über die Klostermauern hinaus wurde), änderte sich das, als ein neuer Bischof an die Macht kam, dem an der Kirchen- und Klosterreform gelegen war.

Fortan musste Sor Juana um alles kämpfen, um jedes Wort, das sie schrieb, jedes Buch, das sie lesen wollte, jeden Besuch, den sie empfing. Sie wurde zum Gehorsam gezwungen. Am Ende unterlag diese außerordentlich starke, mutige, begabte und politisch geschickte Frau der Gewalt: Sie, die Glück und Erfüllung im Schreiben und im wissenschaftlichen Gespräch gefunden hatte, verstummte für immer.

Juana Inés Ramírez wurde entweder am 2. Dezember 1648 oder am 12. November 1651 in San Miguel de Nepantla, Mexiko, geboren.[2] Sie entstammte einer kreolischen Familie; die Großeltern waren Spanier. Ihre Mutter verwaltete das Gut des Großvaters; sie war trotz ihrer fünf Kinder unverheiratet. Juana Inés war also eine uneheliche Tochter, was, wie der mexikanische Autor und Literaturnobelpreisträger von 1990, Octavio Paz, in seiner großen Studie über die Dichterin darlegt, offenbar kein Skandal war: Die religiöse Moral war strikter als die sexuelle.[3] Das änderte nichts daran, dass eine uneheliche Tochter wegen der ungewissen Herkunft und nicht zuletzt aufgrund der fehlenden Mitgift schwer zu verheiraten war. Den Vater (Manuel de Asbaje) kannte sie nicht. Die Tochter trug den Namen der Mutter und überließ ihrer Phantasie die Wahl des Vaters:

Brav mied dein Muttchen die Last
solcher Vaterschaft, daß später,
Sproß aller möglichen Väter,
du dir den wählst, der dir paßt.[4]

Schon als Kind war sie wissbegierig. Im Alter von drei Jahren lernte sie lesen, indem sie heimlich mit der älteren Schwester in die Schule lief und die Lehrerin überredete, sie zu dulden und am Unterricht teilnehmen zu lassen – so erzählt sie es zumindest in ihrem einzigen autobiographischen Text, der eigentlich eine Verteidigungsschrift ihres Lebens und ihrer wissenschaftlichen und theologischen Arbeiten ist: »Antwort an Sor Filotea de la Cruz«. Weil sie gehört hatte, von Käse werde man »blöde«, aß sie keinen Käse mehr. Wenn sie ihrer Ansicht nach nicht schnell genug lernte, schnitt sie sich zur Strafe ihre Haare ab. Sie setzte ihrer Mutter zu, »sie solle mich doch als Knabe verkleidet nach Mexiko schicken, ins Haus von Verwandten, die sie in der Stadt hatte, damit ich dort zur Schule gehen und die Universität besuchen könne«. Als die Mutter das verweigerte, verschaffte sie ihrem »gekränkten Verlangen Genugtuung, indem ich viele und mannigfaltige Bücher las, die mein Großvater besaß, ohne daß Strafen oder Rügen mich jemals davon abbringen konnten«.[5]

Mit zehn oder elf Jahren wurde sie dann doch nach Mexiko-Stadt zu Verwandten geschickt, allerdings nicht um die Schule oder gar die Universität zu besuchen, sondern um die Familie zu entlasten. Mit sechzehn kam sie schließlich als Gesellschaftsdame der Vizekönigin an den Hof des spanischen Vizekönigs Marqués de Mancera.

Die Vizekönige kamen jeweils für drei Jahre nach Mexiko; manchmal wurde ihre Zeit um weitere drei, ausnahmsweise sechs Jahre verlängert. Ihre Familien mussten sie im Mutterland lassen, quasi als Geiseln, die ihr korrektes Verhalten in der Kolonie garantierten. Als verlängerter Arm des Königs von Spanien herrschten sie, sprachen Recht, entschieden über kirchliche Fragen und repräsentierten das Königshaus; sie waren Herrscher auf Zeit und standen unter genauer Kontrolle durch das Mutterland.

Südamerika befand sich in der Hochphase der Kolonisation; die Kolonisatoren hatten sich seit der Entdeckung der »Neuen Welt« durch Kolumbus 1492 angesiedelt und ihre Kulturen durchgesetzt, die nur zuweilen gemischt wurden mit den einheimischen. Mexiko war zwar in gewissem Sinne ein Schmelztiegel, aber vor allem eine durch und durch hierarchische Gesellschaft, in der die Kolonisatoren alle Macht besaßen.

Am Hof glänzte Juana Inés mit ihrer Schönheit und Gelehrsamkeit, sie wurde bald wie ein Wunder bestaunt und ausgestellt. In einem von vierzig Gelehrten öffentlich ausgetragenen Wettstreit, den der Vizekönig veranstaltete, trug sie den Sieg davon, »wie eine königliche Galeere sich einer Schar von Schaluppen erwehrt«, sagte der Vizekönig.[6] Sie hatte sich einem Frage- und Antwortspiel in allen Disziplinen gestellt und befestigte ihren Ruf als außerordentlich gebildete junge Frau.

Daneben nahm sie zwangsläufig am höfischen Leben teil. Dieses war auf Repräsentation und, in absolutistischer Manier, auf Kontrolle bedacht, die nicht zuletzt durch ein ausgeklügeltes System von Liebesbeziehungen garantiert wurde. Octavio Paz erläutert dieses System der Liebe, das am Hofe zelebriert wurde und eine wesentliche Beschäftigung der Höflinge darstellte.

Es leitete sich von den Troubadours und den europäischen Liebeskonzepten ab, bildete aber eine charakteristische Variante: Nicht mehr die Anbetung einer verheirateten unerreichbaren Dame stand im Mittelpunkt, sondern es wurden Liebesverhältnisse zwischen verheirateten Männern und unverheirateten Frauen geduldet – solange sie nicht zu Nachkommen führten. In die damit verbundenen Spiele und Intrigen muss Juana Inés zwangsläufig verwickelt gewesen sein. Enttäuschungen blieben wohl nicht aus und fanden Eingang in Juanas Verse.[7] Was jedoch viel mehr

Spuren in ihren Texten hinterlassen hat, sind die Konventionen der Liebesdichtung, die sie virtuos einsetzt.

Ich liebe, ich begehre den, der von mir geht,
Doch ich verlasse den, der nach mir schmachtet.
Ich bete jenen an, der meine Liebe schmäht,
ich schmähe den, der nach mir trachtet.[8]

Es finden sich in ihren Gedichten Namen wie Silvio oder Fabio, die in der Liebeslyrik Europas neben mythologischen Anspielungen oft verwendet wurden und die alles oder nichts an persönlicher Erfahrung bergen können:

Wenn ich den Irrthum meiner Liebe rüge,
Die dich, ehrloser Silvio, mir empfahl,
Erkenne ich des Irrthums Macht zumal
Und unsrer Sünde schwere Schuld und Lüge.[9]

Octavio Paz betont, die Wurzel von Sor Juanas Dichtung liege, wie die aller Dichter, »in ihrem Leben, worunter zu verstehen ist, daß das Wort Leben (…) nicht nur das Tun, sondern auch Phantasien, Gedanken und Lektüre bezeichnet. (…) Was wir Erleben nennen, schließt Wirklichkeit und Vorgestelltes, Gedachtes und Geträumtes ein.«[10] Und wie in der Renaissance Poetiken befolgt wurden, um über Erlebtes und Empfundenes zu schreiben, so musste auch im Barock »das persönliche Erlebnis sich den von Philosophie und Rhetorik erdachten Archetypen anpassen, um anerkannt zu werden«.[11]

Eine vorteilhafte Eheschließung gestaltete sich für Juana Inés Ramírez aufgrund ihrer Herkunft und der fehlenden Mitgift schwierig, und sie hatte auch keine Lust dazu, sondern wollte allein und unabhängig leben (und wer weiß, ob sie möglicherweise ahnte oder wusste, dass Männer sie einfach nicht anzogen, sondern Frauen). Dazu gab es nur einen Weg: den Eintritt ins Kloster. Zunächst ging sie in ein Karmeliterinnen-Kloster, das freilich so strengen Regeln folgte, dass sie es nicht aushielt und krank wurde; binnen kurzem verließ sie es wieder und kehrte vorübergehend an den Hof zurück. 1669 jedoch trat sie ins Kloster des Heiligen Hieronymus ein und legte die Profess ab. Die auch hierfür erforderliche Mitgift wurde vermutlich von ihrem Paten bezahlt. In der bereits erwähnten Verteidigungsschrift, die sie viele Jahre später im Rahmen einer theologischen Auseinandersetzung verfasste, schreibt Sor Juana, sie habe das Kloster aus Abneigung gegen die Ehe gewählt und um der Wissenschaft (und Dichtung) frönen zu können:

»Ich trat ins Kloster ein, obwohl mir bewußt war, daß zum Nonnenleben Dinge gehören (...), Dinge, die meiner Wesensart vielfach zuwider sind. Ich tat es, trotz alledem, da der geistliche Stand sich am ehesten mit meiner totalen Abneigung gegen die Ehe verträgt und der angemessene Ausweg war, den ich wählen konnte im Blick auf die von mir ersehnte Gewißheit meiner Erlösung.«[12]

Kein Wort von Berufung zum geistlichen Stand, sie fügt nur rasch die Hoffnung auf Erlösung als wichtigsten Beweggrund ein und versucht damit, den Erwartungen ihres kirchlichen Lesers Genüge zu tun. Stattdessen fährt sie fort zu schildern, was ihr am Klosterleben vor allem zuwider war und welche Opfer es ihr abverlangte, da es ihr mitnichten die Ruhe zum Studium garantierte, die sie brauchte. Ihr »widerspenstiger Geist« verzichtete auf ihren dringenden Wunsch, allein zu leben (das war für eine Frau damals und noch einige Jahrhunderte lang in der Welt undenkbar und aus anderen Gründen auch in der Klostergemeinschaft unmöglich). Sie benennt ihren Widerwillen »gegen jede vorgeschriebene Beschäftigung, welche die Freiheit meiner

Studien beeinträchtigt, und gegen den Lärm des Gemeinschaftslebens, der die stille Gelassenheit meiner Bücher stört«.[13]

Dann klagt sie sich selbst an. Das gehört zu der Selbstrechtfertigung – man muss sich klarmachen, sie kämpft hier um ihr intellektuelles Überleben: »Ich dachte, daß ich auf diese Weise mir selbst entkäme; aber weh mir, ich brachte mich selber mit, schleppte meinen schlimmsten Feind ein, mit dieser Neigung, von der ich nicht mit Bestimmtheit zu sagen weiß, ob sie mir als Glückspfand oder als Strafe vom Himmel zugeteilt worden ist (...).«[14]

Abgesehen von der theologischen Rechtfertigung thematisiert sie hier ein Problem, das den Barock ebenso wie die Moderne in höchstem Maße beschäftigt, freilich unter jeweils anderen Vorzeichen: Wer bin ich? Und wie kann ich mir entkommen? Wie mit mir selbst leben? Wir reflektieren das nur noch selten unter religiösen Gesichtspunkten, im Barock war es notwendig, einer solchen Frage ihren religiösen Hintergrund zu geben – dieser Hintergrund war der Maßstab allen Denkens über Identität und das Leben des Individuums in der Welt. Schuld und Sünde sind in dieser Argumentation von zentraler Bedeutung.

Epocheneinteilungen sind bekanntlich immer nachträgliche Konstruktionen. Es lassen sich aber deutliche Veränderungen in Thematik und Poetik zwischen Renaissance und Barock ausmachen. Zentral für die barocke Dichtung ist die Idee der Vanitas: Die Eitelkeit alles Irdischen, Vergänglichkeit, Tod werden zum wichtigen Thema, und das mit einer anderen, oft geradezu verzweifelten Intensität, die dem früheren Renaissance-Bestreben nach Klarheit – wie das auch die Dichtungen Vittoria Colonnas oder Gaspara Stampas kennzeichnet, so aufgewühlt und doppeldeutig sie sich zuweilen lesen – widerspricht.

Michelangelo kann mit seiner Dichtung, Malerei und

Bildhauerei als Übergang zwischen Renaissance und Barock angesehen werden. Die Sicht der Welt konzentriert sich im Barock auf die »discordia concors«.[15] Das »Zusammenklingen des Unvereinbaren« sucht und findet neue Ausdrucksmittel: Die Metapher ist das zentrale Stilmittel, weil sie das Nicht-Zusammengehörige zusammenbringen und veranschaulichen kann. Daraus resultiert der für Spanien und Italien typische Konzeptismus. Der Begriff meint den schöpferischen Akt des Geistes, »mit dem dieser Beziehungen zwischen den Objekten entdeckt und herstellt«.[16] Der scharfe und kalkulierende Verstand wird auch für die Dichtung bedeutsam und kann ein Lustgefühl auslösen, das dem sinnlichen Lustgefühl in nichts nachsteht.

Sor Juana hat das Kloster so gut wie nie mehr verlassen. Das gehörte zur Ordensregel und muss ihr furchtbar schwergefallen sein. Zudem hatte sich jede Nonne in die vorgegebene Tagesstruktur zu fügen, in die vielen Gebets- und Gottesdienststunden, die über den Tag verteilt waren. Das Stundengebet begann mit der Prim um 6 Uhr morgens, gefolgt von Laudes und der Messe sowie dem Frühstück. Um 9 Uhr Terz-Gebet, um 12 Uhr Sext-Gebet, um 15 Uhr Nona, um 19 Uhr Vesper, danach Abendessen und zum Abschluss des Tages Komplet.[17]

Natürlich mussten alle Nonnen bestimmte Pflichten im Gemeinschaftsleben übernehmen. So versah Sor Juana in späteren Jahren die Aufgaben der Buchhalterin des Klosters. Glücklicherweise waren die übrigen Regeln weniger streng, vor allem für die privilegierten Schwestern, zu denen Sor Juana zweifellos gehörte. Die Nonnen führten innerhalb der Klostermauern eigene kleine Haushalte, sie hatten ihre eigenen Bediensteten, wenn sie es sich leisten konnten. Und sie durften Besuch empfangen. Im Besuchszimmer konnten die Nonnen ihre Gäste, wenn auch durch ein Gitter von ihnen getrennt, mit heißer Schokolade und Kuchen bewirten und lange Gespräche oder auch Diskussionen führen. Sie durften Geschenke empfangen und auch machen. Sor Juana hatte bald einen salonähnlichen Gelehrtenzirkel um sich versammelt und genoss die wissenschaftlichen und poetologischen Gespräche ungemein, sie waren ihr notwendig; im Kloster fand sie schwerlich Gesprächspartnerinnen für ihre wahren Interessen und für ihren unersättlichen Geist.

Sor Juana führte also – protegiert von den Vizekönigen – über viele Jahre ein reges gesellschaftliches Leben (das sie in der »Antwort an Sor Filotea de la Cruz« außer Acht lässt, weil es nicht in die Argumentation passt).

Zur Vizekönigin, der Marquesa de Mancera, pflegte Sor Juana ein besonders inniges Verhältnis, was für eine Liebe das auch immer gewesen sein mag: Liebe zu einer Mutterfigur, zu einer Gönnerin, zu einer Freundin, zu einer Geliebten – zu der die Beziehung natürlich platonisch blieb –, ganz abgesehen vom Standesunterschied, der vieles unmöglich machte, nicht anders als das Klosterleben. Im Übrigen gab es damals ja noch keine Vorstellung von lesbischer Liebe.

Sie schrieb der Vizekönigin Gedichte, die sich aus der Tradition der Liebeslyrik speisen und von einigen ausschließlich als Fingerübungen in traditioneller Dichtung gegenüber einer Ranghöheren gedeutet werden, der sie zu tiefem Dank verpflichtet war. Diese Gründe mögen eine Rolle gespielt haben – aber das als einzige Erklärung zuzulassen ist ein deutlicher Versuch, die Liebesdichtung zu verharmlosen.

Auch mit der Nachfolgerin der Vizekönigin, María Luisa de Gonzaga, Condesa de Paredes, knüpfte sie ein Band, das noch viel zärtlichere und leidenschaftlichere Spuren in ihren Werken hinterlassen hat.

Phantasie, die sich mit züchtiger Liebe begnügt.

Bleib stehen, Schatten meines scheuen Glücks,
Zauberbild du, das ich zärtlichst umwerbe,
schöner Wahn, für den ich mit Freuden sterbe,
mit Qualen lebe, Traum süßen Geschicks.[18]

Wir können, wie gesagt, nicht wissen, wie diese Lieben beschaffen waren und wie sehr Sor Juana litt, als die Vizekönigin abberufen wurde und damit der persönliche Kontakt für immer abbrach.[19] Spanien war viel zu weit, um die Verbindung aufrechtzuerhalten, und Briefe waren nicht nur lange unterwegs, sie unterlagen außerdem der Kontrolle und Zensur – wirklich private Briefe waren nicht möglich. Die Condesa de Paredes nahm aber die Texte Sor Juanas mit nach Spanien und sorgte für eine erste Veröffentlichung.

Octavio Paz zieht es wie die meisten männlichen Interpreten vor, diese Beziehungen nicht als homoerotisch zu deuten. Andere hingegen erkennen durchaus Liebe darin, die mehr umfasste als platonische Freundschaft.[20] Auch wenn sie als Liebesbeziehungen aus den verschiedensten Gründen nicht lebbar waren, so waren sie es doch in der Phantasie, im Gefühl und in der Dichtung. Sie umfassen Sehnsucht, Glück, Qualen der Ungewissheit, Eifersucht:

Genug des Grollens also, Schatz, genug,
Laß dich nicht länger quälen von den Bränden
der Eifersucht, nicht verstören vom Trug

des Argwohns, Gaukelschatten an den Wänden;
denn du sahst ja, du fühltest, was sich niederschlug:
mein Herz, zerrinnend zwischen deinen Händen.[21]

Außer den Gedichten an die Vizekönigin, die sie größtenteils wohl aus eigenem Antrieb, als Geschenk an die Freundin und als Briefersatz schrieb, verfasste Sor Juana Texte unterschiedlichster Art: Liebesdichtung, vergleichsweise wenige religiöse Gedichte, Komödien, Gelegenheitsdichtung zu kirchlichen und weltlichen Anlässen – das meiste davon war Auftragsarbeit, oft sehr ehrenvolle. So entwarf sie zum Einzug der neuen Vizekönige 1680 einen prachtvollen Triumphbogen mit Sinnsprüchen, allegorischen und mythologischen Figuren und Bildern. Sie setzte den Vizekönig schmeichelhaft dem Meergott Neptun gleich in einer spitzfindigen Argumentation, die so barock ist, dass wir sie nur noch mit Hilfe vieler Erklärungen nachvollziehen können.

Vossler bezeichnet Sor Juana anschaulich als »unersättliche Freibeuterin«, die ihr errafftes Wissen bei Gelegenheit anbrachte, »nicht lehrhaft, auch nicht um selbst zu glänzen, sondern vor allem um zu erheitern, zu trösten, zu überraschen und, wenn es sein musste, zu verblüffen«.[22]

Sor Juana wurde weit über die engen Klostermauern hinaus berühmt und mit ihren Arbeiten wohlhabend. Sie konnte ihre Nichte ins Kloster holen, indem sie deren Mitgift zahlte. Sie zog sich natürlich auch Neid zu. Ihr Beichtvater betrachtete ihren Erfolg mit wachsender Besorgnis.

Dass sie nie aus eigenem Antrieb geschrieben hätte, behauptet sie wenige Jahre vor ihrem Tod in der »Respuesta«, der Antwort an Sor Filotea: »Und wahrlich, ich habe niemals etwas geschrieben, ohne dazu gezwungen und genötigt zu sein, und ich tat es nur, um anderen einen Gefallen zu erweisen« – das gehört zu den Topoi der Literaturgeschichte und ist zu erwarten; fast alle Autorinnen behaupten das früher oder später. Sie geht aber noch weiter, wenn sie fortfährt: »Nicht nur ohne Befriedigung, sondern mit wirklichem Widerstreben, weil ich nie der Meinung war, ich besäße die Fülle an Bildung und Talent, wie die Aufgaben dessen, der schreibt, fordert.«[23]

Hier schreibt die Nonne, die sich gegenüber der kirchlichen Obrigkeit rechtfertigen, ihr Verdienst herunterspielen, ihren Ehrgeiz und ihr Selbstbewusstsein leugnen muss. Denn sie war längst in Schwierigkeiten, war es eigentlich immer gewesen. Die katholische Kirche schätzte Frauen keineswegs, die auf wissenschaftlichem, künstlerischem und theologischem Gebiet arbeiteten, erfolgreich waren und das auch wussten. Es entsprach nicht dem Weiblichkeitsbild der Kirche.

Noch viel schlimmer war es, wenn diese Frau eine Nonne war, die dem Gehorsamkeitsgebot der Kirche unterworfen war und über keine eigene Entscheidungsfreiheit mehr verfügte. Ihre Situation wurde weiter dadurch verschlimmert, dass natürlich auch innerhalb der Kirche Konkurrenz herrschte und eine solche Frau unerwünscht war, ja eine Bedrohung für die Männer darstellte – und das auf allen Ebenen: des Intellekts, der Bildung, des Erfolgs, der eigenen, als gottgegeben erachteten männlichen Vormachtstellung qua Geschlecht, der männlichen Privilegien in der kirchlichen Hierarchie und so fort. Männer waren Subjekte, Frauen Objekte – das stellte Sor Juana immer wieder konsequent in Frage. Das brachte sie in Gefahr. Und dieser Gefahr versuchte sie durch ihre Bescheidenheitsbeteuerungen etwas entgegenzusetzen. In ihrer »Antwort« schreibt sie, sie habe Gott gebeten, »Er möge das Licht meines Verstandes löschen und nur soviel mir lassen, wie ich brauche, um seine Gebote zu halten; denn alles, was darüber hinausgeht, ist, nach Meinung mancher, bei einer Frau unnötig; und es gibt sogar den einen oder anderen, der sagt, es sei schädlich«.[24]

Sie gibt in diesen Worten die Argumente ihrer Gegner wieder – offensichtlich ist, dass sie selbst sie nicht vertritt.

Man spürt geradezu den Widerwillen, mit dem sie solche Sätze zu Papier gebracht haben muss. Freilich argumentiert sie an anderer Stelle damit, dass schließlich Gott ihr diese Gaben verliehen habe, womit indirekt der Beweis dafür erbracht ist, dass die Gegner weiblicher Bildung unrecht haben.

Der Condesa de Paredes gegenüber argumentiert sie auf hochinteressante Weise anders; ihr gesteht sie das Recht zu, die Gedichte ihr eigen zu nennen:

Das Kind, vom Schoß der Sklavin einst empfangen,
steht laut Gesetz dem zu, der Rechtens auch
über die Magd verfügt, aus deren Bauch
die kleinen Glieder nun ans Licht gelangen.

…

So hab ich, beste Lysi, allen Grund,
mit diesen Kritzelskizzen dir zu danken:
Kindern der Seele, von der Brust geboren.

Sind sie auch nicht ganz heil, nicht recht gesund
– recht ist, dass dir gehören die Gedanken
eines Herzens, so innig dir verschworen.[25]

Sor Juana vergleicht Gedichte mit leiblichen Kindern, spricht jedoch weniger übers Gebären der Kinder/der Texte als über das Zeugen, das der Königin zugeschrieben wird. Das ist eine spannende Konstellation, wird die Königin damit doch in eine männliche Position versetzt und Sor Juana in eine weibliche – ungewöhnlich beides, denn Dichten war eine männliche Angelegenheit. Und die Vizekönigin war in ihrer Position zwar eine mächtige Frau, aber fraglos eine Frau – nicht sie herrschte, sondern ihr Mann; ihr blieben repräsentative Aufgaben vorbehalten, die zwar nicht weniger wichtig waren, aber eben doch auf einem anderen Gebiet lagen, das nicht als männlich galt.

Zudem spielt das Gedicht in dieser heterosexuellen Konstellation ja auch auf den sexuellen Akt an, der für das Zeugen von Kindern nötig ist. Auf Dichterin und Königin übertragen, gewinnt das durchaus pikante Züge, zumal wenn man sich die Liebesgedichte der Dichterin an die Vizekönigin in Erinnerung ruft. Die traditionellen Dichtungsformeln ermöglichten ebenso wie neue dichterische Redeweisen das Formulieren von emotionalen und erotischen Sehnsüchten, die niemals anders hätten gesagt werden können (ganz abgesehen davon, dass sie nicht gelebt wurden).

Sor Juana führte theologische und philosophische Dispute mit den Gelehrten ihrer Zeit, mündliche und schriftliche, vor allem mit dem Erzbischof von Madrid, Carlos de Sigüenza y Góngora. Allen Mühen unterzog sie sich »mit wahrer Wonne, aus Liebe zu den Wissenschaften«. Zu diesen Mühen zählte auch die Beschränkung auf Bücher, auf tote Buchstaben statt auf die »lebendige Stimme, die persönlichen Erläuterungen des Lehrers«,[26] die damals den Kern jeder akademischen Ausbildung ausmachten, jedoch einer Frau in der Regel nicht zugänglich waren.

Wissensvermittlung funktionierte vorrangig über die persönliche Kommunikation. Natürlich hatte man Bücher – teure, seltene Objekte, die im 17. Jahrhundert zwar schon gang und gäbe waren, aber keineswegs Alltagsware, insbesondere wenn es sich um naturwissenschaftliche, theologische oder philosophische Werke handelte. Gelehrte studierten sie gründlich, oft mehrfach. Aber ohne direkten Kontakt mit einem Lehrer fehlte etwas Wesentliches, sonst würde Sor Juana diesen Mangel nicht ausdrücklich beklagen, sie, die über eine eigene reiche Bibliothek verfügte und sicher auch stolz darauf war. Aber sie war und blieb eben, bei aller Bildung, eine Autodidaktin, sie hatte keinen geregelten Unterricht genossen und wusste das auch.

»El primero sueño« (»Erster Traum«) ist ein langes Lehr- beziehungsweise ein philosophisches Gedicht über die Welt – der nächtliche Traum der Welt, gesättigt mit den damaligen Wissenschaften, voller Bilder, Metaphern und Vergleiche, eine einsame Vision und zugleich eine erstaunlich detaillierte Schilderung der (auch physiologischen) Vorgänge beim Schlafen und Erwachen. Octavio Paz führt aus, dass Neuspanien im Vergleich zu Europa im 17. Jahrhundert ausgesprochen rückständig gewesen sei, gerade auch in wissenschaftlicher Hinsicht.[27] Noch immer war die Bedeutung der Scholastik ungebrochen, die anderswo zu Ende ging. Neuspanien lebte isoliert und in einer der Zukunft gegenüber verschlossenen Welt, bestrebt, die Moderne zu bekämpfen, nicht, sie einzuholen. Die moderne Wissenschaft war verboten, konnte, wenn überhaupt, nur heimlich zur Kenntnis genommen werden. Eine Kultur des Verschweigens und der Verschlüsselung war die Folge, eine extrem hierarchische Gesellschaft, die nach Unveränderlichkeit strebte.

Die europäische Welt hingegen befand sich im Umbruch.[28] Das 17. Jahrhundert war die Zeit des Absolutismus mit seinen wirtschaftlichen und wissenschaftlichen Umgestaltungen. Herrschaft galt noch immer als gottgegeben, aber es machten sich zunehmend andere Einflüsse geltend. Ein Paradigmenwechsel vom System der Ähnlichkeiten hin zur modernen Wissenschaft vollzog sich, er wurde repräsentiert vor allem von René Descartes. Sor Juana kannte weder sein Werk noch das der anderen avancierten Denker Europas – von Hobbes, Machiavelli, Montaigne, Bacon.[29]

Das alte System ging von einem System der Ähnlichkeiten aus: Wörter und Dinge entsprachen einander, ebenso

Mikro- und Makrokosmos. Das bedeutete auch, dass jederzeit Ähnlichkeiten und Bezüge zwischen den unterschiedlichsten Bereichen hergestellt werden konnten. Wissen war Interpretieren: Man gelangte vom Sichtbaren zu dem, was sich dadurch ausdrückt. Gott stellte diese Ordnung her, der Mensch erkannte sie nur – er klassifizierte nicht. Ein Echo davon kann man in Texten Sor Juanas vernehmen, in ihrem »Ersten Traum« oder in einem Festspiel, in dem die Musik die Hauptrolle spielt (Sor Juana hat auch komponiert, leider ist keine ihrer Kompositionen erhalten). Jeder Sinn habe sein eigenes Maß bei der Wahrnehmung der Welt:

Daher kommt die Unterscheidung,
Wie man hört und wie man sieht
Oder tastet oder schmeckt.

Doch die Seele steht darüber
Und erkennt mit voller Klarheit,
Daß es ein Verhältnis ist,
Stets dieselbe Proportion,
Nur dem Scheine nach verschieden.[30]

Klassifizieren wurde jedoch zum neuen wissenschaftlichen Paradigma in der zunehmend säkularisierten Moderne, die im 17. Jahrhundert begann. Descartes fragte nach der Möglichkeit von Erkenntnis, er kam zum Denken als dem letzten Grund der Selbstgewissheit des erkennenden Subjekts: Ich denke, also bin ich. Das erkennende Subjekt setzt sich dem Objekt Welt gegenüber; auf der persönlichen Ebene entspricht das der Trennung von Körper und Geist.

Das alles konnte Sor Juana nicht mitvollziehen, und deshalb ist ihre Wissenschaft nicht auf dem gleichen Niveau wie ihre Dichtung. Diese freilich zählt zur bedeutendsten

Dichtung spanischer Sprache – wie der gesamten europäischen Barockdichtung. Sie ist von hoher Bildkraft und Beweglichkeit; ihre Intelligenz, ihr Scharfsinn und ihre außerordentliche Bildung ersieht man aus ihren theoretischen Werken, aber sie ist auch in der Dichtung unübersehbar, unüberhörbar. Und trotz des Bezugs auf die Tradition gewinnt sie einen sehr eigenen Ton.

Sor Juana hatte im Kloster Pflichten, die sie vom Schreiben abhielten, so die erwähnte jahrelange Tätigkeit als Buchhalterin. Die Wahl zur Äbtissin konnte sie glücklich verhindern. Immer wieder gab es Probleme mit ihrem Beichtvater, der ihren Ehrgeiz und ihre weltliche »Überhebung« gar nicht gern sah und sie zu kindlicher Demut und vor allem zum Gehorsam zu bewegen suchte, zur Unterwerfung unter den Willen anderer, die sie unter Umständen als dümmer ansah als sich selbst. Das war ihrem unabhängigen Geist unmöglich. Sie hatte Ärger mit einer Äbtissin, die ihr die wissenschaftliche Arbeit verbot oder manchmal sogar ihre Bücher konfiszierte. Sicher machte ihr auch der Neid von Mitschwestern zu schaffen.

1690 kommentierte sie eine um 1650 gehaltene Gründonnerstagspredigt des portugiesischen Jesuiten António Vieira; es war ihre Stellungnahme im damals aktuellen theologischen Streit um die Frage nach den Liebesbeweisen Gottes, die später ohne ihr Wissen als »Athenagorischer Brief« (»Carta Atenagórica«) veröffentlicht wurde: Ist es die Liebe, die Christus den Menschen entgegenbringt, ohne Gegenliebe zu erwarten, wie Vieira behauptet? Ist es der Verzicht auf den Nutzen der Gegenliebe? Oder ist der wichtigste Liebesbeweis Gottes – und das ist Sor Juanas Gedanke –, dass er bestimmte Wohltaten gerade nicht erweist? Denn jede unterlassene Wohltat befreie den Menschen, während erwiesene Wohltaten Lasten seien, die zur Gegengabe verpflichteten.[31]

Die »Carta Atenagórica« war in Gesprächen mit dem Bischof von Puebla, Manuel Fernández de la Cruz, entstanden; und er war es auch, der den Text ohne ihr Wissen veröffentlichte, zusammen mit seiner Antwort, die er vordergründig mit dem Pseudonym einer Sor Filotea »maskierte«. 1691 reagierte sie darauf mit ihrer »Antwort an Sor Filotea«: der Rechtfertigung ihres Lebens und ihrer theologischen und wissenschaftlichen Arbeiten. Zu der Zeit hatte sie, wie bereits angeklungen ist, längst Probleme mit ihrem Beichtvater, den Klosteroberen und der Inquisition hinter sich – nun brach der Konflikt offen aus.[32]

Seit 1688 die Vizekönige in Mexiko gewechselt hatten, besaß sie keine mächtigen Gönner und Beschützer mehr, die vieles von ihr ferngehalten hatten; der Nachfolger füllte diese Rolle nicht aus. Und ihr Ruf genügte nicht, im Gegenteil. Nun wagten die kirchlichen Autoritäten offener, sie am wissenschaftlichen und künstlerischen Arbeiten zu hindern. Sie setzten sie massiv unter Druck. Eine Nonne hatte demütig zu sein, nicht etwa, wie sie, hochgelehrt, von den irdischen und kirchlichen Würdenträgern und ihren Briefpartnern aus Südamerika und Spanien geschätzt, als Autorin begehrt – und letzten Endes auftrumpfend selbstbewusst. Das grenzte an Blasphemie. Vermutlich nahm man ihr auch den langen Schutz durch die Vizekönige und ihre äußerst herausgehobene und finanziell vorteilhafte Stellung übel, ihren Wohlstand, ihr Ansehen.

Sie hatte allen Anwürfen widerstanden. Nun war das Maß voll. Sie konnte dem Druck nicht länger standhalten, verzichtete gezwungenermaßen auf alle irdischen Güter, die ihr bisher einen eigenen Hausstand und eine eigene Bibliothek ermöglicht hatten, verkaufte alle Bücher (4000 an der Zahl), ihre wissenschaftlichen Geräte und ihre Musikinstrumente. 1694 legte sie ein Treuegelöbnis ab, das sie mit ihrem eigenen Blut signierte. Die Bußschrift unterschrieb sie als »Ich, die Verworfenste von allen«. Sie verstummte für immer.[33]

Wenig später, am 17. April 1695, starb Sor Juana an den Folgen der Pest. Sie hatte ihre Mitschwestern gepflegt und sich angesteckt.

Mein Herz ist ganz Gefühl

Anna Louisa Karsch
(1722–1791)

Sie ist neununddreißig Jahre alt. Mitte des 18. Jahrhunderts gilt das wahrlich nicht mehr als jung. Sie ist hässlich und mittellos. Sie hat zwei unglückliche Ehen hinter sich und mehrere Kinder geboren, von denen die meisten gestorben sind. Und sie verliebt sich, zum ersten Mal in ihrem Leben, leidenschaftlich und rückhaltlos.

Mit wundervollen Briefen und Gedichten umwirbt sie den Geliebten: »gönnen Sie mir doch imer daß ich Ihnen sagen darff wie lieb ich sie habe, nicht Ein klein wenig, nein mit der ganzen Stärke mit der es möglich ist zu lieben (...)«, schreibt sie ihm am 1. August 1761.[1] In einem Gedicht an den Liebesgott Amor heißt es, nur notdürftig mythologisch verkleidet:

Herz an Herz und Arm in Arm gewunden
Voll vonn Stummer Wone nie Empfunden
Seelig wie die Götter Taumeln wir
Inn die Laube die uns soll versteken
Ha, Ihr Heilig Dunnkel wird uns decken
Vor dem Phöbus, aber nicht vor dir.[2]

Im Mai hatte sie ihn kennengelernt, als er sie in Berlin aufsuchte. Der zweiundvierzigjährige Junggeselle Johann Wilhelm Ludwig Gleim, gutsituierter Kanonikus in Halberstadt, war berühmt als Dichter anakreontischer Tändeleien sowie patriotischer Lobgesänge auf Friedrich II. Und er nahm das Ganze als ein Spiel, als galantes Spiel im Stil des

Rokoko. In ihren Gedichten und Briefen taucht er unter dem Namen Thyrsis auf, Anna Louisa Karsch selbst als Lalage oder Sappho (den Namen hatte er ihr gegeben). Ein solches Versteckspiel war zu jener Zeit durchaus üblich, es erlaubte, literarisch einen Kult von Gefühlen zu zelebrieren, die keineswegs den echten Empfindungen der Briefschreiber füreinander entsprechen oder zumindest keine Verliebtheit meinen mussten. Es war Mode, Gefühle als solche zu feiern: Sie waren wichtigster Gegenstand der Dichtung und sehr oft nicht persönlich gemeint.

Gleim spielte das Spiel so lange, bis es ihm dann doch zu heikel wurde. Er konnte die Augen nicht länger davor verschließen, dass die Karschin ihn, Gleim, meinte und nicht als fiktive Sappho einen fiktiven Thyrsis andichtete. Da machte er ihr unmissverständlich klar, dass er wohl ihr Freund und ein Förderer ihrer Dichtung sei, niemals jedoch ihr Geliebter: »Zuweilen, ich gestehe es, meine liebste Freundin, schienen sie [ihre Briefe] mir allzu zärtlich, u. da erfoderte meine Schuldigkeit unsere Platonische Freundschaft in Ihren Grenzen zu halten, u. zu verhindern, daß nicht aller Augen, die auf uns sahen etwas weniges das unserer Tugend nachtheilige Urtheile hätte nach sich ziehen können, wahrgenommen wurde.«[3]

Dieser Brief Gleims, geschrieben unmittelbar nach einem Besuch der Karschin in Halberstadt im Herbst 1761, muss sich gekreuzt haben mit ihrem Brief vom 21. Oktober: »Sie sollen immer hören wie Stark meine Zuneigung anwächßt ist es möglich, kan ich Sie noch mehr lieben, ja ja mein liebster Gleim ich fühl es daß ich Sie noch mehr lieben kann wenn Sie mir erst kein Verboht entgegenstellen werden (…).«[4]

Noch fühlte sie sich nicht endgültig zurückgewiesen: »ich fühle diese Liebe diese ununtterdrükliche Liebe in Ihrer ganzen Stärke, o den vierdten theill Einer Stunde wollt ich haben die mich an Ihrer schullter liegen sahe, hören Sie doch iezt die klagende Stimme meines Verlangens.«[5]

Doch seine Hinweise und Zurückweisungen häuften sich. Am 23. November schrieb er ihr, dass er in ihren Liedern sehr wohl die »gramvolle melancholische liebe« leiden mag, »aber in den Augen, nein in den Augen kann Er keinen Gram, keine saphische Ode sehen, er will, dass seine Freundin immer aufgeräumt sey (…). Um mehr Freundschaft können sie ihn nicht bitten.«[6]

Mit anderen Worten: Sie solle den Rahmen der Freundschaft nicht überschreiten und ihn außerdem nicht mit Traurigkeit unter Druck setzen. In ihren Gedichten darf sie zwar sagen, was sie möchte – aber nur solange klar ist, dass es sich um fiktionale Texte handelt, nicht um lyrische Selbstaussagen. Am 6. Dezember wies er sie erneut zurecht, indem er so tat, als sei zwischen ihnen immer nur von freundschaftlicher Liebe, niemals von leidenschaftlicher Liebe die Rede gewesen und als wären sie sich in diesem Punkt völlig einig: »liebe, meine liebste Freundin liebe suchen sie nun nicht darin. Freundschaft ist viel was edleres. Wir sind hierin völlig eins, nicht wahr. Welche liebe komt bey die Freundschaft David u Jonathans in der bibel, Nisos u Euryalos im Virgil u Kleist u Gleims u der deutschen Sapho. In den liedern an Thyrsis führet diese Freundschaft oft den Nahmen der liebe u sie ist auch nichts andres als liebe der Gemüther, diese liebe Ihres Thyrsis liebste Freundin, zu s. Sapho ist in so hohem Grade, daß selbst Kleist eyfersüchtig seyn würde, wenn bey dieser liebe auch Eyfersucht wäre. Und, wie viel sanftere Empfindungen giebt sie, als die andere liebe.«[7]

Für Karsch folgte ein brutaler Absturz der Gefühle, der Hoffnungen und der Sehnsucht. Sie musste ihre Gefühle abtöten und fürchtete um ihre dichterische Begabung:

»Kehren Sie sich an nichts mein bester freund diß war Eine von den Auffstraübungen Einer untterliegenden Liebe, aber ich fürchte nur gar zu sehr daß mit Ihr zugleich alle begeisterung dahin stirbt Sie war vielleicht meine Muse, ja Sie war es, ich werde versuchen ob mir noch ohne Sie ein Lied gelingt.«[8]

Wenige Wochen später erklärt sie, sie habe sich mühsam davon überzeugen müssen: »ich liebe nicht mehr, sagen Sie es mein Theurer Gleim, sagen Sie es dem Tyrsis Ich liebte nicht mehr.«[9]

Sie war zutiefst unglücklich und fühlte sich hintergangen. Zwar hatte sie die Formen gewahrt, die die literarische Mode der Zeit vorgab. Aber sie hatte es mit ihrer Liebe ernst gemeint, von einem bestimmten Punkt an jedenfalls, und das auch niemals zu verbergen gesucht. Er freilich wies nicht nur ihre leidenschaftliche Liebe zurück, sondern machte sich bei anderen über ihre Gefühle lustig. Er tat so, als wäre es von Anfang an in den verliebten Ergüssen immer nur um Freundschaft gegangen – oder sogar nur um ein rein literarisches Spiel.

Ihr Schmerz über die Zurückweisung war umso größer, als sie niemals zuvor »daß Wahre daß feine von der Liebe genoßen« habe. »Sind«, so fragt sie weiter in einem frühen Brief an Gleim, »die Empfindungen etwas anders als thierische wen[n] sie nicht daß Herz giebt, und kann da daß Herz der Gesezgeber des Gefühls sein wen[n] unßer Gegenstand nichts alß Verachtung nichts als Abscheu verdient?«[10] Damit bezieht sie sich auf ihre Ehen, in denen sie weder liebte noch geliebt wurde:

Ohne Regung, die ich oft beschreibe,
Ohne Zärtlichkeit ward ich zum Weibe,
Ward zur Mutter! wie im wilden Krieg,
Unverliebt ein Mädchen werden müßte,

Die ein Krieger halb gezwungen küßte,
Der die Mauer einer Stadt erstieg.[11]

Ihre Hässlichkeit hatte sie Gleim gleich zu Beginn ihres Briefwechsels offenbart, noch bevor sie sich persönlich kannten, um ihm und sich eine spätere Enttäuschung zu ersparen: »aber vermuten Sie keine schöne Sapho, nein Eine dichtrische finstre Stirne Ein Paar blaue wenig sprechende Augen und Einem mund der nicht nach den Lippen der Gratien geformt ward um geküßt zu werden, sehen Sie mein ganzes bild, doch mein Herz, da ist die Natur güttiger gewesen, diß ist ganz Gefühl ganz freundschafft So wie es den Dichtern geziemt (…).«[12]

Das war ihm aber ohnehin egal. Was Gleim interessierte, war das besondere Talent dieser Dichterin, nicht die Frau Anna Louisa. Gleim dichtete nicht nur selbst, sondern er war auch ein großer Förderer der Dichtung anderer. Hier lag sein Betätigungsfeld für die Karschin. Sie war als literarische Erscheinung außerordentlich interessant für ihn: eine Frau, die dichtete, dazu eine Frau aus einfachem sozialem Milieu, aus dem »Volk«. Sie war (angeblich) ungebildet. Sie hatte – so ihr Image – von der Natur selbst das Dichten gelernt; sie besaß eine scheinbar natürliche literarische Sensibilität für die Schönheiten der Natur, für das Pathos des Krieges, für die großen Gefühle. Sie konnte die Spiele der naturverliebten, aber durch und durch künstlichen Dichtung als »echtes Naturkind« bis zu einem gewissen Grade mitspielen, und sie konnte den empfindsamen Ton der Freundschaft (beziehungsweise der Liebe) hervorragend einsetzen. Sie wurde Gleim zu einer geschätzten Briefpartnerin, mit der sich trefflich spielen ließ, die ihn bewunderte und mit den reizendsten Liebeserklärungen, die er als Freundschaft misszuverstehen beliebte, Vergnügen bereitete und sein Ego kitzelte. Er konnte mit ihr die Lust am sprachlichen Gefühlsüberschwang ausleben. Und mit ihr bot sich ihm eine wunderbare Möglichkeit, die deutschsprachige Dichtung zu befördern, die Mitte des 18. Jahrhunderts im europäischen Vergleich hinterherhinkte. Gleim hatte die Idee, mit Hilfe einiger Freunde ihre Gedichte zu sammeln, Subskribenten zu suchen und schließlich als Buch herauszugeben, um der Dichterin Ansehen und Geld zu bescheren.

Das 18. Jahrhundert war nicht vorrangig ein Jahrhundert der Dichtung. Das Zeitalter der Aufklärung und der Empfindsamkeit schätzte das Theater, es schätzte über alles den Roman – und es hatte nicht mehr viel übrig für die lyrischen Traditionen der vergangenen vier Jahrhunderte. In Italien lebte die petrarkistische Tradition weiter, die den Minnegesang abgelöst hatte, insbesondere der weibliche Petrarkismus. In ganz Europa war die Pastoraldichtung in Mode gekommen, sie spielte Mitte des 18. Jahrhunderts in Deutschland in variierter Form als Anakreontik eine beherrschende Rolle.

Anakreontik und Schäferdichtung sind außerordentlich artifizielle Inszenierungen einer romantisierten Natürlichkeit. Auch die Idylle entsprach einer empfindsamen Mode, die mitten in der vernunftorientierten Aufklärung blühte. Es gab gerade in der Frühaufklärung Dichterinnen, die sich vorrangig als gelehrte Frauen verstanden und zur weiblichen Bildung und Gleichberechtigung Stellung bezogen. Die Leipzigerin Christiana Mariana von Ziegler (1695 bis 1760) etwa stammte wie die meisten Autorinnen der Zeit aus den privilegierten Schichten, hatte eine gründliche Ausbildung genossen und führte einen der ersten literarischen Salons in Deutschland.[13] Sie arbeitete mit dem Dichtungstheoretiker Johann Christoph Gottsched zusammen, sie übersetzte aus dem Französischen, schrieb moralische Aufsätze und veröffentlichte zwei Bände mit geistlichen Gedichten, Kantaten, Scherzgedichten und pastoraler Lyrik.

Die Kultur, die Anna Louisa Karsch umgab, war mithin dominiert von dem Ideal der Gelehrsamkeit und auf der Suche nach der »Natur«, die man, widersprüchlich genug, mit hochgelehrten Mitteln zu inszenieren suchte. Besonderes Interesse galt der natürlichen Weiblichkeit, der Frau als reinem, unverbildetem Geschöpf. Anna Louisa Karsch erschien diesen Kreisen nicht nur als echtes Naturtalent, sondern als wirklich »natürliche« Frau – was einem Wunder gleichkam und die aufkommende Geschlechterideologie bestätigte. Es ist die Zeit, in der Jean-Jacques Rousseau in »Emile« (1762) oder in den »Confessions« (»Bekenntnisse«) die Natürlichkeit preist und zum Gegenbild einer korrupten Gesellschaft macht, die alle Natur unterdrückt und sie nur noch als künstliche und absurde Schäferidylle kennt. Er kritisiert eine Zivilisation, die die Menschen korrumpiere und die menschliche Anlage zum Guten vernichte. Rousseaus Abhandlungen und Romane wurden in ganz Europa begeistert gelesen, Sehnsucht nach etwas Neuem lag in der Luft. Und Anna Louisa Karsch kam diesem neuen Bedürfnis entgegen.

Sie verkörperte eine Natürlichkeit wie niemand sonst. Sie konnte dichten, ohne Gelehrte zu sein, ja, ohne auch nur die übliche weibliche Erziehung der höheren Stände genossen zu haben. Diese Frau hatte Rinder gehütet und körperlich gearbeitet, und sie dichtete, weil sie es (vorgeblich) von der Natur selbst gelernt hatte, es der Natur abgeschaut hatte, weil die Natur ihr einen angeborenen Schönheitssinn geschenkt hatte. Sie schien zu beweisen, dass die Natur dem Menschen alles gibt, was er benötigt, und sie bewies umgekehrt, dass die Kunst nicht notwendigerweise auf Gelehrsamkeit beruhen musste, wie es viele Jahrhunderte lang praktiziert worden war.

Ende des 18. Jahrhunderts setzte sich dieses neue Paradigma durch: Empfindsamkeit, Sturm und Drang und Romantik brachten die Genie-Ästhetik hervor, die unser Dichterbild bis heute bestimmt: Der Dichter dichtet aus reiner Inspiration, sei sie göttlich, sei sie natürlich; seine Dichtung ist umso besser, je unmittelbarer und gefühlsnäher sie ist, je mehr sie zum Herzen spricht, je weniger sie Regeln folgt. Zu Karschs Zeiten begann diese Idee erst Fuß zu fassen; noch waren Gelehrsamkeit und Regelbeherrschung Voraussetzungen der Kunstausübung. Als Frau galt die Karschin ohnehin als weniger kunstbefähigt, sondern der Natur näher; als Frau aus dem Volk war sie eine Sensation in der feinen und gebildeten Gesellschaft, die bei ihr Gedichte in Auftrag gab, ja, der sie gleichsam vordichtete, indem sie Anregungen und Reime, die ihr zugeworfen wurden, aufnahm und sogleich Verse daraus machte. In ihrem autobiographischen Gedicht »Belloisens Lebenslauf« heißt es über ihre Kindheit:

Die Lerche sang für Belloisen,
Und Belloise sang ihr nach.
Die Nachtigall in Elsensträuchen
Erhub ihr süßes Lied, und ich
Wünscht ihr im Tone schon zu gleichen.

Hier wird nahegelegt, dass es absolut gültige Kriterien für Schönheit gebe, die in der Natur zu finden sind, wenn man nur Augen hat zu sehen und Ohren zu hören. Tatsächlich aber fließen in diese Darstellung traditionelle Vorstellungen von der Natur ein, wie sie auch in der Schäferdichtung vorkommen, dichterische Redeweisen, mythologische Anspielungen und eine bestimmte Kenntnis der lyrischen Formen und Techniken.

Die Karschin hätte keinen Erfolg gehabt, wenn sie von alldem nichts gewusst hätte. Ihr Erfolg beruhte vielmehr darauf, dass sie sich mit bewusst eingesetzten Mitteln als Naturkind zur Schau stellte und immer ihre Unbildung betonte. Sie erhob niemals einen Bildungsanspruch, dem sie nicht hätte genügen können. Als berühmtes Naturkind, dessen Biographie zuweilen mehr interessierte als die Produkte ihrer Feder, konnte sie sich Schnitzer und Stilbrüche erlauben wie niemand sonst. Und sie konnte es sich erlauben, ein pragmatisches Verhältnis zu ihrem Handwerk, dem Schreiben, an den Tag zu legen und selbstkritisch zuzugeben, dass literarischer Ruhm ihr schwerlich vergönnt sein würde.

Anna Louisa Karsch scheint oft ganz unmittelbar über sich und Selbsterlebtes geschrieben zu haben. Das führte häufig zu der Verwechslung der Dichterin mit dem lyrischen Subjekt. Tatsache ist: Sie mag zwar über sich schreiben, aber sie verfremdet das auf die in ihrer Zeit völlig übliche Art und Weise. Schon der Name »Belloise« in ihrem dichterischen Lebenslauf ist ja eine Fiktion. Wenn auch eine ironische, enthält er doch neben ihrem Namen Louise auch das Adjektiv »belle« (»schön«), womit sie ironisch auf ihre physische Hässlichkeit anspielt und vielleicht demgegenüber auf ihre innere Schönheit verweist.[14]

In einem Gedicht an einen Domherrn weist sie seine Vermutung zurück, sie müsse die Liebe sehr gut kennen, wenn sie so darüber dichten könne. Im Gegenteil, argumentiert das Gedicht, sie schreibt über etwas, was sie eben gar nicht kennt, nur erträumt, denn Dichtung habe nichts mit der Abbildung des gelebten Lebens zu tun, sondern mit der Einbildungskraft der Dichterin.

Sing ich Lieder für der Liebe Kenner:
Dann denk ich den zärtlichsten der Männer,
Den ich immer wünschte, nie erhielt;
Keine Gattin küßte je getreuer,

Als ich in der Sapho sanftem Feuer
Lippen küßte, die ich nie gefühlt!

Was wir heftig lange wünschen müssen,
Und was wir nicht zu erhalten wissen,
Drückt sich tiefer unserm Herzen ein;
Rebensaft verschwender der Gesunde,
Und erquickend schmeckt des Kranken Munde
Auch im Traum der ungetrunkne Wein.[15]

Mit diesem dichterischen »Bekenntnis« straft Karsch einerseits ihre Selbstinszenierung als reine Naturdichterin Lügen. Sie legt offen, dass nicht das wirklich Erlebte, sondern Einbildungskraft und erträumte Wunscherfüllung (man könnte fast sagen: im Freud'schen Sinne) Kunst hervorbringen. Andererseits entspricht das der Dichtungsvorstellung ihres Gönners Gleim, dessen Sprache der Freundschaft und der Liebe auf der Überzeugung beruht, nicht die wahren Empfindungen, sondern die angenommenen machten den Dichter.[16] Da es nur eine einzige Sprache für platonisch-freundschaftliche und erotische Gefühle gab, konnten beide Briefpartner unterschiedliche Auffassungen von den Gefühlen, die sie benannten, pflegen, und man kann nicht einmal sagen, dass einer gelogen hätte. Und schließlich pflegt die Karschin trotz alledem am Ende dann doch weiter den Mythos von der Naturdichterin, die nur singt, was das Herz ihr eingibt, ganz gleich ob selbst Erlebtes oder »nur« Ersehntes.

Das war ihre Chance – und es wurde ihr zum Verhängnis. Denn sie wusste zu wenig von der Kunst, um ihre Empfindungen Kunst werden zu lassen, und sie wusste zu viel vom Leben, um in naiver Einfalt zu verharren.[17]

Geboren wurde Anna Louisa Dürbach 1722 in Schlesien als Tochter eines Schankwirts.[18]

Ich ward geboren ohne feierliche Bitte
Des Kirchspiels, ohne Priesterflehn
Hab ich in strohbedeckter Hütte
Das erste Tageslicht gesehn,
Wuchs unter Lämmerchen und Tauben
Und Ziegen bis ins fünfte Jahr,
Und lernt' an einen Schöpfer glauben,
Weil's Morgenroth so lieblich war.[19]

Die Mutter hatte kein Interesse an der eigenwilligen hässlichen Tochter (»Ich war niemals der Liebling ihres Herzens«[20]) und gab sie gern für einige Jahre in Pflege zu dem Bruder ihrer Mutter, Martin Fetke, der in Tirschtiegel lebte. Dort war das Kind glücklich: Der Onkel befasste sich mit ihm und lehrte es lesen und schreiben.

Hier fand ein alter Vetter mich
Und sagte: du sollst mit mir gehen.
Ich ging und lernte bald bei ihn
Die Bücher lesen und verstehen,
Die unsern Sinn zum Himmel ziehn.
Vier Sommer und vier Winter flogen
Zu sehr beflügelt uns vorbei.

Mutter und Großmutter widersetzten sich vehement, wenn auch zunächst ohne Erfolg. Sie sahen keinen Sinn darin, dass ein Mädchen, das für Hilfsarbeiten geboren war, »gelehrt« sein solle. Eine reguläre Schulbildung für Mädchen gab es noch nicht, auch wenn in Preußen seit 1717 die Schulpflicht eingeführt war. Gerade Mädchen vom Land oder aus den unteren sozialen Schichten sollten nicht über ihre Verhältnisse gebildet sein, um keine falschen Ansprüche an das Leben zu entwickeln; sie sollten vielmehr frühzeitig in der Hauswirtschaft zur Hand gehen, bald heiraten und Kinder bekommen. Nur wenn sie das Glück hatten, einsichtige Väter oder Verwandte zu haben, konnten sie ein wenig Bildung erwerben, wie es für kurze Zeit der kleinen Anna Louisa zuteil wurde.

»Die liebreichste Seele sprach in jedem Wort seines Unterrichts, und in weniger als einem Monat las ich ihm mit aller möglichen Fertigkeit die Sprüche Salomonis vor. Ich fing an zu denken, was ich las, und von unbeschreiblicher Begierde angeflammt, lag ich unaufhörlich über dem Buche, aus welchem wir die Grundsätze unserer Religion erlernen.«[21]

Was für eine Lust muss es für das sechsjährige Mädchen gewesen sein, als sich ihm eine ganz neue Welt eröffnete, die Welt der Wörter, der Buchstaben, eine ganz andere Welt mitten in der wirklichen Welt, in die man fliehen konnte. Ganz abgesehen von der Zuwendung, die dieser Großonkel offensichtlich dem von Liebe nicht eben verwöhnten Kind schenkte. Doch das Glück war nicht von Dauer.

Nach vier Jahren – der Vater war mittlerweile gestorben und die Mutter wieder verheiratet – verlangte die Mutter ihre Tochter als Arbeitskraft zurück, und kein gutes Zureden des Onkels, der die Begabung der kleinen Anna betonte und sie weiter zu unterrichten versprach, fruchtete. Die Mutter behauptete einfach:

»Ich fürchte, sie wird verrückt im Kopf, wenn sie fortfährt, Tag und Nacht über den Büchern zu liegen. Sie kann lesen und schreiben, dies ist alles, was ein Mädchen wissen muß! (…) sie wird nicht studieren, und ich danke Ihnen für den guten Willen.«[22]

Fortan musste Anna den neugeborenen Bruder hüten, und nach dem Umzug nach Tirschtiegel »im glogauischen Fürstentume« wurde sie Hirtin von drei Kühen. Sie nutzte die Zeit, sich Geschichten auszudenken, bis sie eines Tages, so erzählt sie es, von ferne zufällig einen Hirtenknaben sah, der anderen Kindern vorlas – »und ich flog hin, um die Zahl seiner Zuhörer zu vermehren. Welch ein Glück für mich!« Daraus entwickelte sich eine Freundschaft, die auf dem gemeinsamen Lesen beruhte. Man kann sich fragen, woher ein einfacher armer Hirtenknabe denn die damals enorm teuren Bücher hätte haben sollen. Wie unwahrscheinlich sich die Geschichte mit dem Hirtenknaben, mit dem sie Bücher austauschte, auch ausnimmt – sie wurde Bestandteil des Karsch-Mythos. Die Episode findet sich in einigen ihrer autobiographischen Äußerungen, und es ist heute schwer zu entscheiden, wie viel daran wahr ist und wie viel hinzuerfunden. Denn auch hierfür gibt es die literarische Tradition vom lesenden Hirtenknaben, die auf Äsop zurückgeht und dem 18. Jahrhundert mit seinem Vergnügen an Schäferspielen teuer war.

Karsch wurde anderswo in Dienst gegeben, kehrte zurück zu Mutter und Stiefvater, aber der starb und hinterließ die Witwe mittellos, krank und mit fünf Kindern.

»Funfzehn sommer war ich alt und man hatte mich in allem, was doch ein Frauenzimmer wissen muß, nicht unterrichtet. Die Wiege gab mir mein Tagwerk, ich war ein vernachlässigtes Mädchen; ein Unglück, von dem man die Spuren durch alle Tag seines Lebens gewahr wird.«[23]

Da half nur noch die Ehe. Die Mutter verheiratete sie 1737 mit dem Tuchweber Hiersekorn in Schwiebus, der sich 1748 von ihr scheiden ließ, als sie mit dem vierten Kind schwanger war. Scheidung war durch die preußische Gesetzgebung gerade erst ermöglicht worden, und diese war eine der ersten, wenn nicht die erste Ehescheidung in Preußen überhaupt. An Unterhaltszahlungen war nicht zu denken. Mittellos, heiratete sie 1749 ein zweites Mal, einen Schneider namens Karsch, der ihr mit seinem Alkoholismus das Leben zur Hölle machte. Sie bekam weitere Kinder, von den insgesamt sieben, die Anna Louisa Karsch auf die Welt brachte, blieben nur vier länger am Leben. Das war zu Zeiten geringer Lebenserwartung und hoher Kindersterblichkeit normal.

Sie hatte bereits früh begonnen, Gelegenheitsgedichte zu schreiben, und festgestellt, dass sie damit ein wenig zum Familienunterhalt beitragen konnte – in der Regel wurde in Naturalien bezahlt. Damit fuhr sie nun fort; das Reimen fiel ihr leicht, weil sie sprachgewandt war und Spaß am Spiel mit Sprache hatte. Und sie machte sich nach und nach einen Namen.

Gelegenheitsdichtung ist Gebrauchsdichtung.[24] Sie wird in der Regel zu besonderen Anlässen des privaten oder öffentlichen Lebens in Auftrag gegeben und erhebt nicht den Anspruch, über diesen Anlass hinaus von Interesse zu sein. In der noch ständisch geordneten Gesellschaft des 18. Jahrhunderts spielte sie eine nicht zu unterschätzende Rolle im sozialen und geselligen Leben, sie war Medium des Glückwünschens für den eigentlichen Adressaten, sie war unterhaltsam für alle Anwesenden, sie gab dem jeweiligen Ereignis, sei es eine Hochzeit, eine Geburt, eine Königskrönung, Kontur und diente später der Erinnerung. Natürlich folgte sie bestimmten Regeln und Ansprüchen des Publikums. Sie war erlernbar und basierte nicht auf der Inspiration der oder des Dichtenden – Letzteres wurde, wie gesagt, ohnehin erst Ende des 18. Jahrhunderts zum zentralen Paradigma. Kurz, die Gelegenheits- oder Casualdichtung besaß eine klar umrissene gesellschaftliche Funktion und war ohne Anspruch, Kunst zu sein. Darum sprach auch nichts dagegen, dass Frauen sich damit befassten.

Die Spuren dieser Dichtweise prägten Anna Louisa Karschs Schreiben ihr Leben lang. Sie dichtete, um zu überleben, um ihren Lebensunterhalt und den ihrer Familie zu bestreiten. Sie dichtete zweifellos auch, weil Dichten und Schreiben für sie eine Lebensform waren. Wenn man ihre

Briefe liest, wird das noch offensichtlicher. Das Schreiben ging ihr leicht von der Hand, sie beherrschte die notwendige Rollendistanz und scheute sich nicht, sich in Gesellschaft vorführen zu lassen, auf Zuruf von Endreimen Gedichte zur Belustigung aller Anwesenden zu fabrizieren. Dichtung als Gesellschaftsspiel. Und Dichten als Handwerk.

Anna Louisa Karsch wollte Anerkennung gewinnen, ohne Zweifel – aber sie wusste um die Grenzen, die ihrer Fähigkeit gesetzt waren, auch wenn sie sie zuweilen »vergaß«. Die spätere Selbstinszenierung als deutsche Sappho wurde ihr von Gleim nahegelegt und von ihr begeistert aufgenommen; manch einer nahm sie ihr übel.[25] Nicht ganz zu Unrecht. Von der griechischen Sappho (um 600 v. Chr.) sind nur wenige Fragmente überliefert; diese zählen freilich zur herausragenden antiken Dichtung. In der abendländischen Kultur wurde sie zum Inbegriff der Dichterin – es waren keine anderen Dichterinnen aus der Antike bekannt. Ganz besonders wichtig für ihre Rezeption war der Mythos ihres Liebestodes: Sie soll sich aus unerwiderter Liebe zu dem schönen Phaon von einem Felsen ins Meer gestürzt haben.[26] (Die frauenliebende Sappho war dem 18. Jahrhundert weniger geläufig.)

Den spektakulären Sturz vom Felsen nimmt Karsch in ihren »Sapphischen Liedern« ausdrücklich auf, um unglückliche, nicht erwiderte Liebe zu symbolisieren; auch spricht sie Gleim zuweilen mit »Phaon« an. Es sind mithin ganz andere als literarische Gründe, die den Vergleich der deutschen Dichterin des 18. Jahrhunderts mit der Griechin provozierten; es ist der Mythos, der faszinierte und mit dem sich auch Anna Louisa Karsch sehr gern in Verbindung brachte.

Freilich macht gerade der Vergleich mit Sappho die Schwächen von Karschs Lyrik deutlich. Viele ihrer Gedichte strotzen vor Ungereimtheiten, ganz gleich ob diese absichtlich oder unabsichtlich zustande kamen. Man merkt ihnen den Ursprung in der Casualdichtung an, die Leichtigkeit des Reimens, die Beliebigkeit, mit der mythologische Bilder mit Alltäglichem zusammengespannt werden, Banales mit Erhabenem, die Neigung zur Regellosigkeit und zum Ausufern. Unübersehbar ist zuweilen auch das Prinzip »reim dich, oder ich fress dich«. Dann klappern Gedichte vor sich hin, die ihren Zweck im Wunsch nach Kommunikation haben oder darin, genügend Gedichte für ein Buch zusammenzubekommen. Natürlich gilt das nicht für alle ihre Gedichte. Viele besitzen eine deutlich höhere Qualität. Und viele sind erstaunlich konservativ und regelkonform, so die Gedichte, die sie auf den Krieg, auf Siege und auf König Friedrich II. schrieb. Darin ist wenig Individuelles wahrzunehmen, es sind Gedichte, die der Mode folgen und dem Anlass Genüge tun. Andere Gedichte sind geprägt vom Kirchenlied, das für die Karschin wie für viele andere ihrer Zeitgenossen die allererste Begegnung mit Lyrik überhaupt darstellte und notwendigerweise in Duktus, Tonart, Sprachmelodie und Metaphorik prägend wirkte.

Anna Louisa Karsch hatte zu ihrem Schreiben ein ausgesprochen pragmatisches Verhältnis, auch zu ihren Briefen, die ja damals häufig das Gespräch ersetzen mussten und insofern ein äußerst wichtiges Kommunikationsmedium waren.[27] Dennoch weisen viele ihre Briefe eine höhere literarische Qualität auf als die Gedichte; sie sind – fast möchte man sagen: eleganter. Kein Wunder: Es gab zwar genaue Vorschriften, wie Briefe zu schreiben waren, vor allem zu bestimmten Ereignissen; es gab zum Beispiel Briefsteller, die Musterbriefe für alle Anlässe enthielten (Gleim selbst veröffentlichte eine solche Sammlung 1746). Dennoch bot der Brief mehr Freiheit als die Lyrik, nicht zuletzt deshalb, weil Briefe nur bedingt als literarische Gattung galten (wenngleich sie auch noch nicht das vollkommen private Kommunikationsmedium waren wie später). Sie boten Freiräume für das Spiel mit Tradition und Originalität, sie konnten als private Mitteilung eingesetzt werden, als schriftliche und unterhaltsame Konversation in einer größeren Gesellschaft, denn oft wurden sie vom eigentlichen Adressaten laut vorgelesen; sie konnten witzig, melancholisch, geistreich oder gefühlvoll sein.

Oder auch schneidend. Als Anna Louisa Karsch ihren zweiten Mann endlich loswerden sollte – man weiß nicht genau, wie weit sie die Hand dabei im Spiel hatte, dass er für den Siebenjährigen Krieg rekrutiert wurde –, muss er sie um Hilfe gebeten haben. Ihre Antwort an ihn lautete:

Mein ungeduldiger Füselier.

Es ist wahr, Deine Klagen würden mich rühren, aber sie sind voll von der Sprache eines niederträchtigen Hochmuts. Ich begreife nicht, was es für ein Elend ist, über welches Du so ein Geschrei machst, gleich dem Geschrei derer, die in einem finsteren Kerker das Urteil des Todes erwarten. Du gibst nur gar zu schlechte Beweise Deines patriotischen Herzens, mit welchem Du so oft geprahlt hast, doch ich bin es schon gewohnt. Deine Redlichkeit überhaupt besteht in Worten, wer Beweise sucht, tut Dir Gewalt an. Aber sag mir, woher Du Dir schmeicheln kannst, dass ich Dich losmachen würde? Ich, ein Weib, das auf die Natur zürnt, dass sie mich nicht zum Manne gemacht hat, um das stolze Vergnügen zu haben, in dem Dienste meines Monarchen mein Blut fließen zu sehen. (…) Wie viele würdige Generals sind verletzt oder gar getötet worden; und Du achtest Dein Leben zu kostbar, um es für das Vaterland wagen zu wollen? (…) Ich begreife die Art nicht, wie ich Dich losbitten sollte. Man würde mich wegen der Ursache fragen und ich könnte mit gutem Gewissen nicht sagen, dass man mir den Versorger für mich und meine

Kinder zurückgeben sollte. Und soll ich denn etwa gar sagen, dass es mir unmöglich sei ohne Mann zu leben? Diese Aussage wäre ebenfalls eine Sünde wider die Wahrheit und man würde sie belachen.[28]

Damit war ihr endlich der Weg aus der Provinz nach Berlin frei, wohin sie im Januar 1761 mit ihrer Tochter Caroline Luise übersiedelte. Nicht, als ob es ihr dort sofort besser gegangen wäre. Mitnichten. Aber es boten sich ihr andere Möglichkeiten und Perspektiven. Sie machte neue Bekanntschaften, lernte vor allem Mäzene kennen, die ihr Unterschlupf oder Einladungen zum Essen boten und sie weiterempfahlen.

Anna Louisa Karsch lebte in einer Zeit, in der sich das freie Schriftstellertum erst herausbildete. Es war eine Übergangszeit: Sie lavierte zwischen der seit Jahrhunderten üblichen Abhängigkeit der Dichter und Künstler von Fürsten und Aristokraten, deren Lob man zu singen hatte, um sie – teilweise ganz unabhängig von der künstlerischen Qualität der eigenen Produktion – geneigt zu machen, und der aufkommenden Abhängigkeit von einem Buchmarkt, der ganz anderen merkantilen Gesetzen gehorchte, der zur bürgerlichen Kultur gehört und zum Kapitalismus.

In diese Zeit fällt auch die Audienz bei Friedrich II. von Preußen. Anna Louisa Karsch hatte ihn schon mehrfach besungen, ihn und seine Siege: »Auf den Sieg bei Leuthen«, »Auf den Sieg von Torgau«. 1763 stand sie ihm selbst gegenüber – dem König, der alles Deutsche verachtete, der sich mit französischer Kultur und Sprache umgab und selbst möglichst nur französisch sprach und schrieb. Und sie erzählte ihm von ihrer Jugend, dem Mangel an Bildung, von ihrem »natürlichen« Drang zum Dichten, von ihrem auch jetzt noch armseligen Leben, ihrem Angewiesensein auf die Mildtätigkeit von Bekannten:

Er frug: wer lehrte dich Gesang?
Wer unterwies dich in Apollens Saytenzwang?

Held! sprach ich, die Natur und Deine Siege machten
Mich ohne Kunst zur Dichterin.
...
Nach meiner Wohnung frug er mich.
Monarch! sprach ich, die Sterne gränzen nachbarlich
Mit meinem Winkel unterm Dache hoch erhoben,
Wenn Du nicht zürntest, würd' ich Dich
Kniebeugend bitten, daß Du meine Kammer dächtest,
Wie einen Winkel der Bastille zu Paris.[29]

Sie schmeichelte ihm. Natürlich, das gehörte dazu, man erwartete das, und die Karschin beherrschte dieses Register. Das gehörte für sie zu den selbstverständlichen Überlebensstrategien. Und sie klärte Friedrich II. über ihre Armut auf, was einer Bitte um Unterstützung gleichkam. Der König versprach ihr angeblich ein Haus in Berlin und eine Leibrente. Das Haus hat sie von ihm nie erhalten, auch wenn sie alle paar Jahre nachfragte. Dann schickte er ihr zwei, das nächste Mal drei Taler, die sie stolz zurückschickte mit der Bemerkung, dieses Almosen demütige sie. Das Haus bekam sie erst, als sie schon alt war, von Friedrichs Nachfolger Friedrich Wilhelm II.

Die Begegnung mit Friedrich II. markiert den Höhepunkt von Anna Louisa Karschs Ruhm. Sie wurde zwar nach wie vor von vielen Vertretern der feinen Gesellschaft wie ein der Unterhaltung dienendes dressiertes Tierchen behandelt, gleichzeitig jedoch von den wichtigsten deutschen Dichtern zumindest als Besonderheit anerkannt, stand mit vielen von ihnen – zum Beispiel mit dem Odendichter Karl Wilhelm Ramler und dem Anakreontiker Uz – in persönlichem oder brieflichem Kontakt und bekam viel positives Feedback, das sie wiederum nutzte, um ihren Mythos weiterzuspinnen. Ihr Kontakt mit Goethe beschränkte sich auf wenige Briefe und Treffen.[30] Lessing lehnte jeglichen Kontakt ab. Alle anderen standen in loser oder engerer Verbindung mit ihr.

Anna Louisa Karsch lebte von Ende 1761 bis Herbst 1762 in Magdeburg, wo sie am Hof der Amalia von Preußen verkehrte, dann ging sie nach Berlin zurück, wo sie bis zu ihrem Lebensende blieb, wenn sie auch sehr häufig umzog, je nachdem, wo ihr jemand eine Wohnung anbot. Sie versorgte ihren Halbbruder, ihre Kinder und war umso interessierter an der Herausgabe ihrer Gedichte durch Gleim und den wichtigen deutschen Literaturtheoretiker Johann Georg Sulzer, von der sie sich finanziellen und sozialen Erfolg versprach. In vier Briefen an Sulzer verfasste sie einen Lebensbericht, den dieser in seiner Vorrede zu der 1764 endlich erscheinenden Ausgabe der »Auserlesenen Gedichte« wiedergab. Die Vorbereitung des Bandes war mühsam, Gleim nicht immer mit der Qualität der Gedichte einverstanden, sie hatte nicht immer Lust, daran zu feilen, und schob seine berechtigte Kritik unfair auf seine nachlassenden Gefühle für sie. Es war Gleim gelungen, zusammen mit Sulzer und dem Kaufmann und Kunstförderer Bachmann genügend Subskribenten zu finden, die den Druck der Ausgabe finanzierten und ihr 2000 Taler einbrachten, die ihre Freunde für sie anlegten.[31]

Tatsächlich zeigte sich sehr schnell, dass Karsch auf diesem beginnend kapitalistischen Markt im Qualitätswettbewerb mit anderen Dichtern nicht gut überleben konnte. Der gewünschte Erfolg blieb aus. In den gedruckten Gedichten traten ihre dichterischen Mängel deutlicher zutage als im täglichen Gebrauch. Mit der Veröffentlichung wurde ein Kunstanspruch erhoben, den sie kaum einlösen konnte. Moses Mendelssohn verriss den Band mit scharfen Argumenten, Heinrich Wilhelm von Gerstenberg wies den Verriss zurück, Johann Gottfried Herder wiederum kritisierte die Arbeit als planlos hingeworfene Geburten einer dichterischen Einbildungskraft.[32] Man wollte zwar Volksliedddichtung, aber dafür war die Karschin dann doch zu sehr »infiziert« von (Halb-)Bildung, Erfolgsstreben und dem Wissen um den effektvollen Einsatz der Mittel. Offensichtlich war der Zenit ihres Ruhms überschritten.

Sie lebte weiterhin von der Dichtung, sie hatte ihre gewohnten Erfolge; aber es gab zu ihren Lebzeiten keine weitere Ausgabe ihrer Gedichte, obgleich sie sich mit Gleim und anderen häufig darüber austauschte, Pläne schmiedete und wieder verwarf. So wurde eine Sammlung der »Sapphischen Lieder« aus den Jahren 1761/62 angedacht, aber am Ende war ihr das alles zu privat. Die Gedichte gaben zu deutlich zu erkennen, dass sie Gleim unerwidert geliebt hatte. Auch andere Pläne wurden ad acta gelegt. Sie stellte es immer so dar, als sei ihr das gleichgültig. Sie schreibe nicht des Ruhmes wegen, viel wichtiger als der Ruhm sei ihr die Freundschaft, betonte sie mehrfach.

Ob ich ein längres Lob erstrebet,
Das ist mein Kummer nicht; die Freundschaft sey mein
Stolz,
Sie weinet, wenn ich gnug gesungen und gelebet,
Noch Ruhm auf meines Sarges Holz.[33]

Selbstkritisch war sie auch. Sowohl ihre Briefe als auch ihre Gedichte könnte sie leichten Herzens verbrennen, schrieb sie. Die »Sapphischen Lieder« wollte sie »Ewig in der finsterniß Begraben« wissen, denn neben dem Spott, den sie erwartete, war sie gewiss, »daß mir nicht der Sechzigste Theil von den Sechzig Gesängen gefallen wird«. Ihre »Poetischen Einfälle« seien gut verkauft worden, »dennoch wird mich diß nicht überreden daß die Sächelchen schön sind, mein Nahme betrog den Kaüffer, es ist möglich daß hin und wieder etwas Guttes sein kann, aber ich wil sie nicht mehr sehen so sehr schäm ich mich Ihrer, wenn alle schrifftsteller gleiche Denkungsart hätten, dann würden wir weniger schlechtte bücher zu lesen haben«.[34] Der schwindende Erfolg, der Verzicht auf weitere Publikationen lagen wohl nicht daran, dass die Karschin zu wenig von Kunst gewusst hätte, sondern daran, dass sie auf ihrer Form der Kunstproduktion beharrte, diese jedoch ab Mitte der 1770er Jahre zunehmend kritisiert wurde.[35]

Die Freundschaft mit Gleim behielt Anna Louisa Karsch zeit ihres Lebens bei, so weit überwand sie den Schmerz über die unerfüllte Liebe. Der Briefwechsel zeugt von Höhen und Tiefen, Zeiten des Schweigens und solchen heftigen Streits. 1768 reagierte sie heftig, geradezu eifersüchtig auf die Veröffentlichung von Gleims Briefwechsel mit Johann Georg Jacobi: Zu häufig sei dort die Rede von einer Liebe, »die seit dem Unttergange des griechischen und römischen Glanzes nicht mehr gebraüchlich gewesen ist, diese Liebe Bestehet in einer genauen Geistervereinigung, aber es werden zu viel Küße dabey außgetheilt, als daß Sie der Verlaüumdung, den Argwohn, und dem Spötter entgehen köntte«. Außerdem sei zu oft die Rede von ihr und ihrer unerwiderten Liebe zu Gleim, »ich verbitte die Bekanntmachung davon, (...) denn was kan mir daran liegen dass die Nachwellt weiß Gleim sey von mir ohne Gegenliebe geliebt worden, sezen Sie sich an meine Stelle, und dann antworten Sie mir ob es Ihnen gleichgültig sein würde!« Dann vergleicht sie sich mit Jacobi, »und was hat Jacobi vor mir vorrauß, nichts als eine übertriebne Gabe zu schmeicheln«.

Demgegenüber betont sie ihre eigene Aufrichtigkeit, um dann zur scheinbar objektiven literarischen Kritik überzugehen, die aber zugleich auch ein persönlicher Angriff ist (wie sie Jahre zuvor auch schon auf Gleims früh verstorbenen Freund Kleist eifersüchtig war). Sie moniert, dass die Briefe der beiden Männer nicht genügend überarbeitet worden seien und dass die beiden außerdem unglaubwürdig würden, da sie sich unablässig gegenseitig in den höchsten Tönen loben, »daß kein andrer Mensch ein Wort auffbringen kan (...) diese Stellen kontten geschrieben werden, aber niemahls gedrukt / Sie werden diß selbst finden wenn vielleicht ihre iezige flamme niedergelodert sein wird, und alsdann, und nicht eher hätten die brieffe herraußgegeben sollen werden«.[36]

Gleim ist zutiefst gekränkt und sagt ihr die Freundschaft auf, die er ihr – er schlägt zurück – gegen alle bösen Nachreden anderer bewahrt habe: »Meinem herzen ist es nicht möglich, sie jemahlen wieder meine Freundin zu nennen, so viel sie darum bitten! Ihr Freund war ich so herzlich, als man es seyn kann, sie aber waren nie meine Freundin, denn Sie konnten aufhören es zu seyn!«[37]

Die Karschin gab sich trotz seines eisigen Tons alle Mühe, ihn ihrer andauernden Freundschaft zu versichern, und am Ende vertrugen sie sich wieder. Aber der Ton der Briefe war von nun an ein anderer, vor allem auf seiner Seite. Doch sie schrieben sich bis zum Tod der Karschin im Jahre 1791. Sie hatte in der Zwischenzeit bis dahin viele andere enge Freunde und Freundinnen, vielleicht auch Liebesbeziehungen – ganz klar ist das nicht angesichts der Maskeraden, mit denen sie von Gefühlen spricht. Sie lebte immer mit ihrer Familie zusammen, zog zwar öfter in Erwägung, diese zu verlassen, tat es aber nie. Ihre Tochter Caroline Luise begann eine dichterische Karriere und nahm einen eigenständigen Briefwechsel mit Gleim auf. Sie heiratete mit zwanzig den Halbbruder der Karschin und wurde, wie ihre Mutter, geschieden, nachdem sie vier Kinder bekommen hatte, von denen drei im Kindesalter starben. Auch die zweite Ehe mit Friedrich Karl von Klencke wurde geschieden; die Tochter aus dieser Ehe war die spätere Autorin Helmina von Chézy.

Caroline von Klencke und ihre Mutter hatten ein zunehmend problematisches Verhältnis, obgleich sie weiterhin zusammenlebten. 1789 konnte Anna Louisa Karsch endlich, gemeinsam mit Tochter und Enkelin, das schon über zwanzig Jahre zuvor von Friedrich II. versprochene und schließlich von Friedrich Wilhelm II. erbaute Haus am Hackeschen Markt beziehen. Wenig später starb die Dichterin. Ihre Tochter gab postum 1792 eine neue Sammlung der Gedichte ihrer Mutter heraus.

Verlassen, aber einsam nicht

Annette von Droste-Hülshoff
(1797–1848)

Von keines Herdes Pflicht gebunden,
Meint Jeder nur, wir seien, grad
Für sein Bedürfnis nur erfunden,
Das hülfbereite fünfte Rad.
Was hilft es uns, daß frei wir stehen,
Auf keines Menschen Hände sehen?
Man zeichnet dennoch uns den Pfad.[1]

Bitter und resigniert schildert Annette von Droste-Hülshoffs Gedicht »Auch ein Beruf« das Schicksal einer Dichterin im 19. Jahrhundert. Es ist das gleiche wie das jeder anderen unverheirateten Frau: Sie mag sich nach Selbstbestimmung, Kreativität und Freiheit sehnen. Beschieden ist ihr jedoch von der Gesellschaft, in der sie lebt, die Rolle des fünften Rads am Wagen. Sie ist diejenige, die immer überflüssig ist. Man gesteht ihr keinen eigenen Willen, keinen Wunsch zu, weil man selbstverständlich davon ausgeht, dass eine unverheiratete Frau nur zum Wohl der anderen da sein kann und möchte. Denn wenn schon von einer verheirateten Frau verlangt wird, dass sie ausschließlich nach dem Glück ihres Mannes und ihrer Kinder strebt, weil nur darin ihr eigenes Glück liege – wie viel mehr unterstellt man einer Frau ohne Mann und ohne Kinder, dass sie kein eigenes Glück kennt.

Da ist es egal, ob eine künstlerisch begabt ist und dichtet, malt oder musiziert, ob sie den Haushalt des Bruders führt oder sich ein Leben lang um die alternde Mutter kümmert, die immer das Sagen hat. Sie hat keine Wahl. Die anderen schreiben ihr vor, was sie zu tun hat. Und sie tut es, auch wenn das ihre Lebensfreude erstickt und ihre Kreativität zugrunde richtet. Wie sollte sie überleben? Ohne Ausbildung, ohne Beruf, ohne soziale Position? Auch wenn eine Frau dem gehobenen Bürgertum oder dem Adel angehörte und über ausreichende finanzielle Mittel verfügte, so brauchte sie doch Mann und Familie zum Leben – und vor allem auch: um überhaupt als vollständiger, vollwertiger Mensch anerkannt zu werden und sich selbst anerkennen zu können.

Damit ist in knappen Worten das Extrem der bürgerlichen Familien- und Geschlechterideologie des 19. Jahrhunderts umrissen. Annette von Droste-Hülshoff musste die Macht dieser Ideologie am eigenen Leibe schmerzlich erfahren, verstärkt in ihrem Falle durch den Katholizismus, in dem sie groß wurde und lebte. Sie konnte die Fesseln nicht sprengen, das hätte einen anderen Charakter als den ihren verlangt.

Dennoch hat Annette von Droste-Hülshoff ein bedeutendes lyrisches Werk geschaffen, gilt sie – wenn sie auch in der Forschung lange umstritten war – längst als eine der wichtigsten Dichterinnen deutscher Sprache. Damit hat sich erfüllt, was sie selbst einmal wünschte: »Ich mag und will *jetzt* nicht berühmt werden, aber nach hundert Jahren möcht ich gelesen werden.«[2] Gelesen wird sie, auch in den Schulen – eben darum wird sie vielleicht noch immer manchmal unterschätzt als katholische Biedermeier-Poetin, konservativ und brav.

Liest man ihre Texte aber genau, so entdeckt man immer mehr Risse, die sich in der regelmäßig gereimten und metrisch korrekten Textoberfläche auftun, und man ahnt Abgründe, deren Tiefe sich kaum ermessen lässt. Annette von Droste-Hülshoff bringt die Zerrissenheit, das existentielle

Unglück der Condition humaine in einer sinnentleerten Welt in eine bilderreiche, eindringliche Sprache, die zwischen realistischer Genauigkeit und unheimlicher Atmosphäre alle Nuancen kennt und die sie nicht immer, aber doch häufig virtuos einsetzt. Tiefe Melancholie durchzieht die Gedichte und gibt ihnen eine besondere Dimension; ihre Auseinandersetzung mit der Religion hat ebenso wenig an Aktualität und Verallgemeinerbarkeit verloren wie ihre Kritik an der damaligen Zeit. Die Gedichte können gelesen werden als Suche nach Gewissheit und Sinn in einer sinnentleerten, nur dem einseitig-aufgeklärten Wissen und der Machbarkeit verpflichteten Kultur, die die Natur zerstört und in der Gewalt immer droht.

So altmodisch die Gedichte manchmal anmuten, so aktuell werden viele von ihnen, wenn man sie vom Zeitgebundenen löst und sie als Strukturbeschreibung des modernen Lebens liest – oder als Ausdruck einer Melancholie,[3] die sowohl individuelle Disposition als auch Folge permanenter Frustration durch die Lebensverhältnisse ist, Folge jener erwähnten Zerrissenheit zwischen den einengenden Lebensverhältnissen und der Sehnsucht nach einem anderen Leben, nach ungehindertem Ausleben ihrer Kreativität, nach Glück, vielleicht nach Liebe – und nach umfassender Sinnhaftigkeit in einer Zeit, in der die alten Modelle wie Religion, Aufklärung keine Gültigkeit mehr hatten. Allgemeiner gefasst, ist es ein Leiden am Leben, Leiden an der Vergänglichkeit und Trauer um das Verlorene.

Annette von Droste-Hülshoff kam am 10. Januar 1797 auf dem Wasserschloss Hülshoff bei Münster auf die Welt. Die Schwester Jenny war 1795 geboren worden; es folgten zwei Brüder, Werner und Ferdinand.

1845 schreibt sie in einem Glückwunschgedicht an ihre Freundin Elise Rüdiger, die im Frühling Geburtstag hatte, über ihren eigenen Geburtsmonat:

Mir ward ein schlimmrer Mond zu teil,
Um den kein Vogel je gesungen,
Nur Eises Zapfen, blank und steil,
Das kalte Diadem geschlungen;
Ach anders wirken Schnee und Eis
Und anders wohl der Sonnen Güte!
Ich steh', ein düstres Tannenreis
Du eine zarte Veilchenblüte.[4]

Anfang März ist wahrlich noch kein wirklicher Frühling, in dem Veilchen blühen. Aber im Interesse der Argumentation und des lyrischen Effekts muss die Dichterin die unterschiedlichen Jahreszeiten pointieren, um charakterliche Unterschiede – und damit Unterschiede der jeweiligen Lebenswirklichkeiten – zu begründen. Der »tote« und kalte Januar scheint ihr von schlechter Vorbedeutung zu sein: Die helle, freundliche Elise, das Frühjahrskind, wird der düstren, melancholischen Annette, dem Winterkind, gegenübergestellt. Kälte und Eis spielen nicht nur hier eine Rolle, sondern sie ziehen sich als Motive durch Annette von Drostes Werk. Sie tauchen beispielsweise in dem Gedicht »Das Spiegelbild« und in der Schauerballade »Das Fräulein von Rodenschild« auf und suggerieren Lebensferne, Verstandeskälte, aber auch Unheimliches, Übersinnliches, Schauder und natürlich Tod.

Der westfälische Regionalismus, der Katholizismus und der Traditionalismus des Landadels bestimmten die Lebenswelt der jungen Frau.[5] Westfalen galt als äußerst rückständig, als ödes, leeres Land und erholte sich erst gegen Mitte des Jahrhunderts von diesem Ruf. Neben Nikolaus Lenau und anderen trug auch Annette von Droste-Hülshoff mit ihren »Westfälischen Schilderungen« dazu bei. Die Familie zählte von beiden Seiten zum alteingesessenen Adel. Die junge kränkliche Annette wurde von einer

Amme großgezogen, Maria Katharina Plettendorf, die ihr Leben lang bei ihr blieb, 1845 starb und von Annette von Droste in ihrer letzten Krankheit gepflegt wurde.[6]

Die Kinder erhielten eine angemessene Ausbildung: alte Sprachen, Französisch, Naturkunde. Die Religion spielte naturgemäß eine große Rolle im Alltagsleben, häufige Besuche der Messe gehörten dazu. Dem zarten und kränklichen Kind wurden freilich allzu anspruchsvolle oder gar für aufrührerisch gehaltene Lektüren ebenso wie das Theaterspielen untersagt. Sie sollte oft an der frischen Luft spazieren gehen, handarbeiten, malen, sich nicht aufregen.

Annette von Droste-Hülshoff zeigte sich früh musisch begabt, schon als kleines Mädchen verfasste sie Gedichte. Die Eltern hatten nichts dagegen. Solange sich diese Begabung im häuslichen Rahmen hielt und sich als Gelegenheitsdichtung vorrangig harmlosen Themen widmete, war sie als Beitrag zur familiären Erbauung und Unterhaltung willkommen. Allerdings las man sie nicht mit literarischem Sachverstand, so dass Droste sich glücklich schätzte, als sie den Juraprofessor und Literaturkenner Anton Matthias Sprickmann kennenlernte und in einen Briefwechsel mit ihm trat. Er las ihre Texte, kritisierte und lobte sie und wurde so zu ihrem ersten literarischen Mentor, unverzichtbar für die junge Dichterin, die sonst keinerlei Förderung ihrer wahren Interessen und Begabungen fand.

Ein Gedicht der Neunzehnjährigen heißt »Unruhe«; es handelt von der Suche nach Fluchtmöglichkeiten aus den beengenden Lebensumständen:

Möchtest du nicht mit den wagenden Seglern
Kreisen auf dem unendlichen Plan?
O! Ich möchte wie ein Vogel fliehen
Mit den hellen Wimpeln möcht ich ziehen
Weit, o weit wo noch kein Fußtritt schallte

Keines Menschen Stimme widerhallte
Noch kein Schiff durchschnitt die flüchtge Bahn.[7]

Berühmter geworden ist das viel spätere Gedicht »Am Turme«, das eine ähnliche Thematik sehr viel genauer und zugleich eindringlicher in Bilder der wilden Sehnsucht fasst:

Wär ich ein Jäger auf freier Flur
Ein Stück nur von einem Soldaten,
Wär ich ein Mann doch mindestens nur,
So würde der Himmel mir raten;
Nun muß ich sitzen so fein und klar,
Gleich einem artigen Kinde,
Und darf nur heimlich lösen mein Haar,
Und lassen es flattern im Winde! [8]

Diese Leidenschaft findet sich immer wieder bei Droste. Die »rasende Sehnsucht« nach dem Anderen, Erträumten thematisiert sie auch in Briefen:[9]

»Sehnsucht in die Ferne. Entfernte Länder, große, interessante Menschen, von denen ich habe reden hören, entfernte Kunstwerke und dergleichen mehr haben alle diese traurige Gewalt über mich. Ich bin keinen Augenblick mit meinen Gedanken zu Hause, wo es mir doch so sehr wohl geht (…) und wenn ich allein bin, besonders des Nachts, wo ich immer einige Stunden wach bin, so kann ich weinen wie ein Kind, und dabei glühen und rasen, wie es kaum für einen unglücklich Liebenden passen würde.«[10]

Der banalste Zeitungsartikel, eine unbedeutende Buchillustration: Alles kann das auslösen. Sie sehnt sich nach Reisen, wohl wissend, dass sie zu schwach zum Reisen ist und dass sie sich, sobald fern der Heimat, zurücksehnen würde. Sie sehnt sich nach Theaterstücken, nach China und Spanien, überallhin, wo sie nicht ist, und bezeichnet ihre eigene Besessenheit selbst als Tollheit. Keines dieser erträumten Länder hat sie je gesehen, und vermutlich hat ihr kein Theaterstück, kein Kunstwerk je Befriedigung gebracht.

Erste Reisen führten Annette von Droste-Hülshoff schon als Kind nach Bökendorf, wo der Großvater mütterlicherseits mit seiner zweiten Frau und den Kindern aus dieser Ehe lebte. Die Söhne Werner und August, Annettes Onkel, waren literarisch interessiert und hatten Kontakt zu den Brüdern Grimm (Annette von Droste trug zu deren Sammlung von Märchen und Volksüberlieferungen bei). Sie schätzten aber die literarischen Ambitionen ihrer Nichte keineswegs und sollten wenige Jahre später eine unrühmliche Rolle in jener fatalen Episode spielen, die in der Literatur als die Jugendkatastrophe bezeichnet wird: 1819 brachte Annette von Droste-Hülshoff ein ganzes Jahr bei den Verwandten zu und lernte hier einen Studienfreund ihres jungen Onkels kennen, den angehenden Dichter Heinrich Straube. Die Familie war keineswegs erfreut, als sich das westfälische katholische, adlige Fräulein in den mittellosen, bürgerlichen, protestantischen und sonderbaren Jurastudenten verliebte, und tat sich zu einer Intrige zusammen, um die Beziehung unmöglich zu machen: Der spätere Ehemann ihrer jungen Tante Anna von Haxthausen machte ihr den Hof, und sie verliebte sich ein wenig in ihn. Im Alter von zwanzig, würden wir heute meinen, ist eine solche Unentschiedenheit nichts Verwerfliches. Aber für Annette von Droste-Hülshoff war das der Beginn der Katastrophe, die ihr Leben überschatten sollte. In ihren Kreisen duldete man keine »Flatterhaftigkeit«, keine gleichzeitige Liebe zu oder Verliebtheit in zwei Männer. Sie merkte zwar bald, dass sie tatsächlich Straube liebte und August von Arnswaldt lieber nicht mehr sehen wollte, aber das nützte ihr nichts mehr. Arnswaldt berichtete Straube nicht von der Intrige, wohl aber von Annettes »Untreue« (dazu war die Sache ja gedacht), und beide gemeinsam kündigten ihr brieflich die Freundschaft auf.

Annette von Drostes Ruf war zerstört und würde sich nicht mehr erholen. Eine spätere Ehe war damit fast unmöglich gemacht. Das Schlimmste: Sie gab sich selbst die Schuld an allem und vertraute sich ausgerechnet Anna von Haxthausen an, die wohl die Strippenzieherin der ganzen Sache gewesen war – bevor ihr klar wurde, was ihr von ihrer eigenen Familie mit Vorsatz angetan worden war. Daraufhin mied sie den Kontakt mit den Bökendorfer Verwandten achtzehn Jahre lang.[11]

In ihrem vielzitierten Gedicht »Die Taxuswand« thematisiert sie zwanzig Jahre später Schmerz um verlorene Liebe und Trauer um Vergangenes. Das kann man durchaus auf dieses einschneidende Ereignis beziehen. Das lyrische Subjekt steht vor der schwarzen rauen Fläche einer Taxuswand (die als solche nur im Gedichttitel genannt wird), hinter der eine grüne Bank steht.

Wo ich das Leben früh
Mit glühen Lippen trank,
Als mich mein Haar umwallte
Noch golden wie ein Strahl,
...

... – und ich weiß,
Ich weiß dann, daß es fort.
So will ich immer schleichen
Nur an dein dunkles Tuch,
Und achtzehn Jahre streichen
Aus meinem Lebensbuch.[12]

Die letzten beiden Verse: »O, schlafen möcht ich, schlafen, / bis meine Zeit herum!«, sind vielleicht eine Anspielung auf Shakespeares Hamlet[13]:

... Sterben – schlafen –
Nichts weiter! – und zu wissen, daß ein Schlaf
Das Herzweh und die tausend Stöße endet,
die unsers Fleisches Erbteil –[14]

Die Anspielung auf Shakespeare ändert nichts an der Intensität von Drostes Versen, im Gegenteil. Der Bezug auf Tradition gehört ja zum üblichen Verfahren der europäischen Lyrik, und wenn das seit der Romantik auch nicht mehr das zentrale literarische Modell war, so wurde doch trotz der neuen Vorstellungen von Originalität, Genie und Ursprünglichkeit weiterhin so gearbeitet.[15]

Eine tiefe Resignation wird in Drostes Gedicht thematisiert, mehr noch: Melancholie, die man im Biedermeier Weltschmerz nannte, wir heute vielleicht Depression nennen würden. Wie immer man diesen Zustand bezeichnen möchte, er meint unter anderem Lebensmüdigkeit und Sehnsucht nach dem Nichtmehrsein. Die konkrete Erinnerung an das Verlorene ist Anlass; die Disposition zur Melancholie ist unabhängig davon da, ebenso die Neigung, der Vergangenheit als etwas Vergangenem nachzutrauern.

Vor vierzig Jahren

Da gab es doch ein Sehnen
Ein Hoffen und ein Glühn
Als noch der Wind »durch Tränen
In Fliederlauben« schien,
Als man dem »milden Sterne«
Gesellte was da lieb,

Und »Lieder in die Ferne«
Auf sieben Meilen schrieb![16]

Annette von Droste-Hülshoff war in ihrem ein halbes Jahrhundert währenden Leben häufig und oft schwer krank. Die Vermutung liegt auf der Hand, dass viele ihrer Beschwerden psychosomatischer Natur waren und als Flucht aus den Lebensverhältnissen gedeutet werden können, ähnlich der Hysterie, jener Modekrankheit des 19. Jahrhunderts. Darin ähnelt sie zwei anderen Dichterinnen ihrer Zeit, Elizabeth Barrett Browning und Emily Dickinson; auch die lange Ehelosigkeit und die daraus resultierende unauflösliche Bindung an die Familie haben alle drei gemeinsam. Allein Elizabeth Barrett Browning glückte sehr spät die Flucht (buchstäblich) aus dem Vaterhaus. Annette von Droste-Hülshoff kaufte sich wenige Jahre vor ihrem Tod immerhin ein Haus mit Grundstück am Bodensee, wenn sie auch niemals gänzlich dorthin übersiedelte, sondern zwischen ihrem westfälischen Wohnsitz, dem Rüschhaus (Witwensitz ihrer Mutter), und ihrem Besitz in Meersburg wechselte; dazwischen lebte sie immer wieder als Gast in den Häusern von Verwandten.

Ihr ganzes Leben lang lebte sie mit der Mutter zusammen, die grundsätzlich Kontrolle ausübte über das, was die Tochter tat und schrieb. Ein großer Teil von Drostes Energie muss darauf gerichtet gewesen sein, sich – mit allem gebotenen kindlichen Respekt auch noch im längst erwachsenen Alter – dieser Kontrolle zu entziehen. So gibt es lose Blatteinlagen in Briefen, die man unbemerkt entnehmen konnte, denn Briefe, ganz gleich, an wen gerichtet, wurden häufig in Gesellschaft vorgelesen. Annette von Droste bittet in ihren Briefen zuweilen darum, Post an sie so zu schicken, dass sie sie allein in Empfang nehmen könne, damit sie nicht genötigt werde, sie mit den Anwesenden zu teilen, da sie beim ersten und lauten Lesen nicht gleich »gefährliche« Stellen auslassen könne. Umgekehrt fürchtet sie immer wieder, dass ihre eigenen Briefe in falsche Hände geraten könnten: »Ich rede so offen zu Ihnen, Elise, und hoffe, Sie sind vorsichtig mit meinen Briefen, denn Sie sind mir zu lieb, gutes Herz, als daß ich anders als recht eigentlich *an Sie* schreiben könnte«, erklärt sie Elise Rüdiger.[17] Oder sie ist besorgt, dass die vertraulichen Briefe, die sie ihrem jungen Freund Schücking geschrieben hat, bei diesem nicht sicher sein könnten: »(...) nun aber muß ich sie wiederhaben, denn ich kann mich auf eine Auswahl und theilweise Verbrennung durch ihn durchaus nicht verlassen«.[18]

In vielen Fällen widersetzte sie sich aber auch dem Wunsch der Familie und beharrte auf ihren brieflichen und persönlichen Kontakten mit anderen, wie zum Beispiel mit dem erwähnten siebzehn Jahre jüngeren Levin Schücking, dem Sohn einer früh verstorbenen Freundin, mit dem sie eine enge Freundschaft verband. Bei aller Solidarität mit der Familie und bei allem nicht nur beteuerten, sondern wirklich gelebten Gehorsam gegenüber der Mutter – der uns heute sehr befremdet bei einer über Vierzigjährigen! –, gelang es Annette von Droste-Hülshoff, sich Freiräume zu schaffen, wenn auch nie so umfänglich, wie sie vielleicht gewünscht hätte. Zwar musste sie ständig Verwandtenbesuche machen und litt nicht wenig unter dem Kinderlärm, beispielsweise bei ihrem Bruder Werner auf Hülshoff. Sie pflegte ganz selbstverständlich kranke Verwandte, auch wenn es über ihre Kräfte ging. Schreiben konnte sie über lange Zeiträume hinweg nur dann, wenn keine sozialen Verpflichtungen sie in ein enges Korsett schnürten; manchmal fand sie zwischendurch eine Stunde, die freilich niemals genügte, um sich wirklich konzentrieren zu können; besser waren die Wochen und Monate, in denen sie allein war, weil ihre Mutter ohne sie auf Verwandtenbesuch fuhr. Das war selten genug der Fall.

Hinzu kam, dass sie in der Familie keine kompetenten Gesprächspartnerinnen und -partner fand, mit denen sie ernsthaft über Dichtung hätte reden können. Man schätzte nach wie vor ihre Gelegenheitsgedichte, die sie zeitlebens anlässlich von Familienfeierlichkeiten verfasste, aber man betrachtete Dichten nicht als eigenständige, ernst zu nehmende künstlerische Tätigkeit. Die wurde einem adligen Fräulein ohnehin nicht zugestanden. So wenig wie Glaubenszweifel: »Herr, gib mir, daß ich sehe!«[19]

1819/20 begann die junge Annette die Arbeit an einem Zyklus geistlicher Gedichte für ihre Großmutter, die dann aber ihrer Mutter zugeeignet wurden. Diese las die fünfundzwanzig Gedichte einmal durch, legte sie in den Schrank und erwähnte sie nicht mehr, so dass die Tochter sie wieder an sich nahm und als ihr »geheimes Eigentum« betrachtete.[20] Erst zwanzig Jahre später nahm sie erneut die Arbeit daran auf und vollendete ein komplettes Kirchenjahr, das heißt verfasste Gedichte auf jeden Feiertag und auf alle Sonntage. Veröffentlicht wurden sie allerdings erst postum.

Die Zueignung an die Mutter von 1820 offenbart die tiefe Zerrissenheit auch der Gedichte, die den Glauben nicht besitzen, sondern ihn verzweifelt suchen, ohne ihn zu finden.

Und sieh ich habe dich gesucht mit Schmerzen,
mein Herr und Gott wo werde ich dich finden?[21]

Die Gedichte tragen Spuren eines tiefen Schuldgefühls, das charakteristisch für den Katholizismus mit seinem Konzept von Todsünde und regider, kaum zu erfüllender Moral ist und hier im Besonderen die Schuld meint, nicht glauben zu können. Freilich wird dieses Nicht-glauben-Können als Strafe für eigene Verfehlungen betrachtet. Wenn man einen biographischen Bezug herstellen möchte, könnte man sich erinnern an die Affäre mit Straube und Arnswaldt. Aber letztlich trägt das zum Verständnis des Schuldgefühls nichts bei, das tiefere Ursachen hat.

Und ist mir nun, als sei ich ganz allein
Von deinem weiten Gnadenmahl verloren,
Der ausgesperrte Bettler vor den Toren,
O Gott! Die Schuld ist doch gewißlich mein![22]

Unabhängig von den möglichen biographischen Anlässen kann man in solchen Versen die Suche nach Glaubensgewissheit lesen und die Verzweiflung darüber, keinerlei Gewissheit außerhalb der eigenen Existenz mehr finden zu können. Denn Gott entzieht sich, er antwortet nicht – ist er überhaupt da? Damit ist die Not der Moderne bezeichnet, die noch die Erinnerung an Sinnsicherheit besitzt, aber deren absoluten Verlust bewältigen muss.[23]

Ich seh dich nicht!
Wo bist du denn, o Hort, o Lebenshauch?
Kannst du nicht wehen, daß mein Ohr es hört?
Was nebelst, was verflatterst du wie Rauch,
Wenn sich mein Aug nach deinen Zeichen kehrt?
Mein Wüstenlicht,
Mein Aaronsstab, der lieblich könnte grünen,
Du tust es nicht;
So muß ich eigne Schuld und Torheit sühnen![24]

In diesem Gedicht heißt es wenig später: »Mein Wissen mußte meinen Glauben töten« – hier kommt ein weiteres Thema ins Spiel, nämlich die grundsätzliche Unvereinbarkeit von rationalem aufgeklärtem Wissen, also Verstand und Intellekt einerseits, und andererseits dem unmittelbaren, naiven Gefühl, das allein Glauben ermöglicht und denen nie mehr möglich ist, die einmal »aufgeklärt« sind. In einem Gewitter könnte sich naiven Gläubigen Gott zeigen. Dem lyrischen Ich ist das verwehrt: »Warum denn, ach!/ Warum nur fällt mir ein was ich gelesen?« Hier zeigt er sich wieder, der für die Moderne so charakteristische Zwiespalt zwischen Verstand und Gefühl.

Seit 1826, dem Todesjahr des Vaters, lebte Annette von Droste mit ihrer Schwester Jenny und der Mutter auf dem Witwensitz, dem Rüschhof, einige Kilometer außerhalb von Münster. 1829 starb ihr geliebter Bruder Ferdinand, den sie tief betrauerte. Erst um 1830 nahm sie die Arbeit an der Dichtung ernsthaft wieder auf und führte das »Geistliche Jahr« weiter.

Sie verfasste Versepen, ein Genre, das uns heute vollkommen fremd ist, damals aber durchaus noch sein Publikum fand. Ihre allererste Publikation 1838 – mit Erlaubnis der Mutter veranlasst – umfasste ihre drei Epen (unter anderem über den Dreißigjährigen Krieg und über die Alpen) und einige lyrische Gedichte. Sie hatte auf Vermittlung von Freunden einen Münsteraner Verleger gewählt, obwohl sie fürchtete, dass dieser nur regional wahrgenommen würde. Sie hatte tatsächlich nicht sehr viel Erfolg damit. Es wurden nur wenige Exemplare verkauft, und ihre Familie urteilte ohnehin vernichtend, wenn auch nicht besonders sachkundig.

Annette von Droste führte in jenen Jahren freiwillig-unfreiwillig ein geselliges Leben. Sie besuchte Verwandte im Münsterland, in Köln und Bonn, 1835 in der Schweiz, wohin ihre Schwester Jenny nach der Heirat mit dem zwanzig Jahre älteren Joseph von Laßberg gezogen war. Das Ehepaar übersiedelte 1838 in die Meersburg am Bodensee, wo Droste eine Art zweiter Heimat fand und in deren Nähe sie später ihr eigenes Häuschen erwarb.

In Bonn lernte sie Sibylle Mertens-Schaaffhausen kennen, eine temperamentvolle, charmante, offenbar äußerst egozentrische Bankiersgattin und Mutter von sechs Kindern, die dazu neigte, ihre Freunde auszunutzen – Annette von Droste pflegte sie hingebungsvoll während einer langen Krankheit – und nicht sehr sorglich mit dem Eigentum anderer umzugehen: Sie brachte es fertig, ein wichtiges Manuskript von Droste zu verschlampen. Nicht zuletzt daran zerbrach die Freundschaft. Durch sie lernte sie Adele Schopenhauer kennen, Tochter der damals berühmten Romanautorin Johanna Schopenhauer und Schwester des Philosophen. Der blinde Philosophiedozent Christoph Bernhard Schlüter wurde über viele Jahre hinweg ihr wichtigster Ansprechpartner in literarischen Fragen.

Annette von Droste besuchte den Salon ihrer später besten Freundin Elise Rüdiger, wo sie wenigstens einige Gleichgesinnte fand, um über Literatur zu sprechen. Elise Rüdiger und sie führten ab Mitte der 1840er Jahre einen intensiven Briefwechsel. Annette von Droste-Hülshoff pflegte Korrespondenzen mit vielen Menschen – der Brief war das wichtigste Kommunikationsmedium und die einzige Möglichkeit, Beziehungen mit räumlich entfernten Personen zu knüpfen und aufrechtzuhalten. Im Briefwechsel wurden alltägliche Gegenstände ebenso behandelt wie literarische und philosophische Fragen; Droste fand durchaus auch Vergnügen an Klatsch und äußerte sich nicht immer freundlich über andere, machte aus ihrem Missfallen gegenüber Verhaltensweisen oder Charakterzügen kein Hehl und urteilte zuweilen recht scharf.

Annette von Droste muss begabt für Freundschaft gewesen sein; sie führte sehr enge und liebevolle Beziehungen zu unterschiedlichen Menschen, insbesondere zu Frauen, denen sie sehr zugeneigt war und oft zärtlich schrieb.[25] Die westfälische Dichterin Catharina Schücking war eine frühe

Freundin Drostes. Man verlor sich aus den Augen, aber Jahre später schickte sie ihren Sohn Levin zu Droste und ermöglichte damit unwillentlich eine der wichtigsten Beziehungen im Leben der Dichterin. Eine andere Freundin, Amalie Hassenpflug, bewegte sich im Kreis der Brüder Grimm, die Droste schon als Zwanzigjährige im Bökendorfer Kreis kennengelernt hatte, die beiden Frauen befreundeten sich aber erst in den 1830er Jahren.

Annette von Droste-Hülshoff war es über das freundschaftliche Interesse hinaus selbstverständlich, sich zu vernetzen. So wie sie sich für Freunde und Bekannte einsetzte, wenn es um berufliche Positionen, persönliche Vorteile, Unterstützung jeder Art oder schlichte Gefälligkeiten ging, so erwartete sie das umgekehrt von ihren Freunden. Ihre Publikationen beispielsweise liefen fast ausschließlich über Freunde, die ihr Ratschläge gaben oder für sie mit Verlegern Kontakt aufnahmen.

Zu diesen Vermittlern zählte auch Levin Schücking. Die Beziehung zu ihm hat der biographischen Forschung Rätsel aufgegeben (und ihren Zeitgenossen wohl ebenso). Sie muss den deutlich jüngeren Sohn der Jugendfreundin sehr geliebt haben, das bezeugen ihre Briefe an ihn eindeutig. Welcher Art konkret die Beziehung war – da kann man nur vermuten. Vermutlich verband die beiden keine Liebesbeziehung im engeren Sinne, das hätte dann doch nicht gepasst. Sie trat als sein »Mütterchen« auf, was der Verbindung nach außen und nach innen ihre Legitimation gab; er benahm sich wie ihr Junge – zugleich aber war er ihr literarischer Berater und ebenbürtiger Freund. Sie trug zu seinem Buch »Das malerische und romantische Westfalen« Texte und Beobachtungen bei, er lektorierte ihre Texte und verhandelte mit Verlegern, so etwa, als es um die Publikation ihrer berühmt gewordenen Novelle »Die Judenbuche« ging.

Um ungestörte Zeit mit ihm zu verbringen, ließ sich Annette von Droste-Hülshoff auf ein gewagtes Unterfangen ein. Sie sorgte dafür, dass Schücking im Winter 1841/42 als Bibliothekar auf der Meersburg verpflichtet wurde, während sie auch dort weilte. Die ganze Sache wurde von langer Hand vorbereitet und war mit viel Geheimhaltung oder jedenfalls Bitten um Geheimhaltung begleitet. So schrieb Droste an Elise Rüdiger: »Schücking ist hier und wird einige Zeit bleiben, um meines Schwagers Bibliothek zu ordnen. – Sie denken wohl der Gedanke sey von mir ausgegangen, aber keineswegs, obschon ich wollte ich hätte ihn gehabt, denn es ist ein guter Gedanke, der Schücking in ein *Clima* bringt, dessen seine Brust sehr benöthigt war, ihm für einige Zeit Unterkommen giebt, ihn wieder an regelmäßige Beschäftigung gewöhnt, und endlich ihn mit vielen nützlichen Büchern und noch nützlicheren Personen in Berührung bringt. – Jetzt muß ich Sie bitten, wenn Sie Junkmann sehn sollten, ihm einzuknüpfen, daß er der Mama ja nicht sagt, daß dieser Plan bereits im Reifen war als wir Rüschhaus verließen.«[26]

Das mag alles zutreffen, aber der wichtigste Grund für Schückings Aufenthalt liegt offensichtlich anderswo, nämlich in beider Wunsch, Zeit miteinander zu verbringen. Es folgt eine außerordentlich umständliche und wenig glaubwürdige Erklärung, wer was wie eingefädelt habe, wer davon wusste, warum sie nichts davon gewusst haben will und so fort.

Natürlich musste sie sich absichern; ein enges Zusammenleben, wenn auch innerhalb der Familie, mit einem jungen Mann, dem sie so offensichtlich zugetan war, hätte ohne weiteres böses Blut machen können. Was sie so oder so erwartete: Sie wusste, dass es »unerfreuliche und trennende« Auseinandersetzungen mit ihrer Mutter gegeben hätte, hätte diese früher von der Intrige gewusst, »und noch weiß ich nicht ob nicht ernste Ermahnungen und Beschränkungen meiner warten, wenn ich zurück komme«.[27] Damals war Droste dreiundvierzig Jahre alt.

Die Heimlichtuerei zahlte sich aus; Annette von Droste-Hülshoff verbrachte ihren schönsten und kreativsten Winter auf der Meersburg mit Levin Schücking. In dieser Periode entstanden die meisten Gedichte, die die zweite Publikation ihrer Werke im Jahre 1844 ausmachten; es sind ihre besten und bis heute berühmtesten Texte. Die Publikation besteht aus mehreren Abteilungen beziehungsweise Sammlungen: Zeitbilder; Heidebilder; Fels, Wald und See; Gedichte vermischten Inhalts; Scherz und Ernst; Balladen; Der spiritus familiaris des Roßtäuschers.

Die Titel täuschen zuweilen. Was wie ein Naturgedicht klingt, ist selten Selbstzweck, sondern setzt die Naturmotive als Metaphern ein. Der berühmte »Knabe im Moor« schildert nicht in erster Linie Natur, sondern die Angst des Knaben, der das Moor allein durchqueren muss und in dem alle abergläubischen Schauer wach werden, dem »Gestumpf« und »Föhre« zu bedrohlichen und unheimlichen Gestalten werden und ein diebischer Fiedler oder die »verdammte Margreth« aus der populären Überlieferung erscheinen.[28]

Besonders bekannt geworden sind Drostes Balladen. In ihnen kann sie ihrer Lust am Unheimlichen frönen. Sie glaubte an das sogenannte zweite Gesicht und kannte viele entsprechende Volksüberlieferungen. Ihre Ballade »Second Sight« trägt es schon im Titel.[29]

In den Balladen nimmt sie gern solche Motive auf und gestaltet daraus sehr eigene, eigenständige und eindringliche phantastische Geschichten, die einen hohen Unterhaltungswert geboten haben müssen. »Das Fräulein von Rodenschild« etwa nimmt das verbreitete Doppelgängermotiv auf, im Aberglauben unter anderem als Zeichen des nahenden Todes gedeutet. Das titelgebende Fräulein erwacht in der Osternacht und sieht aus dem Fenster, wie sich das Gesinde um Mitternacht im Hof zusammenfindet, um das Fest mit Gesang zu begrüßen. Da bewegt sich ein Licht durch das Haus, jemand tritt auf den Hof: Es ist – es scheint – das Fräulein selbst. Die Doppelgängerin wandert zum Archiv, in dem die Geschichte des Geschlechts aufbewahrt wird; das echte Fräulein fürchtet sich nicht, sondern folgt dem Geist – und stellt ihn an der Tür zum Archiv:

Sie fährt zurück, – das Gebilde auch –
Dann tritt sie näher – so die Gestalt –
Nun stehen die Beiden, Auge in Aug',
Und bohren sich an mit Vampires Gewalt.
Das gleiche Häubchen decket die Locken,
Das gleiche Linnen, wie Schneees Flocken,
Gleich ordnungslos um die Glieder wallt.

Langsam das Fräulein die Rechte streckt,
Und langsam, wie aus der Spiegelwand,
Sich Linie um Linie entgegen reckt
Mit gleichem Rubine die gleiche Hand;
Nun rührt sich's – die Lebendige spüret
Als ob ein Luftzug schneidend sie rühret,
Der Schemen dämmert, – zerrinnt – entschwand.[30]

Was wie eine Begegnung mit dem eigenen Spiegelbild geschildert wird, ist gerade im Schwanken zwischen Einbildung und Wirklichkeit überraschend, aber wohl durchaus ernst gemeint als Begegnung mit der Doppelgängerin. Immerhin sieht das Gesinde den Spuk, er ist also keineswegs nur Einbildung des sinnlich überreizten Fräuleins. Und das Fräulein stirbt zwar nicht, aber es siecht eine Weile, erhält dann den Beinamen »tolles Fräulein« und behält eine rechte Hand, »kalt wie Eises Flimmer«: Die Berührung mit dem Gespenst hat sie nicht verbrannt, sondern vereist. Was das Ganze soll – ob es etwas soll –, bleibt völlig offen: Das Ereignis steht für sich, ist schaurig-schön und bedarf keiner aufgeklärten (Er-)Klärung.

Oft wurde hingewiesen auf die unterschwellige erotische Kraft der ersten Verse, mit denen Droste ein anderes als das gewohnte Register zieht:

Sind denn so schwül die Nächt' im April?
Oder ist so siedend jungfräulich' Blut?
Sie schließt die Wimper, sie liegt so still,
Und horcht des Herzens pochende Flut.

…

Seitab das Fräulein die Kissen stößt,
Und wie eine Hinde vom Lager setzt,
Sie hat des Mieders Schleifen gelöst,
In's Häubchen drängt sie die Locken jetzt.[31]

Die Ballade vom Fräulein von Rodenschild findet ihr Gegenstück im Gedicht »Das Spiegelbild«,[32] das seitenverkehrt, wie jeder Spiegel, eine andere Selbstbegegnung erzählt. Das lyrische Ich blickt in den Spiegel und sieht: eine andere, die nicht sie ist.

Identität auf der Grenze zwischen dem Eigenen und dem Anderen, dem Vertrauten und dem Fremden, zwei Seelen, die nicht nur wie bei Faust in der eigenen Brust wohnen, sondern, viel bedrohlicher, »wie Spione« sich umschleichen: Was für ein starkes Bild für die Gespaltenheit und die Abgründe der eigenen Identität jenseits des Bewusstseins:

Es ist gewiß, du bist nicht Ich,
Ein fremdes Dasein, dem ich mich

Wie Moses nahe, unbeschuhet,
Voll Kräfte die mir nicht bewußt,
Voll fremden Leides, fremder Lust;
Gnade mir Gott, wenn in der Brust
Mir schlummernd deine Seele ruhet![33]

Nach Levin Schückings Abreise litt Annette von Droste-Hülshoff unter Trennungsschmerz; sie ließ es ihn auch wissen. Ihr war von Anfang an klar gewesen, dass die Gemeinsamkeit keine Zukunft hätte, und sie wusste auch, dass sich etwas Vergleichbares niemals wiederholen würde. Man blieb im brieflichen Kontakt – und dann verliebte sich Schücking in die gleichaltrige Schriftstellerin Louise von Gall und heiratete sie. Droste musste gute Miene zum bösen Spiel machen; sie musste verstärkt das Mütterchen hervorkehren. Zweifellos wünschte sie Schücking alles Glück, aber es ist doch unverkennbar, dass sie die junge Frau mit Misstrauen und vermutlich mit schmerzlicher Eifersucht betrachtete – umso schmerzlicher, als sie sie niemals offen zugeben durfte. Als sie sie dann persönlich kennenlernte, bestätigten sich ihre Vorurteile. Das Ehepaar besuchte Droste während ihres zweiten langen Aufenthalts in Meersburg, wo sie bis 1844 weilte. Der einwöchige Besuch gestaltete sich schwierig. Droste schrieb den beiden ein Abschiedsgedicht, »Lebt wohl«, mit dem sie tatsächlich von Schücking Abschied nahm und sich stolz ihrem Dichtertum und, auch wenn das lyrische Ich es abstreitet, ihrer Einsamkeit widmete.

Lebt wohl, es kann nicht anders sein!
Spannt flatternd eure Segel aus,
Laßt mich in meinem Schloß allein,
Im öden geisterhaften Haus.
…

Verlassen, aber einsam nicht,
Erschüttert, aber nicht zerdrückt,
So lange noch das heil'ge Licht
Auf mich mit Liebesaugen blickt.[34]

Offiziell blieb man zunächst weiterhin befreundet, aber die Briefe wurden seltener, kühler, berufsmäßiger, und Annette von Droste-Hülshoff äußerte sich anderen gegenüber außerordentlich kritisch über den einst so Geliebten.

1844 erschienen ihre Gedichte bei Cotta in Stuttgart, vermittelt durch Schücking, der die Texte nach einigem Hin und Her auch redigiert hatte. Cotta als Verleger war die richtige Entscheidung. Und Droste verdiente tatsächlich erstmals Geld mit ihrem Schreiben, und zwar so viel, dass sie im Vorgriff darauf 1843 das kleine Anwesen am Bodensee kaufte, das »Fürstenhäusle« mit Weinberg. Sie bewohnte es nicht häufig und nicht lange, aber sie liebte es sehr und war stolz darauf.

Im Herbst reiste sie nach Westfalen zurück. Es folgten einsame Jahre, die sie weitgehend im Rüschhaus verbrachte, fern der Welt, während ihre Mutter nun oft allein auf Reisen ging. Zeitweise war sie mit der Pflege ihrer Amme beschäftigt, dann wurde sie selbst wieder krank. Sie wird die Einsamkeit oft verflucht haben, aber sie liebte und schätzte sie auch; sie wollte es nicht anders haben.

Da erlaubte sich Levin Schücking den schlimmsten aller Affronts, mit dem die Beziehung zwischen ihm und Droste endgültig ans Ende kam: Er veröffentlichte 1846 den Roman »Die Ritterbürtigen«, der als Schlüsselroman über den westfälischen Adel gelten konnte. Schücking hatte tatsächlich ohne ihr Wissen eine Fülle von Insider-Informationen verwendet, die er in vielen Gesprächen erhalten hatte. Sie fühlte sich blamiert, bloßgestellt, verraten – zu Recht. Wie sie sich auch zu Recht ärgerte über Schückings Frau, die sich angemaßt hatte, sich in die redaktionelle Arbeit ihres Mannes an Drostes Gedichten einzumischen.

1846 ist das Jahr ihrer letzten Reise nach Meersburg. Sie war schwer krank, so dass es wie ein Wunder schien, dass sie die lange Reise überstand; ihre Tante Pauline hatte ihr organisatorisch zur Seite gestanden, alles im Vorhinein geregelt, sie musste sich um nichts kümmern.[35] Dabei war ausgeschlossen, dass sie in ihrem Fürstenhäusle wohnen könnte; sie brauchte Pflege und lebte bei Schwester und Schwager, fast dauernd ans Bett und das Zimmer gefesselt. Nur selten konnte sie einen kurzen Gang in den Garten wagen:

»Mein Gehen ist so gut wie gar Nichts mehr, – Schreiben bringt mich nach wenigen Zeilen einer Ohnmacht nahe, – Lesen darf ich nur mit großer Vorsicht ab und zu ein kleines Gedichtchen, oder einen kurzen Zeitungsartikel«, schreibt sie am 20. Juli 1847 an Elise Rüdiger.[36] Sie überlegt, wie der Kontakt aufrechtzuhalten sei, wo sie doch keine Briefe mehr wird schreiben können:

»Daß ich gern mitunter einen Brief von Ihnen, mein altes mir immer gleich theures Herz, sähe, brauche ich nicht zu sagen, aber ein Brief auf den man vielleicht erst nach einem halben Jahre Antwort erwarten kann ist ein Opfer, – wollen Sie es mir zuweilen bringen, um unserer Liebe willen die doch wohl stärker ist als Krankheit und Tod? – und in die Briefe, die fortan wieder von hier an Mama abgehen, einige versiegelte Zeilen an Sie einlegen, das werde ich doch hoffentlich immer können (...) – wären es auch nur die paar Worte: ›ich lebe noch, und habe Sie sehr lieb‹ –«[37]

Mit dem Gedanken an den Tod hatte sie lange gelebt, wie das Gedicht »Am letzten Tage des Jahres (Silvester)« eindrücklich belegt. Es setzt das zu Ende gehende, das sterbende Jahr mit der Todesstunde des Individuums gleich.

Das Jahr geht um,
Der Faden rollt sich sausend ab.
Ein Stündchen noch, das letzte heut,
Und stäubend rieselt in sein Grab
Was einstens war lebendge Zeit.
Ich harre stumm.

…

Horch, welch Gesumm?
Und wieder? Sterbemelodie!
Die Glocke regt den ehrnen Mund.
O Herr! Ich falle auf das Knie:
Sei gnädig meiner letzten Stund!
Das Jahr ist um![38]

Am 24. Mai 1848 starb Annette von Droste-Hülshoff in Meersburg an Herzversagen. »Mein Leben bricht: Ich wußt es lang!«[39]

Mit aller Leidenschaft der Leidenszeit

Elizabeth Barrett Browning
(1806–1861)

Die große Liebe traf sie aus heiterem Himmel, als sie schon achtunddreißig war – in einer Zeit, in der Balzac »Die Frau von dreißig Jahren« als eine Frau auf der Schwelle zum Altern zeichnete. Nie hatte sie ans Heiraten gedacht, im Gegenteil: Sie hatte die Idee immer weit von sich gewiesen. Sie wollte nur eins: Dichterin sein. Und sich niemals von ihrem Vater und möglichst auch nicht von ihren Schwestern und Brüdern trennen.[1]

Sehr selbstbewusst, was ihre Dichtung betraf, aber überaus schüchtern, wenn es um den direkten Kontakt mit Fremden ging, und dazu noch ständig schwach und krank und ans Haus gefesselt, hatte sie kaum Möglichkeiten, einen geeigneten Mann kennenzulernen. Der wahre Grund aber war: Sie hatte nie geliebt. Gewiss, es hatte den einen oder anderen Mann gegeben, dem sie vielleicht etwas geneigter war, als sie eingestehen wollte, vor allem ihren blinden platonischen Freund Boyd, der ihr Vater hätte sein können und mit dem sie als junge Frau gemeinsam griechische Texte im Original las und sich über antike Dichtung und Philosophie unterhielt. Aber das waren Gefühle aus der Ferne, die nie auch nur annähernd gelebt wurden oder den Gedanken an Beziehung und Ehe aufkommen ließen.

Da lernte sie den sechs Jahre jüngeren Dichter Robert Browning kennen. Er schrieb ihr im Januar 1845 nach der Lektüre ihres 1844 erschienenen Gedichtbandes einen begeisterten Brief:

»Ich liebe Ihre Verse von ganzem Herzen, liebe Miss Barrett – und es ist kein improvisierter Höflichkeitsbrief, den ich Ihnen schreibe (...): seit dem Tag letzte Woche, als ich Ihre Gedichte zuerst las, muss ich fast lachen, wenn ich daran denke, wie ich in meinem Kopf immer wieder hin und her wendete, was ich Ihnen über ihre Wirkung auf mich sagen könnte – denn in der Begeisterung dachte ich, dass ich zum ersten Mal meine Gewohnheit nur passiven Genusses aufgeben würde, wenn ich wirklich genieße, und dass ich meine Bewunderung rechtfertigen würde.«

Er spricht von ihrer »großartigen lebendigen Poesie«, vergleicht sie mit Blumen, die Wurzeln schlagen, statt gepresst zwischen Buchblättern zu liegen, und wiederholt mit erstaunlichem Nachdruck: »Ich liebe, wie gesagt, diese Bücher von ganzem Herzen – und ich liebe auch Sie.«[2]

Sie antwortete: »Ich danke Ihnen, lieber Herr Browning, aus tiefstem Herzen (...). Ein solcher Brief von solcher Hand! Sympathie ist mir lieb – sehr lieb: aber die Sympathie eines Dichters, & eines solchen Dichters, das ist die Quintessenz der Sympathie für mich!«[3]

Die Briefe bilden den Anfang einer romantischen Liebesgeschichte, die in einer heimlichen Heirat und Flucht nach Italien ihren Lauf nahm. Sie führte zu einer äußerst fruchtbaren dichterischen Zusammenarbeit der Literaturgeschichte und währte bis zum Tod Elizabeth Barrett Brownings im Jahr 1861.[4] Es entstand ein Zyklus von Liebesgedichten, der unter dem Titel »Sonette aus dem Portugiesischen« noch heute zu ihren bekanntesten Texten gehören und von Rainer Maria Rilke kongenial ins Deutsche übertragen wurde:

Wie ich dich liebe? Laß mich zählen wie.
Ich liebe dich so tief, so hoch, so weit,

als meine Seele blindlings reicht, wenn sie
ihr Dasein abfühlt und die Ewigkeit.

Ich liebe dich bis zu dem stillsten Stand,
den jeder Tag erreicht im Lampenschein
oder in Sonne. Frei, im Recht, und rein
wie jene, die vom Ruhm sich abgewandt.

Mit aller Leidenschaft der Leidenszeit
und mit der Kindheit Kraft, die fort war, seit
ich meine Heiligen nicht mehr geliebt.

Mit allem Lächeln, aller Tränennot
Und allem Atem. Und wenn Gott es gibt,
will ich dich besser lieben nach dem Tod.[5]

Elizabeth Barrett wurde am 6. März 1806 in Coxhoe Hall, Durham, als erstes Kind ihrer Eltern geboren. Die Familie besaß Zuckerplantagen auf Jamaika und war wohlhabend. Edward Moulton-Barrett erwarb für seine junge, stetig wachsende Familie Hope End, einen Landsitz in Herefordshire. Die Umbauten dauerten lange, sie machten aus dem Haus eine Art Märchenpalast mit orientalischen Einschlägen. Hier wuchs Elizabeth Barrett auf: auf dem Land, fern städtischer Geselligkeit, jedoch niemals allein, denn in den nächsten Jahren wurden drei Schwestern (von denen eine früh starb) und acht Brüder geboren, die alle das Kindesalter überlebten. Das war zu jener Zeit hoher Kindersterblichkeit ungewöhnlich.

Elizabeth Barretts Kindheit war glücklich. Sie wurde ohne materielle Sorgen in einer schönen Umgebung groß, intellektuell gefördert durch ihre Eltern, die ihr gemeinsam mit ihrem jüngeren Bruder Edward eine solide Ausbildung (einschließlich des Altgriechischen) zuteil werden ließen.

Edward, nur fünfzehn Monate nach Elizabeth geboren, wurde nach dem Vater und in der Familie »Bro« (von »brother«) genannt, stand Elizabeth Barrett bis zu seinem Tod von allen Geschwistern am nächsten. Sie durfte nach Herzenslust lesen, antike Autoren, Romane und Poesie, und ihre Mutter ermutigte sie zum Schreiben eigener Gedichte. 1820 ließ die Familie ihr erstes Epos »The Battle of Marathon« (»Die Schlacht von Marathon«) als Privatdruck in fünfzig Exemplaren veröffentlichen und war sehr stolz auf die begabte Tochter.

Mit fünfzehn wurde das bislang gesunde Mädchen krank, möglicherweise ausgelöst durch einen Sturz von einem Pony. Damit waren die Weichen für eine jahrzehntelang ungemein eingeschränkte Lebensweise gestellt. Fortan wurde sie nicht mehr richtig gesund. Es konnte nie eine klare Diagnose gestellt werden, obwohl die Familie die besten Ärzte bemühte.

Sie wurde in das Gloucester Spa Hotel geschickt, wo sie fast ein Jahr blieb, ans Zimmer gefesselt, zur Ruhe verdammt. Wenigstens war immer jemand – meistens mehrere Familienmitglieder – bei ihr, so dass sie nie allein war. Die Rede war von einem Rückenleiden, und so wurde sie behandelt. Das Rückenleiden fand keine Bestätigung, aber sie schonte sich entsprechend, war unbeweglich, wurde schwach. Und diese Schwäche wurde sie lange nicht mehr los. In späteren Jahren vermutete man ein Lungenleiden, vermutete Tuberkulose, auch das bestätigte sich nicht. Vermutlich hatte sie eine schwere chronische Bronchitis, die durch das feuchte Klima Englands verstärkt wurde bis zur Unerträglichkeit – denn später, als sie in Italien lebte, besserte sich ihr Zustand deutlich.

Neben den Krankheiten hatte ein weiteres Vorkommnis in ihrer Jugend einen prägenden Einfluss auf Elizabeth: Die Tatsache, dass ihr Bruder Bro 1820 zur Schule geschickt wurde, während sie als Mädchen trotz bisher gleicher Ausbildung und bei gleicher Begabung zu Hause bleiben musste, machte ihr schmerzlich die geltenden Geschlechterunterschiede bewusst. Ihre Erkrankung mag als Folge dieser ersten Kränkung gesehen werden, die ihr in der schwierigen Zeit der Pubertät ihre gesellschaftliche Unterlegenheit überdeutlich vor Augen stellte (denn Lungen- und Bronchialleiden, das weiß die ganzheitliche Medizin, sind mit dem Beziehungsleben verbunden und stehen in einem Zusammenhang mit Trauer). So wurde aus dem glücklichen Kind eine unglückliche Jugendliche. Wer weiß, ob sie anders die Dichterin geworden wäre, die sie wurde. Unglück, besonders unglückliche Liebe, ist häufig ein Anlass fürs Schreiben. Das heißt nicht, dass Unglück *nötig* wäre zum künstlerischen Arbeiten. Ungelöste Spannungen einer ungestillten Sehnsucht aber können kreative Energien freisetzen.

Dass ihre Krankheit in der Pubertät auftrat, in einer Zeit also, in der sich ihre soziale Geschlechtsidentität festigte, dass sie krank wurde und es blieb, ohne konkrete Diagnose, legt ferner die Vermutung nahe, sie habe wie viele Frauen des 19. Jahrhunderts unbewusst die Krankheit als die Lebensform gewählt, die einerseits der Idealvorstellung der Zeit von der Zartheit, Schwäche und auf das Private beschränkten Weiblichkeit bestätigte, andererseits genau dagegen rebellierte.

Die Hysterie-Forschung hat dieses Phänomen auf den Punkt gebracht. Sigmund Freud erklärt Hysterie zu einer psychischen Krankheit und führt sie auf unterdrückte Sexualität zurück, die in den hysterischen Anfällen inszeniert würde. Die feministische Forschung deutet die weibliche Modekrankheit des 19. Jahrhunderts als Folge einer nicht aushaltbaren Spannung zwischen den widersprüchlichen kulturellen Normen, die die Frauen sowohl zur keuschen

Madonna als auch zur erotischen Verführerin machten. Aktives weibliches Begehren wurde bürgerlichen Frauen nicht zugestanden, höchstens passives Begehrtwerden. Die Krankheit, die sehr unterschiedliche Erscheinungsbilder hat und vielleicht zuweilen auch als Diagnose für unerklärliche Leiden benutzt wurde, inszenierte demnach das, was aufgrund rigider Moralvorstellungen der Zeit nicht aussprechbar und nicht lebbar war. Sie machte Begehren sichtbar und war zugleich eine Möglichkeit, der Unterordnung, die das Begehren unweigerlich nach sich gezogen hätte, zu entgehen – für eine Krankheit konnte man ja nichts.

Eine andere Modekrankheit war Tuberkulose, modisch deshalb, weil sie gern in literarischen Texten eingesetzt wurde, um die Heldinnen immer zarter, ätherischer werden und einfach dahinschwinden zu lassen – was mit der brutalen Realität eines solchen Todes nicht das Mindeste zu tun hatte.

Elizabeth Barrett baute sich ihr Leben um die Krankheit. Sie konnte nicht reisen, ja nicht einmal ausgehen. Immer wieder war sie für lange Zeiträume an ihr Zimmer gefesselt, wo sie freilich gut versorgt wurde. Sie musste sich niemals um Angelegenheiten des Haushalts oder um die jüngeren Geschwister kümmern – dafür waren ihre Schwestern oder Tanten da, auch nach dem frühen Tod der geliebten Mutter, die 1828 mit siebenundvierzig Jahren, vier Jahre nach der Geburt ihres jüngsten Kindes, plötzlich starb. Bis zu ihrem vierzigsten Lebensjahr musste sich Elizabeth Barrett niemals allein ankleiden oder frisieren, dafür gab es Dienstmädchen, die die Aufgaben von Zofen zu übernehmen hatten. Die andauernde Kränklichkeit und Schwäche machten ihr den nicht zuletzt ihrer Schüchternheit geschuldeten Rückzug von der Welt möglich, indem sie sehr genau auswählte, mit welchen Menschen sie persönlichen Kontakt wünschte (mit wenigen) und mit welchen sie nur korrespondierte – die Korrespondenz war unbestreitbar ihr bevorzugtes Kommunikationsmedium.

Dann und wann machte sie Ausnahmen. Als sie eine Zeitlang mit ihrem neuen Nachbarn, dem Gräzisten und Dichter Hugh Stuart Boyd, korrespondiert hatte, der ihr schriftlich seine Hochachtung für ihr zweites Buch »An Essay on Mind« ausgedrückt hatte, lud er sie ein. Es gab ein endloses Hin und Her, sie versteckte sich hinter dem Verbot ihres Vaters, zögerte ein Treffen hinaus, bis am Ende eine persönliche Bekanntschaft zustande kam, die in eine lange Freundschaft mündete. Auf dem Land gab es nicht viele Gesprächspartner für sie. Mit Boyd jedoch konnte sie nach Herzenslust über Dichtung und Wissenschaft diskutieren.

Darin zeigt sich auch die andere Seite ihres Lebensstils. Ihre kränkliche Schwäche wurde von der ganzen Familie in einem Maße akzeptiert, dass sie irgendwann nicht mehr frei entscheiden konnte, ob sie ausgehen oder bleiben, Besuch empfangen oder allein sein wollte. Ihr Vater sprach klare Verbote aus, wenn er fand, seine Tochter übernehme sich. Und da war es dann ganz egal, ob sie vierzehn oder vierunddreißig war.

Sie war nach einiger Zeit derart an ihre eigene Schwäche gewöhnt und so ängstlich geworden, dass zuweilen nicht mehr unterscheidbar war, ob sie aus eigener Angst oder aufgrund der väterlichen Verbote bestimmte Dinge unterließ. Als sie 1838 zum zweiten Mal ins Seebad Torquay geschickt wurde – in Begleitung ihres Bruders Bro und ihrer Schwester Henrietta –, blieb sie drei ganze Jahre dort; es wurde ihr nicht erlaubt, nach Hause zurückzukehren, solange die Ärzte nicht eine deutliche Besserung ihres Zustandes bestätigten. Sie scheint sich aber auch vor der Anstrengung der langen, immerhin zwei Wochen dauernden Rückreise gefürchtet zu haben.

Damals lebte die Familie schon in London. Hope End hatte verkauft werden müssen, als die Sklaverei in Jamaika abgeschafft wurde und daraus wirtschaftliche Konsequenzen für die Kolonisatoren erwuchsen. Die Barretts wurden nicht arm, aber das Landgut war zu teuer geworden. Der Abschied 1832 wurde Elizabeth Barrett schwer, zumal die Familie erst einmal nach Devon zog, bis der Vater eine passende Bleibe in London gefunden hatte, was erst 1835 geschah.

Keines der Barrett-Kinder hatte bislang geheiratet: Es scheint, als hätte der Vater sie alle am liebsten bei sich behalten, und darum keinerlei Versuch unternommen, sie zu verheiraten (was seine Aufgabe gewesen wäre). Offenbar war ihm kein potentieller Partner gut genug. Es liegt sogar nahe, zu vermuten, dass er Eheschließungen seiner Kinder als tyrannischer Patriarch lange Zeit sehr aktiv verhinderte.

Bro war eine Zeitlang auf Jamaika gewesen, wo er sich in das Familiengeschäft einarbeiten sollte; nach seiner Rückkehr begleitete er Elizabeth 1838 nach Torquay und blieb bei ihr bis zu seinem plötzlichen Tod: 1840 ertrank er bei einem Segelunglück. Das war einer der schwersten Schicksalsschläge, der Elizabeth Barrett treffen konnte. Ihr viele Jahre später veröffentlichtes Gedicht »De profundis« befasst sich mit diesem Unglück, über das sie lange Zeit nicht sprechen konnte und das den Wunsch zu sterben in ihr übermächtig machte. Auch wenn am Ende die Ergebung in Gottes Willen und sein Lobpreis stehen, wird die Qual des Weiterleben-Müssens nicht zum Schweigen gebracht.

Sam, der nächstältere Bruder, der ebenfalls nach Jamaika ging, erkrankte dort und starb. Auch das war ein harter Schlag, aber Sam hatte sie nie so nahe gestanden wie Bro, der für sie wie ein Zwilling gewesen sein muss.

Erst 1841 wurde es Elizabeth Barrett erlaubt, nach London zurückzukehren, obgleich ihr Torquay nun so verhasst war, dass sie es kaum mehr aushalten konnte. Inzwischen hatte sie etliche Bände Lyrik und eine Übersetzung aus dem Griechischen veröffentlicht. Der erste nicht als Privatdruck publizierte Band, »Seraphim and Other Poems«, vornehmlich religiöse Dichtung, war 1838 erschienen. Religiöse Themen bestimmen neben Melancholie und Tod Elizabeth Barretts Dichtung, die oft sehr reflexive Züge trägt. Das gilt ebenso, wenn auch in geringerem Maße für den Lyrikband von 1844, an dem sie jahrelang gearbeitet hatte.

Viele Gedichte loten Stimmungen und Gefühle aus und messen und ordnen sie nach dem Grad ihrer Tiefe. »Grief« – »Kummer« – beispielsweise macht eine Melancholie spürbar, die in die Depression mündet und nicht einmal mehr Weinen zulässt, denn Weinen ist Ausdruck von Leidenschaft, von Lebendigkeit. »Ich sage dir, hoffnungsloser Kummer ist leidenschaftslos.«[6] Der hoffnungslose Schmerz kennt keine Leidenschaft mehr, sondern ist totenstill und zu Stein geworden unter einem »absoluten Himmel«. Könnte der Stein weinen, würde er aufstehen und fortgehen.

Elizabeth Barretts Leben bestand aus Arbeit und aus Korrespondenz. Sie wünschte kritische Reaktionen, gewiss auch Lob, vor allem aber wünschte sie sich sehnlichst den kritischen Gedankenaustausch mit jemandem, von dem sie etwas lernen konnte. Da schrieb ihr 1845 der sechs Jahre jüngere Dichter Robert Browning den bereits zitierten Bewunderungsbrief. Sie antwortete, durchaus angetan, denn sie kannte seine Arbeiten, hatte darauf sogar in einem Gedicht Bezug genommen.

Rasch entwickelte sich aus diesen Anfängen ein intensiver Briefwechsel. In Robert Browning fand Elizabeth Barrett den geistesverwandten Freund und Kritiker ihrer Arbeiten, den sie so schmerzlich vermisst hatte. Sie fand aber noch mehr, als sie suchte. Denn zunehmend glitt die Korrespondenz ins Private. Browning machte ihr schon früh eine Liebeserklärung, die sie entrüstet zurückwies. Auch wich sie zunächst allen Wünschen nach einem persönlichen Treffen aus. Sie schätzte Brieffreundschaften. Den persönlichen Kontakt fürchtete sie.

Robert Browning musste nicht nur viel Überredungskunst, sondern ebenso viel Geduld aufbringen, um ihre ständig neuen Ausflüchte nicht beleidigend zu finden und schließlich ihre Widerstände zu überwinden. Diese Widerstände richteten sich nicht gegen ihn persönlich, sondern entsprangen einer grundsätzlichen Haltung, die sich zusammensetzte aus Angst vor Nähe, Angst vor Enttäuschung, Angst zu enttäuschen, vor allem auch aus der hypochondrischen Angst vor jeder Aufregung – und Aufregung lag für sie schon in den geringsten unerwarteten Vorkommnissen. Sie hatte sich gut eingerichtet in ihrem Kokon, der sie vor der Welt und vor den Ansprüchen anderer schützte.

Schließlich musste sie nachgeben. Und tatsächlich: Das erste Treffen war nicht schrecklich, es brachte keine Enttäuschung, sondern Freude. Fortan trafen sich Elizabeth Barrett und Robert Browning regelmäßig, er besuchte sie einmal pro Woche. Dazwischen schrieben sie sich Briefe über Briefe, die immer persönlicher, immer intimer wurden. Die Briefe wurden schnell zu Liebesbriefen, und noch immer sahen sie sich nicht öfter, und noch immer weigerte sie sich, ihn ihrem Vater vorzustellen oder irgendjemandem von ihren wahren Gefühlen zu erzählen. Tatsächlich lernte er in diesem Jahr ihren Vater nicht kennen; ja, sie schilderte ihm den geliebten Vater als einen Tyrannen, der ihr sofort jeden Kontakt mit Robert untersagen würde, sollte er die Wahrheit über ihre (nach wie vor platonische) Beziehung erfahren.

In dieser Zeit verfasste Elizabeth Barrett die 44 Sonette,

die sie jahrelang geheim hielt. Erst Jahre später zeigte sie sie Robert Browning, und 1850 wurden sie als »Sonette aus dem Portugiesischen« veröffentlicht.[7] Der Titel suggerierte, es handle sich um eine Übersetzung; das wahrte Elizabeth Barrett Brownings Anonymität. Denn obgleich es sich um literarische Texte handelt, also nicht um unmittelbare Gefühlsaussagen, wie man sie in einem Tagebuch erwarten könnte, enthalten sie doch persönliche Züge und sehr deutliche Anspielungen auf die Liebesgeschichte zwischen ihr und Robert Browning. Sie zeichnen deren unterschiedliche Phasen nach und machen die Sehnsucht und die Angst der Sprecherin spürbar. Die Gedichte zeugen davon, wie lange sie brauchte, um an seine Liebe zu glauben und sich schließlich als ebenbürtig in dieser Liebe zu sehen.

Anfangs ist das lyrische Ich in die Betrachtung ihres Lebens versunken, »diese von Verzicht lichtlosen Jahre: meine Jahre«. Da wird sie regelrecht von einer unerkennbaren Gestalt überfallen: »Da stand plötzlich jemand hinter mir und riß/aus diesem Weinen mich an meinem Haar. // Und eine Stimme rief, die furchtbar war: / ›Rate, wer hält dich so?‹ – ›Der Tod gewiß.‹ / – ›Die Liebe‹ – klang es wider, sanft und nah.«[8] Es ist ein geradezu gewalttätiger Überfall, den die Liebe hier hinterrücks vollführt, um dann, widersprüchlich genug, sanft (beziehungsweise im englischen Original »silbern«) zu klingen: Aber vielleicht ist es kein Widerspruch, sondern das stimmige Bild für die Angst der Sprecherin vor dieser Nähe, vor diesem Ansturm der Gefühle, der ihr altes Leben aus den Angeln reißt.

Die Düsterkeit und Melancholie der frühen Dichtung finden ihren Widerhall auch in den Liebesgedichten:

Ich heb mein schweres Herz so feierlich,
wie einst Elektra ihre Urne trug,

und, dir ins Auge schauend, hin vor dich
stürz ich die Asche aus dem Aschekrug.[9]

Die Sprecherin zeichnet ein Selbstbild, das von Asche (sprich: Schmerz, Melancholie, Depression) erfüllt und gefährlich ist, da in der Asche noch die Funken glühen, in der düsteren, scheinbar leblosen Traurigkeit eine Leidenschaft verborgen ist, die aufflammen und den Liebenden gefährden kann. Sie schickt ihn weg, um ihn vor dieser offenbar gefährlichen Leidenschaft zu schützen. Das folgende Sonett nimmt das letzte Wort »geh« auf: »Geh fort von mir. So werd ich fürderhin/in deinem Schatten stehn. Und niemals mehr/die Schwelle alles dessen, was ich bin, /allein betreten.« Sie mag ihn zwar wegschicken, aber sie ist so von ihm erfüllt, dass sie niemals mehr ohne ihn sein wird.

Zuvor hatte sie ihn als »hohes Herz« bezeichnet (Sonett III), in Sonett IV positioniert sie sich in einer verfallenen Hütte, während er oben im glänzenden Palast singt. Sie meint, sie habe nichts, was sie ihm für seine Liebe wiedergeben könne (Sonett VIII), und kommt dann zur Erkenntnis, dass Liebe allein Gegengabe genug sei und das Leben ändere (Sonett X). Die Liebe rechtfertige, ihn weiterzulieben und ihm gleichzeitig zu entsagen (Sonett XI). Dann heißt es: »nur wo du bist, entsteht ein Ort« (Sonett VII). Ihre Seele werde von seiner hochgehoben (Sonett XII). Ihre Liebe ist so stark, dass sie sie nicht in Worte fassen kann (Sonett XIII) – das ist der klassische Unsagbarkeitstopos, der wortgewandt in einem wundervollen Sonett beschworen und damit natürlich zugleich widerlegt wird. Sie wünscht sich, dass er wieder und wieder sage, dass er sie liebe (Sonett XXI), und sie beschreibt, dass sie früher mit Vorstellungen statt mit wirklichen Menschen gelebt (Sonett XXVI) und »ein schweres Herz von Jahr zu Jahr« getragen habe. Dann traf sie ihn – und alles wurde anders (Sonett XXV).

Die Sprecherin installiert also eine Hierarchie, die den Liebenden und Dichter zunächst weit über ihr, der Dichterin und Geliebten, ansiedelt. Diese Bescheidenheit ist nicht nur aus persönlichen Umständen, sondern auch aus der Geschlechterordnung des 19. Jahrhunderts zu erklären, der Elizabeth Barrett sich einerseits einfügt und gegen die sie andererseits vehement protestiert. Die Sprecherin wandelt sich im Laufe des Zyklus zu immer mehr Selbstbewusstsein, da die Liebe ihren Wert in sich selbst trägt und sie sich nicht bescheiden verstecken oder als bloß Empfangende betrachten muss. In Sonett XXXVIII wird ungewöhnlich offen der erste Kuss beschrieben, die ersten Küsse: der erste auf den Finger, der wie ein kostbarer Ring dort zu bleiben scheint, der zweite aufs Haar, er bereitet den dritten, den richtigen, den eigentlichen Kuss vor, den Kuss auf den Mund:

Doch feierlich wie im Zeremonial

Ward mir der dritte auf den Mund gelegt
In Purpur, und seitdem sag ich bewegt:
O mein Geliebter, – stolz mit einem Mal.

Gegen Ende des Zyklus taucht eine schöne Buchmetapher auf: »Und mein Geschick/wird künftig nicht des alten Abschrift werden: // laß das zerlesene Buch, das mich betrifft,/und schreib mir meiner Zukunft Überschrift,/ mein neuer Engel, unverhofft auf Erden« (Sonett XLII). Aber der Ton dieser Aufforderung, ihrem Leben eine neue Überschrift zu schreiben, ist deutlich anders als zu Beginn: nicht mehr demütig, sondern aktiv diese Liebe bejahend, die ihr Leben ändert. Nicht der Mann ändert ihr Leben, sondern die Liebe: seine und ihre, und sie selbst ändert es, denn der Text zur Überschrift wird ja nicht von ihm gemacht. Das vorletzte Sonett wurde schon zu Beginn zitiert: »Wie ich dich liebe? Laß mich zählen wie.«

Während die italienische Liebesdichtung der Renaissance die irdische Liebe zur göttlichen überhöhte und die Metaphorik vom Mann auf Gott übertrug, werden hier umgekehrt die verwendete religiöse Thematik und Metaphorik nun auf den menschlichen Geliebten übertragen. Der Engel ist kein jenseitiges Wesen mehr, sondern der geliebte und liebende, der perfekte, ihr Mann: »mein neuer Engel«.

Zu ihrem Ehemann wurde Robert Browning freilich erst nach vielen Mühen. Ihr genügte zunächst die wechselseitige Liebe ohne die Möglichkeit, sie wirklich zu leben außer in Texten und den seltenen, kurzen Treffen im Haus ihrer Familie. Er wollte mehr, er wollte sie heiraten und mit ihr leben. Aber alle Vorschläge, die er machte, um das zu ermöglichen, wurden von ihr rundweg abgeschlagen: Er durfte weiterhin in keinem Fall ihren Vater kennenlernen, und die Idee, dass der Vater, wie sich das gehört hätte, um die Zustimmung zu ihrer Ehe gebeten werden könnte, löste in ihr Entsetzen aus. Er werde es verweigern, das werde ihre Beziehung zerstören, sie sei dem nicht gewachsen, sie könne ihm das nicht antun … es gab immer tausend Gründe. Robert Browning wurde verständlicherweise immer frustrierter.

Aber er hatte eine Engelsgeduld mit ihr. Am Ende gelang es ihm, sie zu überzeugen. Sie überließ ihm alles – und er organisierte eine heimliche Eheschließung und eine ebenso heimliche Abreise nach Italien: eine romantische, ja romanhafte Flucht.

Wunder über Wunder: Elizabeth, die sich in London möglichst wenig aus dem Haus bewegte, auch wenn es ihr mittlerweile gesundheitlich besser ging, überstand die weite Reise erstaunlich gut und erholte sich zusehends.

Weder die anstrengende Kanalüberfahrt noch die Mühen der Reise in unbequemen Eisenbahnen und Kutschen machten ihr etwas aus. Elizabeth Barrett war glücklich und wurde täglich glücklicher. Sie liebte, wie noch keine Frau geliebt hatte, und wurde geliebt, wie keine Frau je geliebt worden war – das ist der Tenor ihrer Briefe aus jener Zeit.

Getrübt wurde das Glück einzig dadurch, dass sie ihren Vater ganz furchtbar hatte enttäuschen müssen – in ganz buchstäblichem Sinne. Und er reagierte wie vorhergesehen, auch wenn sie immer gehofft hatte, seine Liebe zu ihr werde stärker sein als sein Zorn: Er verstieß und enterbte sie, verstieß die Tochter, die sein Idol gewesen war, die er auf ein Podest gestellt hatte, die er geliebt und für eine Frau jenseits aller profanen Gefühle gehalten hatte. Sie hatte ihn nicht nur belogen und betrogen, sondern sie hatte ihn auch noch vor der Welt bloßgestellt.

Ähnlich reagierten ihre Brüder, die durch diese lächerliche »Entführung« ihrer vierzigjährigen Schwester die Ehre der Familie befleckt fanden. Die Schwestern aber, auch sie längst erwachsene, unverheiratete Frauen auf der Schwelle zum Altern, die von der Flucht ihrer Schwester nichts gewusst hatten und deren Leben bei dem tyrannischen Vater dadurch sicher nicht einfacher wurde, freuten sich für sie. Im Gegensatz zu Elizabeth, die von ihrer Großmutter Geld geerbt hatte, waren sie vollkommen mittellos und auf ihren Vater angewiesen, und er wollte von der Heirat der älteren, Henrietta, nichts wissen. Ihr war der Weg versperrt, den Elizabeth – sei es mutig, sei es feige – gewählt hatte. Erst einige Jahre später heiratete Henrietta zum Zorn ihres Vaters ihren jahrelangen, nach Maßstäben der Barretts mittellosen Verehrer, führte eine glückliche Ehe und bekam Kinder. Auch viele Freunde begrüßten Elizabeths Entscheidung und ihr entschlossenes Handeln.

Über Paris reiste das Ehepaar Barrett Browning nach

Pisa und von dort nach einigen Monaten weiter nach Florenz. Mit dabei waren immer Elizabeths Mädchen Wilson[10] und Flush, der Spaniel, den die Frischvermählte abgöttisch liebte und auf den sie 1843 ein langes Gedicht veröffentlicht hatte: »Auf Flush, meinen Hund«.[11]

Und nun begann das neue Leben in Florenz, wo die Brownings sich letztlich für den Rest ihres Ehelebens niederließen, unterbrochen von einigen Reisen nach England und Paris. Die Casa Guidi wurde nach einigen Wirren der Wohnungssuche ihr neues Zuhause und gab einem der langen politischen Gedichte seinen Namen: »The Casa Guidi Windows« handelt von den italienischen Befreiungskämpfen, mit denen Elizabeth Barrett Browning sympathisierte. Die Sprecherin zeichnet sich als Ehefrau, Mutter und Dichterin, die von den Fenstern ihrer Wohnung aus unmittelbar beobachtet, was geschieht.[12] Damit ist auch die politische Richtung ihrer Dichtung markiert, die in den italienischen Jahren immer wieder deutlich hervortritt.

Schon früher hatte sie soziale Ungerechtigkeit, Kinderarbeit, Sklaverei und die zeitgenössische weibliche Lebenswirklichkeit behandelt; nun kamen neue Themen hinzu. Elizabeth Barrett Browning war der Ansicht, sie könne einen wichtigen Beitrag zum öffentlichen Leben leisten, indem sie über politische Fragen Gedichte veröffentlichte, etwa die »Gedichte vor dem Kongress« (»Poems Before Congress«) von 1860, in denen sie unter anderem das Loblied Napoleons III. singt.

Elizabeth Barrett Browning blühte auf – in der Ehe und in Italien. Gesünder, als sie seit Jahrzehnten gewesen war, überstand sie nicht nur diverse Sommerfrischen, sondern etliche Fehlgeburten erstaunlich gut – und noch besser die Geburt ihres Sohnes Pen im Jahr 1849. Die Schwangerschaft brachte sie dazu, ihren beachtlichen Morphiumkonsum zu reduzieren: Sie hatte Morphium schon als junge

Frau gegen Schmerzen und Schlafstörungen verschrieben bekommen. Die begeisterte Mutter betete ihren Sohn an und ließ ihm alle Freiheiten, überließ ihn freilich, wie das in den bürgerlichen Kreisen der Zeit üblich war, weitgehend ihrem Mädchen Wilson. Diese füllte mittlerweile die Rolle einer Zofe, einer Haushälterin und einer Kinderfrau aus und bekam dennoch den gleichen Lohn wie seit zehn Jahren: Elizabeth Barrett fand ihre – angemessene – Forderung nach Lohnerhöhung empörend, obgleich sie theoretisch so sehr für das »Volk« war.

Der erste Besuch in England im Jahr 1851 brachte das Wiedersehen mit den Schwestern und den Brüdern – aber auch die harte Bestätigung der Ächtung durch ihren Vater. Er sandte ihr alle Briefe, die sie im Laufe der vergangenen vier Jahre an ihn geschrieben hatte, ungeöffnet zurück und verweigerte ein Treffen.

Weder Elizabeth Barrett noch Robert Browning hatten in den Jahren zuvor viel geschrieben. Das sollte sich ändern, als sie Ende 1852 nach Florenz zurückkehrten. Es begann die Zeit der fruchtbaren Zusammenarbeit der beiden, die jedem die eigene Stimme ließ, ja dazu beitrug, die je eigene Stimme zu entwickeln. Sie schrieben nie einen gemeinsamen Text, sondern lasen kritisch die Texte des anderen, schlugen Änderungen vor.

Elizabeth Barrett begann die Arbeit an ihrem langen erzählenden Gedicht »Aurora Leigh«, das 1857 erschien. Derartige lange gereimte Texte, man könnte sagen Romane in Versform, waren damals modern; wir heute können sie nur noch schwer lesen. Ein zentrales Thema in »Aurora Leigh« sind weibliche Lebensentwürfe und das Problem der Unabhängigkeit von Frauen, die durch die Ehe in Frage gestellt wird. Die Dichterin Aurora weist Romneys Heiratsantrag zurück, obgleich sie ihn liebt, denn mit der Eheschließung würde er das Besitzrecht auf ihren Körper und sogar auf ihre Seele kaufen und sie hätte fortan weniger Rechte als eine Maus in der Falle. Drastischere Worte für die herrschende viktorianische Ehemoral lassen sich kaum finden. Erst nach langen Umwegen finden Aurora und Romney in einer Beziehung zueinander, die sich aus den herrschenden Geschlechterzuschreibungen und Ehevorstellungen löst – nicht unähnlich Elizabeth Barretts eigener Erfahrung mit Robert Browning.

Schon früher, vor ihrer eigenen Ehe, hatte sie sich verschiedentlich über ähnliche Fragen dichterisch geäußert. So wird im Gedicht »A Woman's Shortcomings«[13] (»Die Fehler einer Frau«) »wahre Liebe« der konventionellen gegenübergestellt: Nicht Wohlstand und Anstand bewegen eine Frau, einem Verehrer ihr Jawort zu geben, sondern nur die wirkliche Liebe, die alles andere verblassen lässt – und ewig, auch über den Tod hinaus, dauert. Demgegenüber wird in »A Man's Requirements« (»Die Forderungen eines Mannes«) das zynische Fazit gezogen, dass er, wenn sie allen seinen Anforderungen entspricht und ihre Liebe unter Beweis stellt, sie in der Tat lieben wird: ein halbes Jahr lang, so wie ein Mann es eben könne.

Elizabeth Barrett hatte sich stets den herrschenden Geschlechterverhältnissen sowohl angepasst als auch gegen sie rebelliert. Die Ehe schien ihr die schlimmste Form von Knechtschaft für eine freie Frau, bis sie die Liebe ihres Lebens fand und eine Ehe führte, die alle Befürchtungen aufs schönste enttäuschte. Aber sie betrachtete dieses Glück als Ausnahme.

Elizabeth Barrett Brownings Gesundheit hatte sich nach mehreren Englandaufenthalten wieder verschlechtert. Sie starb am 29. Juni 1861 und wurde in Florenz beigesetzt. Im darauffolgenden Jahr veröffentlichte ihr Mann ihre nachgelassenen Gedichte, die »Last Poems«.

Beladen wie die Biene

Emily Dickinson
(1830–1886)

Ein Wort achtlos aufs Blatt gesetzt
Erregt ein Auge noch
Wenn längst in ewigen Saum genäht
Zerfurcht sein Schöpfer ruht.[1]

Zu den Wundern von Emily Dickinsons Dichtung gehört die dingliche und sinnliche Qualität ihrer Worte und Wörter.[2] Sie benennen nicht einfach etwas, sondern besitzen eine Selbständigkeit und Lebendigkeit, die sie wie mehrdimensionale Objekte oder gar eigenständige Lebewesen wirken lassen.

Emily Dickinson thematisiert immer wieder die Macht der (dichterischen) Sprache: Gesprochene, geschriebene, benutzte, erfundene, verwandelte Worte sind keine toten Zeichen. Vielmehr werden sie im Gebrauch lebendig. Die Sprechende verschwindet hinter den von ihr gesagten Worten, die freigesetzt werden in ihr eigenes Leben, das länger währt als das ihrer Schöpferin. Dennoch – oder gerade darum – ist Vorsicht geboten, denn ein gesagtes Wort ist unwiderruflich. »Wir müssen achtgeben, was wir sagen. Kein Vogel kehrt ins Ei zurück«, schreibt Dickinson 1872 an ihre Cousine Louise Norcross.[3] In anderen Gedichten erscheint das Wort als der Beginn allen Lebens. Und als Naturgewalt:

Sich wie Donner türmen bis er birst
Dann grollend groß verziehn

Während Alle Kreatur sich duckt
Das – wäre Poesie –[4]

Emily Dickinson teilte mit den Dichterinnen Annette von Droste-Hülshoff und Elizabeth Barrett Browning die lebenslängliche Abhängigkeit von der Familie, und sie genoss wie diese beiden die Privilegien, die der soziale und finanzielle Status der gutsituierten Familien mit sich brachte: Dieser ermöglichte den Dichterinnen ein Leben ohne (größere) materielle Sorgen, das ihnen zwar familiäre und gesellschaftliche Zwänge auferlegte, aber erlaubte, sich dem Schreiben zu widmen – wenn auch vielleicht nicht so ausschließlich, wie sie es zuweilen gewünscht haben mögen. Man hat in der Forschung immer wieder diskutiert, ob Dickinson, die sich als zartes, weiß gekleidetes, scheues Geschöpf inszenierte, sich dem viktorianischen Frauenideal und seinen Zwängen anpasste oder ob sie im Gegenteil dieses Ideal listig unterlief und so eine Freiheit fand und realisierte, die sie anders zu jener Zeit in jener Gesellschaft nicht hätte leben können. Vermutlich war Letzteres der Fall – ein Leben in permanentem Widerspruch, aber einem, mit dem man sich arrangieren konnte. Emily Dickinson arrangierte sich, ja, sie wählte dieses Leben bewusst, weil ihr klar gewesen sein muss, dass das allein ihr die Freiheit zum Schreiben gab. Das folgende Gedicht lässt das ahnen:

Sie schließen mich in Prosa –
Wie ehedem als Kind
Als sie mich, dass ich »still« war –
Wegsperrten in den Spind –

Still! Hätten sie gesehn –
Wie da mein Hirn – sich drehte –

Man könnte ebenso 'nen Vogel
Einpferchen als Verräter –[5]

Die Prosa steht für den Alltag, für das Banale, für die scheinbar unhintergehbaren Fakten. Die könne man aber, so heißt es im Gedicht, überwinden, sogar in Gefangenschaft. Dazu bedürfe es der Phantasie, der Willenskraft und des Verstandes: »Schaut er herab auf sein Gefängnis –/Und lacht – das tu auch ich –« Tatsächlich sind Emily Dickinsons Gedichte von einer Kühnheit, die alle Schwäche und weibliche Bescheidenheit, die in ihrer Zeit die Norm darstellten, weit hinter sich lässt und vergessen macht.[6]

Dennoch rufen viele Gedichte die Thematik des ruhigen, zurückgezogenen Lebens auf, entfalten sie sich im Kontrast von Stille und Explosivität, häufig verdichtet im Bild des Vulkans:

Ein Leben – still – Vulkanisch –
Das flackerte bei Nacht –
Wenn tief genug das Dunkel war
Doch nicht erlosch die Sicht –[7]

In der Realität führte Emily Dickinson ein äußerlich unauffälliges Leben. 1830 in Amherst, Massachusetts, geboren, verließ sie niemals die USA oder auch nur ihre nähere Umgebung. Sie unternahm nur wenige Reisen zu Verwandten; als sie älter wurde, zog sie sich mehr und mehr zurück und verließ das Haus ihres Vaters kaum noch. Ihre Kontakte beschränkten sich zunehmend auf Briefe, mit deren Hilfe sie auch schon vorher Freundschaften und Bekanntschaften gepflegt hatte: »Mein Brief eilt beladen wie die Biene«, schreibt sie im Herbst 1853 an das Ehepaar Holland.[8] Dieses schöne Bild der mit Honig beladenen Biene lässt sich auf viele ihrer Briefe übertragen.[9] Freundschaften waren ihr sehr wichtig, wie sie 1859 an ihren Freund Samuel Bowles schreibt: »Freunde sind mein ›Besitzstand‹. Die Raffgier, sie zu horten, müssen Sie darum verzeihen!«[10]

Auch in den späteren Jahren des Rückzugs gab es in ihrer unmittelbaren Umgebung einige wenige Menschen, mit denen sie in direktem Kontakt stand, darunter ihre geliebte Schwägerin Susan Gilbert, mit der sie seit Kindertagen eng befreundet war und die mit Mann und Kindern im Nachbarhaus wohnte, oder ihre Schwester Lavinia, mit der sie im Haus der Eltern – auch nach deren Tod – zusammenlebte. Einige Jahre lang unterhielt sie eine späte Liebesbeziehung zu dem deutlich älteren Otis Lord. Sie war also mitnichten von der Welt verlassen, und sie verließ die Welt auch nicht. Vielmehr wählte sie zeit ihres Lebens aktiv aus, wen sie wann und wie sehen wollte – oder ob sie sich zurückzog. So gab sie ihrem literarischen Ratgeber Thomas Wentworth Higginson, mit dem sie seit dem 15. April 1862 in brieflichem Kontakt stand, mehrere Körbe, bevor sie nach acht Jahren einwilligte, ihn persönlich zu treffen.

Ein Gedicht thematisiert die Furcht, durch den unmittelbaren, »unverschleierten« Eindruck ein Bild zu zerstören, und kann durchaus bezogen werden auf die Scheu, ihren Briefpartnern wirklich zu begegnen:

Zauber kleidet ein Gesicht
Undeutlich erspäht –
Die Dame hebt den Schleier nicht
Aus Furcht daß er vergeht –

Äugt nur durch die Maschen –
Sehnt sich – und verwehrt –
Daß nicht die Nähe – Wünsche löscht –
Die das Bild – genährt –[11]

Emily Dickinson wurde in eine wohlhabende, gebildete und angesehene Familie geboren. Ihr Vater war, wie sein Vater, Jurist, er arbeitete als Anwalt, übernahm das Amt des Schatzmeisters von Amherst College und wurde später Abgeordneter im Landesparlament und Kongressabgeordneter. Er muss streng, gewissenhaft und zurückhaltend gewesen sein. Als seine Tochter ungefähr zwanzig Jahre alt war, schenkte er ihr einen großen Hund, der sie sechzehn Jahre lang auf ihren einsamen Spaziergängen begleitete. In späteren Jahren aß der Vater nur das Brot, das Emily Dickinson für ihn buk. Die Mutter gewinnt in ihren Briefen und Gedichten deutlich weniger Konturen als der Vater.

Emily Dickinson genoss eine sehr gute Ausbildung. Ihr Großvater hatte Amherst College gegründet; sie selbst besuchte es sieben Jahre lang und beschloss ihre Schulausbildung am Mount Holyoke Female Seminary in South Hadley. Schon als Kind las sie viel; später berichtete sie, ihr Vater habe ihr ständig Bücher gekauft, sie aber gebeten, diese nicht zu lesen, da sie ihr schaden könnten.[12] Emily Dickinson kannte Literatur von Frauen; sie schätzte Elizabeth Barrett Browning sehr (der sie Gedichte widmete), ebenso die Brontë-Schwestern und später George Eliot. Ihr Leben lang setzte sie sich (auch literarisch) mit religiösen und philosophischen Fragen auseinander. Der in den 1850er Jahren um sich greifenden religiösen Erweckungsbewegung widerstand sie. Fast ihre gesamte Familie wurde bekehrt. Sie nicht: Sie blieb auch religiös eine Außenseiterin. Offensichtlich nahm ihr das niemand wirklich übel.

Trotz der guten Ausbildung und ihrer intellektuellen und literarischen Begabung stand ihre Mithilfe im Haushalt außer Frage. Ihre Klagen über die Überforderung durch alltägliche Pflichten entkräftet sie nur notdürftig durch Ironie, als sie 1853 während der Abwesenheit ihrer Schwester Lavinia, kurz Vinnie, an ihre Freundin Jane Humphrey schreibt:

»Vinnie ist fort – und meine Hände nur *zwei* – nicht vier oder fünf, wie es sein müßte – und so *viele* Notwendigkeiten – und ich wie gerufen – und meine Zeit von so wenig Belang – und mein Schreiben so unnötig – daß ich zu dem Schluß gelange, ich wäre wahrlich beispiellose böse, wollte ich nur Haaresbreite Zeit einem so unseligen Zwecke abzweigen wie der Abfassung eines freundlichen Briefs – denn wozu brauchte *ich* Teilnahme – oder gar Zuneigung – oder gar erst Freunde – Haus hüten – Essen besorgen – *fegen*, wenn die Seele betrübt ist – es geht nichts über Bewegung zur Ertüchtigung – und Belebung – und als Heilmittel gegen solcherart Unsinn –«[13]

Hört man hier nicht das Echo der Mutter, die der Tochter ganz selbstverständlich Haushaltsarbeiten abverlangt? Schreiben – auch Briefschreiben – war demgegenüber bloßer Luxus, den man sich in Mußestunden gönnen durfte. Aber es geht hier um mehr als um knappe Zeit, es geht auch um Missachtung, Unverstandensein und Einsamkeit.

Diese Erfahrung teilt Emily Dickinson mit anderen Autorinnen (und vielen nichtschreibenden Frauen) ihrer Zeit. Dennoch hatte sie das Glück, dass ihr von der Familie offenbar auch viel Respekt für ihre Eigenarten und für ihre eigentliche Arbeit entgegengebracht wurde; die Familie verhinderte offenbar nie massiv ihre Dichtung. Emily Dickinson gelang es wohl nicht zuletzt mit Hilfe ihres Images, sich von den häuslichen Verpflichtungen zumindest freier zu halten als andere Frauen.

1862 nahm Emily Dickinson Briefkontakt zu Thomas Wentworth Higginson auf. Er war unitarischer Prediger, Abolitionist, Spiritualist, Essayist und Dichter und befehligte im Bürgerkrieg (1861–1865) das erste Regiment befreiter Sklaven.[14] Sie sandte ihm Gedichte und bat um seinen Rat, den er ihr erteilte – vielleicht nicht den progressivsten, aber einen, den sie ihr Leben lang suchte, auch als ihr längst klar war, dass sie ihm an literarischer Kraft weit überlegen war. Der Briefwechsel zwischen den beiden wurde, mit Unterbrechungen, bis zum Tod von Emily Dickinson fortgeführt.

Higginson riet ihr, ihre Gedichte erst einmal nicht zu publizieren; entweder hielt er sie für nicht gut genug, oder er wusste, dass das zeitgenössische Publikum sie nicht schätzen würden. Sie beherzigte diesen Rat, so dass nur sieben ihrer insgesamt 1775 Gedichte zu Lebzeiten in Zeitschriften erschienen und eine größere Auswahl erst einige Jahre nach ihrem Tod publiziert wurde, woran Higginson maßgeblichen Anteil hatte.[15] Allerdings schickte sie Freunden und Bekannten häufig Gedichte, eingefügt in Briefe oder ihnen beigelegt.

In einem Brief vom Juli 1862 an Wentworth Higginson beschreibt sie ihr eigenes Äußeres: »Ein Bildnis, jetzt, besitz ich nicht, klein bin ich, wie's Zaunkönige sind, mein Haar keck wie in ihrem Igel die Kastanie – und mein Auge wie die Neige Sherry, die der Gast im Glas läßt.«

Tatsächlich gibt es nur eine einzige Daguerreotypie von ihr, die aufgenommen wurde, als sie siebzehn war. Später ging sie dazu über, sich nur noch in Weiß zu kleiden, so dass sie zart und zerbrechlich schien; dazu passte auch ihr Auftreten, wenn man Thomas Higginson glauben darf, der sie nach ihrer ersten persönlichen Begegnung nach achtjähriger Korrespondenz 1870 beschreibt:

»Schritte wie die eines trippelnden Kindes & schon glitt eine kleine, unscheinbare Frau herein mit gescheiteltem rötlichem Haar & einem Gesicht ein klein wenig wie das von Belle Dove: schlichter kaum – ohne jeden Vorzug – in einem sehr schlichten & blütenreinen weißen Piquékleid und gehäkeltem Schal aus blauer Kammwolle. Sie trat mir mit zwei Taglilien entgegen, die gab sie mir geradezu kindlich in die Hand und sagte: ›Sie sind meine Einführung‹, hauchte es in atemlos-ängstlichem Ton (...).«[16]

Und die Schriftstellerin Helen Hunt Jackson, die sie im Gegensatz zu Higginson zum Publizieren ihrer Gedichte zu bewegen suchte, bemuttert sie noch 1876 besorgt: »Sie wirkten wahrhaftig fahl und mottengleich! Ihre Hand in der meinen war so schmächtig, daß ich erschrak. Ich kam mir vor wie ein gewaltiger Ochse, der zu einem weißen Nachtfalter spricht und ihn drängt, mit hinauszugehen und Gras zu fressen, damit er etwas Fleisch ansetzt!«[17]

Eine kindlich zarte, kränkliche, durchscheinende Gestalt wie aus einer anderen Welt, eine Sylphide, ein Schmetterling – eine Weiblichkeit, wie sie das viktorianische Zeitalter so sehr liebte. Mit vierzig war man kein Kind mehr, aber sie inszenierte sich kindlich; eine Vierzigjährige trug schwerlich nur Weiß – das war die Farbe von jungen Frauen (und natürlich auch die Farbe der Unschuld). Uda Strätling spricht von der »kindlich-unschuldigen Persona«, die Dickinson sich neben anderen zugelegt habe und mit dem Namen »Daisy« bezeichne: zugleich Frauenname und Blume.[18]

Das provozierte einerseits, dass man sich um sie kümmerte. Andererseits verlieh es ihr einen ungreifbaren Status: den der schüchternen, verletzlichen Exzentrikerin, die man besser in Ruhe lässt. Zudem muss sie eine Intensität besessen haben, die den Umgang mit ihr nicht einfach machte. So schreibt Higginson (dem man freilich nicht alles glauben darf, denn er pflegte bei allen emanzipatorischen Überzeugungen sein eigenes Bild von Frauen und speziell von ihr): »Nie habe ich mit einem Menschen Zeit verbracht, der mich derart viel Kraft kostete. Ohne jede Berührung entkräftete sie mich. Ich bin froh, daß ich nicht in ihrer Nähe lebe. Sie fand mich oft müde und schien überhaupt sehr um fremdes Wohl besorgt.«

Er spricht weiter von »übermäßiger Gespanntheit« und »unnatürlicher Lebensweise« und meint, er hätte einen »aufrichtigen Verkehr vorgezogen«.[19] Letzteres führt er auf Emily Dickinsons Rätselhaftigkeit zurück. Diese mag echt gewesen sein, man könnte sie aber auch als eine Selbstinszenierung sehen, die nichts dem Zufall überlässt und damit auch die Nähe, die zugelassen wird, sehr genau kontrolliert – kluger Selbstschutz.

Emily Dickinson pflegte enge, geradezu leidenschaftliche Freundschaften mit Schulfreundinnen, die in der Regel in die Brüche gingen, sobald die jungen Frauen heirateten. Eifersucht scheint früh ein Thema gewesen zu sein; Emily Dickinson forderte von ihren Freundinnen viel, war aber bereit, mindestens ebenso viel zu geben. Wenn sie jedoch enttäuscht wurde, nahm sie kein Blatt vor den Mund und schreckte auch vor einem Ultimatum nicht zurück. Sie selbst schrieb einmal von ihrer übergroßen Intensität, die sie Idolatrie (Vergötterung) nannte und die die geliebten Menschen von ihr wegtreibe.[20] Sie mag auch selbst auf Abstand gegangen sein, denn übergroße Idealisierung schlägt früher oder später in ihr Gegenteil um. Recht pathetisch schreibt sie 1854 an ihre Freundin Susan Gilbert:

»Sue – bleib oder geh – es gibt nur eine Wahl – Wir sind letzthin oft uneins, und dieses muß das letzte Mal sein.

Du brauchst den Schritt nicht scheuen, weil ich allein sei, denn ich trenne mich oft von Dingen, die ich einst zu lieben glaubte – mal bis ans Grab, mal bis in ein Vergessen, das bitterer als der Tod ist – darum blutet mein Herz so oft, daß ein Blutsturz mich nicht kümmert und ich lediglich die Agonie den früheren zufüge, und am Abend sage – ach, dahin die Seifenblase!«[21]

Es wird deutlich, wie schmerzlich der Schreiberin die

Erfahrung des Verlusts ist und wie groß ihre Angst davor. Andererseits tut sie so, als wäre ihr Gegenüber nur eine von vielen, also niemand Besonderes. Das kann kaum stimmen, wenn es so explizit betont wird. Aber mit dieser Strategie verringert sie die Bedeutung der anderen, vielleicht auch vor sich selbst, und kränkt sie, was ihr den eigenen Stolz zu wahren hilft.

Unüberhörbar ist die Leidenschaftlichkeit dieses Briefes. Manche Literaturwissenschaftlerinnen meinen eine stark ausgeprägte homoerotische Seite in Emily Dickinsons Leben und Werk festzustellen.[22] Den Argumenten kann man sich schwerlich entziehen, wenn man die Briefe an geliebte Freundinnen liest; auch in der Lyrik kann man weibliche Symbolik finden.

Romantische Freundschaften gehörten zum emotionalen Inventar des 19. Jahrhunderts. An verbalen und vielleicht auch realen Zärtlichkeiten zwischen Freundinnen war nichts anstößig, solange sie die Grenze zum Erotischen nicht überschritten. Das Konzept von lesbischer Liebe existierte noch nicht, und als es aufkam, zerstörte es diese Form liebender Freundschaft, die manchmal auch eine Möglichkeit gewesen war, als Frau unter dem Deckmantel der Freundschaft eine andere Frau zu lieben und zu begehren.[23] Ob das bei Emily Dickinsons der Fall war, lässt sich nicht sagen. Sicher ist, dass ihre Freundschaften mit Frauen zahlenmäßig und vor allem in Bezug auf Intensität und (schriftlich formulierter) Leidenschaft weit über das hinausgingen, was beispielsweise Elizabeth Barrett Browning lebte.

»Meine süße Sue –

Es gibt nicht erst, nicht letzt im Ewig – das Zentrum ist und immer da –

Zu glauben – genügt – und das Recht, anzunehmen –

Nimm ›Biene‹ und ›Butterblume‹ zurück – ich habe für

sie keine Wiese, doch für die Frau, die mir die liebste ist, herrscht hier ein Fest – In den Wunden meiner Hände wird man ihre Finger finden –

(…)

Nimm den Schlüssel zur Lilie; ich verschließe die Rose –«[24]

Das klingt wie eine hoch literarisierte Liebeserklärung, ohne dass man die einzelnen Elemente und Anspielungen ganz entschlüsseln könnte; sie waren wohl nur der Betroffenen klar.

Mit Susan tauschte sie sich auch literarisch aus. So schickte Emily Dickinson Susan Gilbert 1861 ihr Gedicht »Verwahrt in ihren Alabasterkammern«.[25] Sie erhielt zur Antwort, Susan sage »die zweite Strophe nicht recht zu«; sie sei »staunenswert«, passe jedoch nicht zur ersten, die eigentlich für sich stehe: »Diese Strophe sucht ihresgleichen (…). Sobald ich nur daran denke, eile ich gleich an den Kamin, um mich zu wärmen, aber warm wird mir *nie mehr.*«[26] Die erste Strophe lautet:

Verwahrt in ihren Alabasterkammern –
Kein Morgen – und kein Mittag –
Rührt sie an –
Ruht die lammfrohe Ostergesellschaft,
Balken aus Satin,
Und Dach aus Stein –[27]

Die Alabasterkammern können als Grabkammern verstanden werden, in denen die Toten in ihren Särgen (»Balken aus Satin«) auf die Auferstehung warten. Emily Dickinson schrieb eine neue zweite Strophe und sandte sie Susan Gilbert mit der (ironischen) Frage: »Ist es so frostiger?«[28] Die zweite Fassung verstärkt die ausgeprägte Räumlichkeit, die so typisch für Emily Dickinsons Lyrik ist: »Groß ziehn die Jahre / Im Bogen darüber – / Wo Welten sich wölben – Die Himmel vergehen.«

1856 heiratete Emilys Bruder Austin Susan Gilbert, das Ehepaar zog in das Haus neben Emily Dickinsons Elternhaus. Das wird das Verhältnis zwischen den Freundinnen zeitweise nicht nur erleichtert, sondern auch belastet haben; es gab offensichtlich zunehmend Phasen der Entfremdung und Kühle. Dennoch blieb die Beziehung bestehen.

Darüber, wer der »Master« war, an den Emily Dickinson zwischen 1858 und 1861 insgesamt drei erhaltene Briefe richtete, rätselt die Literaturwissenschaft bis heute. Verschiedene Männer kommen in Frage: Samuel Bowles, ein einflussreicher Journalist, dem sie leidenschaftliche Briefe schrieb, oder Otis Lord, mit dem sie später tatsächlich eine Beziehung führte. Man hat auch vermutet, dass es sich um eine Stilübung handeln könnte. Es sind merkwürdige, eigentümlich entrückte, teilweise fast unterwürfige Liebesbriefe oder Entwürfe zu Liebesbriefen, die rätselhaft bleiben.

Wie viele Seiten Emily Dickinson hatte – oder zeigte –, erkennt man beim Lesen nicht nur ihrer Gedichte, sondern auch ihrer Briefe. Darin findet sich fast jede Haltung und Stillage zwischen Pathos und Humor, ja Witz. An Higginson schreibt sie 1874: »Ich lese in der jüngsten Zeit nur wenig – das Dasein überwältigt das Gedruckte. Heute erschlug ich einen Champignon –«;[29] darin steckt beides, das Pathos wird gebrochen durch den Witz. In einem Schreiben an ihre Freundin Mrs. Holland am 2. März 1859 entwirft sie ein verspieltes Szenario nächtlicher Ängste:

»Nachts graut es mir gelegentlich, doch geben sich Spukgespenster die Ehre, ich habe keinen Grund zur Klage. Man wird auch kaum erwarten, daß Möbel die ganze Nacht hindurch stillstehen mögen, wenn also Stühle tanzen – wenn dem Salon nach Polka ist und die Schaufel die Zange zum Tanze bittet, ist wenig einzuwenden!«[30]

Die ernsthafte, bedrohliche Version wird entfaltet im Gedicht »Man muß kein Zimmer sein – damit es spukt«:

Man muß kein Zimmer sein – damit es spukt
Im Innern – auch kein Haus –
Das Hirn hat Gänge – die gehen über
Gebautes weit hinaus –

Harmloser trifft man Geister draußen
Um Mitternacht
Als jenem kühlern Hauswirt zu begegnen –
Der drinnen wacht –[31]

Der wahre Schrecken liegt im Innern der eigenen Seele – in deren Abgründen. Welche Abgründe das sind, erfahren wir nicht. In allen Schattierungen erfahren wir jedoch, was für ein grauenhaftes Gefühl es ist, mit den eigenen Abgründen konfrontiert zu sein, und zwar indem die Orte der Außenwelt aufgerufen werden – »draußen«, im Weiteren dann »ein Kloster«, »die eigene Wohnung«, in denen Schreckliches passieren kann, das freilich harmlos ist im Vergleich zu dem, was das eigene Innere zu bieten hat. Und aus dem ist keine Flucht möglich; gegen das kann man sich nicht wehren.

Die frühen 1860er Jahre waren die produktivste Phase der Dichterin Dickinson, 1863 entstanden fast 300 Gedichte.[32] Zu ihren berühmtesten Liebesgedichten zählt das leidenschaftliche »Wild nights« (1861) – die erste Strophe beginnt: »Wilde Nächte – Wilde Nächte!« Später heißt es:

Was will der Wind noch –
Das Herz liegt im Hafen –

Fort mit dem Kompaß –
Fort mit den Karten!

Landen in Eden –
Ach, das Meer!
Dürft ich doch ankern – Heute Nacht –
In Dir![33]

Viele Liebesgedichte thematisieren die Sehnsucht nach Verschmelzung, danach, erkannt, überwältigt zu werden. Wenn ich »ich« sage, meinte ich »du«, heißt es sinngemäß in dem Gedicht »Leere mein Herz, von Dir«.[34] Eine der kühnsten Metaphern findet sie in der Wendung:

Mein Leben – ein Gewehr – Geladen –
Stand da – bis eines Tages
Der Eigentümer – es erkannte –
Und hat Mich fortgetragen –[35]

Traditionell feminine Positionen verbinden sich mit dem Gegenteil. Ein geladenes Gewehr ist gewiss nichts, womit sich eine Liebende sonst vergleichen oder gar gleichsetzen würde; es verweist auf Explosivität, Gefährlichkeit und Gewalt. Andererseits will das lyrische Ich erkannt und weggetragen werden, was der klassischen passiven weiblichen Rolle geradezu über-entspricht. Auch hier wieder die Vermischung des eigentlich Unvereinbaren, die so typisch für Dickinsons Dichtung ist.

Anfang der 1860er Jahre muss Emily Dickinson eine Krise durchgemacht haben, deren Ursachen unbekannt geblieben sind; vielleicht handelte es ich um eine religiöse Krise oder um eine fatale Gefühlsenttäuschung. Manche vermuten, es sei eine enttäuschte Liebe zu dem unbekannten Mann gewesen, an den sie die erwähnten sogenannten »Master«-Briefe richtete. Möglicherweise gab es auch keinen konkreten Anlass, jedenfalls keinen äußerlich sichtbaren. Viele von Dickinsons Gedichten rufen ein Gefühl der Verzweiflung (»despair«) hervor, das aus heutiger Sicht Züge einer Depression trägt, damals wohl eher Melancholie oder Nervenleiden genannt wurde. Es ist ein Zustand ohne Hoffnung, ohne Trost, der totenstillen Verzweiflung – Tod im Leben:

Ein großes Hoffen
Fiel geräuschlos
Die Trümmer lagen innen
Oh schlauer Schiffbruch
Ohne Nachricht
Und ohne jeden Zeugen.[36]

Ihr Leben lang schreibt sie über eine Verzweiflung, die jenseits allen Schmerzes liegt, denn Schmerz ist lebendiges Gefühl. Oft verdeutlichen räumliche Metaphern diesen Zustand. Das sprechende Subjekt, das sich selbst nicht mehr kennt, ist gefangen und verloren in totenstillen, kalten Räumen ohne Ausgang, in einem »Haus ohne Tür«[37].

Die Einsamkeit kann jedoch auch zur Kraft werden:

Des übrigen Banketts beraubt,
Macht ich mir selbst den Wirt –
Zuerst – war die Ernährung karg –
Zu dürftig war das Brot –

Durch schlanke Zutat wuchs es
Ward hocherfreulich groß
Für mich ist es nun üppig …[38]

Neben Liebe, Verzweiflung, Religion und anderen metaphysischen Fragen thematisierte Emily Dickinson häufig die Natur. Das scheint zum Bild der zarten Frau zu passen. Jedoch: Den Erwartungen an die Naturlyrik einer Frau entsprechen die Texte nicht. Dickinsons Naturgedichte sind fern aller Idyllik, sie schließen vielmehr immer auch den Schrecken und die Grausamkeit mit ein. Sie fangen einen Moment ein, in seinen visuellen Details und seiner Vieldeutigkeit, um ihn dann in eine Metapher – oder in ein unlösbares Rätsel – von allgemeiner Gültigkeit zu überführen. Über Fledermäuse heißt es:

Die Fledermaus ist grau, mit Runzelflügeln –
Wie ein Brachstück fahl –
Kein Lied kommt ihr über die Lippen –
Keines das wahrnehmbar.

Mit kleinem Schirm, kurios halbiert
Beschreibt sie in der Luft
Die unergründlichsten Bogen
Hochfahrender Philosoph.[39]

Die präzise Beschreibung der Fledermaus verbindet sich mit einer geradezu metaphysischen Rätselhaftigkeit, die wahrlich nicht aufgelöst wird durch den Vergleich des Tiers mit einem (hochfahrenden) Philosophen.

Auch die Visualisierung einer Spinne ist ganz konkret, anschaulich und sehr poetisch, in sich schon ein kleines Sprachwunder.

Die Spinne hält den Silberball
In unbemerkten Händen –
Und sachte für sich Selber tanzend
Entrollt sie – Perlenfäden –
...

In einer Stunde zieht sie hoch –
Den Kontinent aus Licht –
Dann baumelt sie am Besenstiel –
Und ihr Gebiet – zunicht –[40]

Das Gedicht kann gelesen werden als Metapher für vergebliche Anstrengung – genauso gut aber auch als Gedicht über Dichtung, über die unschätzbare spinnwebfeine Arbeit der Einbildungs- und Transformationskraft und die mangelnde Wertschätzung der Dichtung im nutzenorientierten Alltag. Es macht anschaulich, wie genau Emily Dickinson kleinste Alltäglichkeiten in Worten zu malen und in ihrem Reichtum darzustellen vermag. Und wie sie ihnen zugleich mehrere Schichten möglicher Bedeutungen beigibt, die man als Leserin zu deuten frei ist.

Im Gegensatz zu den Gedichten von Annette Droste-Hülshoff und Elizabeth Barrett Browning sind Dickinsons Gedichte von schockierender Modernität – im Sinne von Hugo Friedrich, der die europäische Dichtung mit Kategorien wie Abnormität, Nicht-Assimilierbarkeit, Entpersönlichung, Dissonanz, Sprachmagie, kreative Phantasie, Intellektualismus, Fragmentarismus charakterisiert.[41] Während Charles Baudelaire, einer der frühen Modernen Europas, noch die traditionellen Formen – das klassische Sonett im klassischen französischen Dichtungsvers Alexandriner – beibehält, innerhalb deren er seine atemberaubenden Traditionsbrüche inszeniert, bricht Emily Dickinson auch mit der Form. Ihre Dichtung wurde darum immer wieder, auch im 20. Jahrhundert noch, als ungeordnet, chaotisch, grammatisch inkorrekt und stilistisch grob beurteilt.[42] Ihr Ratgeber in literarischen Angelegenheiten, Thomas Wentworth Higginson, riet ihr, wie gesagt, von der Veröffentlichung ab. Die Lyrikerin Helen Hunt Jackson hingegen forderte sie wiederholt auf, ihre Texte zu publizieren, notfalls auch anonym. »Ich besitze ein kleines Konvolut mit einigen Ihrer Gedichte – und ich lese sie sehr oft – Sie sind eine große Dichterin – und Sie tun Ihrer Zeit damit ein großes Unrecht, daß Sie nicht laut singen wollen. Wenn Sie einst sind, was die Leute tot nennen, wird es Ihnen leid tun, daß Sie so geizig waren«, schreibt sie, beharrlich und witzig zugleich, im März 1876 an Emily Dickinson.[43]

Emily Dickinsons Lyrik entzieht sich jedem leichten Verständnis. Viele Texte wirken fragmentarisch. Ihre Reime sind oft unrein oder assonantisch. Wörter stehen scheinbar unverbunden nebeneinander, Sätze entbehren des Verbs, die Bezüge sind unklar, Bedeutungsfelder und Redeweisen (zum Beispiel die religiöse Sprache und die Sprache der Liebe) werden übereinandergeblendet. Kühne Metaphern eröffnen weite Horizonte. Klangliche Ähnlichkeiten werden genutzt, um Bedeutungsvielfalt zu erzeugen. Die Zeichensetzung tut das Ihre; Dickinson ignorierte die üblichen Regeln und setzte ihre berühmten Gedankenstriche, die die Lektüre stockend machen, Lücken in den Gedankenfluss reißen, zur Langsamkeit der Lektüre zwingen und zugleich neue Verständnismöglichkeiten eröffnen.

Auch wieder anders als Droste-Hülshoff und Barrett Browning hat Emily Dickinson keine erzählenden Gedichte geschrieben, keine Balladen oder gar Epen, die im 19. Jahrhundert in Mode waren und aufgrund ihrer Narrativität letztlich einen leichteren Zugang zum Verständnis bieten (und vor allem von Männern geschrieben wurden). Ihre Gedichte sind kurz und verdichtet, bildhaft und abstrakt zugleich. Sie erzählen keine Geschichten, sondern lassen Emotionen und Gedanken entstehen.

Man kann auch bei Emily Dickinson das sprechende Ich niemals klar mit der biographischen Person Emily Dickinson identifizieren. Das wird geradezu pedantisch unmöglich gemacht. Stets ist das Gefühl selbst Gegenstand des

Gedichts, nicht die möglichen Anlässe für ein Gefühl – und schon gar nicht die biographischen Zusammenhänge.

In den 1870er Jahren schrieb Emily Dickinson weniger Gedichte als in den Jahren zuvor. Im Juni 1874 erlitt ihr Vater einen Schwächeanfall während einer Rede im Landesparlament; er starb in einem Hotel in Boston. Das gab Anlass zu ergreifenden Trauerbekundungen. Ihren jüngeren Cousinen Louise und Frances Norcross, die ihr in jenen Jahren immer wichtigere Briefpartnerinnen wurden, überbringt sie die Todesnachricht:

»Vielleicht wißt Ihr kaum noch, wer ich bin, ihr Lieben. Ich kenne mich selbst nicht mehr. Ich hielt mich stets für stark gebaut, doch dies Stärkere hat mich untergraben. (…) Vater lebt nicht mehr bei uns – er wohnt in einem neuen Haus. In kaum einer Stunde errichtet, ist es diesem dennoch überlegen. (…) also bringen wir ihm die besten Blumen, und wenn wir nur wüßten, ob er es weiß, könnten wir vielleicht aufhören zu weinen.«[44]

Eine leichte Ironie steht ihr auch in dieser Situation zu Gebote: »Ich bin froh, daß es die Unsterblichkeit gibt – doch hätte ich lieber selbst die Probe gemacht, ehe ich ihn anvertraute«, schreibt sie an Higginson.[45] Und in einem poetischen Bild an die Freundin Mrs. Holland: »Vielen Dank für die Teilnahme. Sie hilft mir abends die Treppe hoch, wo ich einst, wenn ich an Vaters Tür kam – Geborgenheit wähnte.«[46]

Ein Jahr nach dem Tod des Vaters erlitt die Mutter einen Schlaganfall, sie wurde bettlägerig und erholte sich nicht mehr richtig. Die Pflege oblag natürlich den Frauen im Haus und damit auch Emily Dickinson, wenngleich unterstützt durch Dienstboten (die sie in ihren Briefen zuweilen als selbstverständlichen Bestandteil des alltäglichen Familienlebens erwähnt). Auch die Schwester machte ihr Sorgen: »Aus der Bahn geworfen durch Vinnies seltene Krankheit – und Mutters gemehrte Not – kam ich mir vor wie ein Kummerkreisel, der sich ohne Pause dreht«, schreibt sie im Dezember 1877 an ihre Freundin Mrs. Holland[47] und drei Jahre später: »Die Bürde des Pathos wiegt schwerer fast als die Pflege. Mutter wird nie mehr gehen. Zwar unternimmt sie in starken Männerarmen noch ihre kleinen Reisen vom Bett in den Lehnstuhl – doch mehr wird niemals sein. Ihre arme Geduld verirrt sich, und wir führen sie zurück (...).«[48] Die Mutter starb 1882.

Emily Dickinson erlebte den Tod vieler Menschen, die ihr nahestanden: der Jugendfreund Leonard Humphrey starb 1850; 1882 ein wichtiger Briefpartner, der Geistliche Charles Wadsworth; der erfolgreiche Zeitungsmann Samuel Bowles, ein guter Freund, der sechs ihrer Gedichte in seiner Zeitung abgedruckt hatte, starb 1878. Zu den schlimmsten Erfahrungen zählte zweifellos der Tod des geliebten achtjährigen Neffen Gilbert, des ersten Sohnes ihres Bruders Austin und ihrer Schwägerin Susan, im Jahr 1883.

Plötzliche Tode waren im 19. Jahrhundert trotz der medizinischen Fortschritte nichts Besonderes; viele Krankheiten waren noch nicht zu heilen oder wurden gar nicht erkannt. Das brachte Dickinson den Schrecken und die unhintergehbare Rätselhaftigkeit des Todes, von der sie ohnehin besessen war, immer wieder ins tägliche Leben – umso schwerer für eine, der der sichere Trost des festen Glaubens versagt blieb.

Viele Gedichte Emily Dickinsons handeln vom Tod. Aber es wäre zu kurz gegriffen, läse man sie als schlichte Bewältigung dieser Erfahrungen. Sie mögen die Gedichte ausgelöst haben, werden selbst aber so gut wie nie beschrieben. Dazu sind, wenn überhaupt, die Briefe da. Die Gedichte hingegen sind hochreflexive und zugleich emotionsgesättigte Annäherungen an ein Grundthema menschlichen Lebens, das allen bevorsteht und über das niemand etwas Genaues sagen kann. Das lyrische Ich entwirft Tode anderer oder imaginiert sogar den eigenen Tod – das Ich, das darin spricht, ist ein forschendes, vielleicht auch erleidendes Ich, aber nicht das biographische Ich: »Ich hörte eine Fliege summen / als ich starb –«[49] oder »Durchs Hirn schritt mir ein Leichenzug, / Gefolge, hin und her / ein Trampeln –«.[50] Eindrucksvolle Bilder für das Grauen vor der Endgültigkeit und der Gleichgültigkeit des Todes, der sich schon im Leben geltend machen kann: im Zustand des »despair« nämlich, der Verzweiflung, jener abgrundtiefen Melancholie, in der alles Leben erloschen ist.

Emily Dickinson erlebte das, was zu ihrer Zeit als »späte Liebe« bezeichnet wurde. Otis Lord (1812–1884) war Richter am höchsten Gericht von Massachusetts und ein guter Freund ihres Vaters. Die beiden kannten sich also schon sehr lange. Lords Frau starb 1877, kurz danach begann die Liebesbeziehung zwischen ihm und Emily Dickinson. Da war sie siebenundvierzig Jahre alt. Die wenigen erhaltenen Briefe überraschen durch Leichtigkeit und Leidenschaft[51] – was mitnichten hindert, dass sie genauso durchkomponiert und überarbeitet worden sind wie alle anderen Texte:

»Ich gestehe, daß ich liebe – frohlocke, daß ich liebe – ich danke dem Schöpfer von Himmel und Erde, der ihn mir gab zu lieben – Jubel überflutet mich. Ich finde nirgend Ufer – Fluß wird zu Bucht – denk ich an Dich –«[52]

Aber sie weiß auch um die Macht der Zurückhaltung – oder vielleicht einfach, dass die Dinge ihre Zeit brauchen?

»Weißt Du nicht, daß Du am glücklichsten bist, solange ich verwehre, nicht gewähre – weißt Du nicht, daß die Sprache kein Wort so wild kennt wie ›nein‹? (...) doch es gehört alles Dir, und wenn es einst recht ist, werde ich den Weg freigeben und Dich ins Moos betten – Du hast mich das Wort gelehrt.«[53]

Nicht alle Menschen ihrer Umgebung – wenn auch offenbar die meisten – schätzten dieses außereheliche Verhältnis. So soll ausgerechnet ihre engste, aber mittlerweile deutlich distanziertere Freundin Susan Gilbert die spätere Geliebte ihres Mannes, Mabel Loomis Todd, die den ersten (postumen) Gedichtband von Emily Dickinson herausgab, gewarnt haben: »Sie werden Ihren Mann hoffentlich nicht hinlassen! (...) Neulich überraschte ich Emily dort in den Armen eines Herrn.«[54] Das änderte nichts am Verhältnis der Liebenden, das, den Zeugnissen nach zu schließen, glücklich, aber nicht ekstatisch gewesen zu sein scheint. Sie freute sich, wenn er kam; sie vermisste ihn, wenn er ging, schrieb ihm sehnsüchtige Briefe, führte aber ihr gewohntes Leben weiter wie bisher.

Als Otis Lord 1884 starb, war Emily Dickinson vierundfünfzig Jahre alt und krank. Sie hatte in jüngeren Jahren langwierige Augenbehandlungen hinter sich bringen müssen und Angst gehabt, blind zu werden. Ein Nierenleiden quälte sie schon länger, es verschlimmerte sich 1885 und schwächte sie. Sie war häufig bettlägerig, blieb aber im Briefwechsel mit verschiedenen Personen und verfasste weiterhin Gedichte.

Im Mai 1886 schrieb sie ihre letzte Nachricht an ihre Cousinen: »Little Cousins, Called Back. Emily.«[55]

»Called back« bedeutet: Erinnerung. Aber auch: Zurückgerufen werden (zu Gott gerufen). Zudem spielt es auf den Titel eines Romans an, den sie kurz zuvor schon in einem Brief an Frances und Louise Norcross erwähnt hatte.[56] In den zwei Worten verdichten sich mithin, wie in den Gedichten Emily Dickinsons, viele Bedeutungen. So wird diese knappe Nachricht zum vollkommenen und unsentimentalen Abschied. Emily Dickinson starb am 15. Mai 1886.

Da Emily Dickinson keinerlei Anordnungen getroffen

hatte, wie mit ihrem literarischen Nachlass umzugehen sei, waren Auseinandersetzungen und Zwistigkeiten der Hinterbliebenen die Folge. Schließlich gab Mabel Loomis Todd 1890 gemeinsam mit Thomas Wentworth Higginson eine erste Auswahl der Gedichte heraus.[57] Sie sind nach dem Gutdünken der Herausgeber angeordnet und sprachlich-stilistisch geglättet. Weitere Bände folgten, 1894 auch eine Auswahl der Briefe. Schon da wurde klar, dass die Familie und die Herausgeber die Texte zensiert hatten; vieles fehlt, oft sind Stellen unleserlich gemacht beziehungsweise herausgerissen worden. Die erste verlässliche Ausgabe der Gedichte mit Kommentaren und Varianten nach den Handschriften wurde 1955 in drei Bänden von Thomas H. Johnson besorgt.

Mehrere Gedichte Emily Dickinsons beschäftigen sich mit dem Thema Ruhm; sie nahm eine ambivalente Position ein. In einem Gedicht heißt es: »Ruhm ist das Wesen, das nicht bleibt«,[58] und in einem weiteren wägt sie Selbstachtung (»Ruhm aus Mir Selbst«) gegenüber äußerem Ruhm ab und gibt ganz klar der Selbstachtung den Vorzug.[59] Andere Gedichte äußern sich gegen den literarischen Markt:

Gedanken sind des Gebers Gut –
Und darum – Verkauft
Ihr Materielles Abbild – nur
Für Königliche Luft –[60]

Klare Worte, die verständlicher werden lassen, warum Emily Dickinson sich zwar immer wieder mit der Frage befasste, ob sie ihre Gedichte veröffentlichen sollte – der Gedanke scheint doch etwas Verführerisches gehabt zu haben –, nur um sich immer wieder dagegen auszusprechen. Ruhm auf einem »Markt« galt ihr nichts, war ihr eher fürchtenswert, da vom Eigentlichen ablenkend. Eine solche Position kann sich, um auf die eingangs erwähnten Rahmenbedingungen des Dichtens Dickinsons zurückzukommen, freilich nur eine leisten, die kein Geld verdienen, keinen Ruf erwerben muss (anders als zum Beispiel Anna Louisa Karsch, die freilich vornehmlich als Handwerkerin einen ganz bestimmten literarischen Markt bediente). Vielleicht verließ sich Emily Dickinson auf den postumen Ruhm, jedoch gibt es keinen zwingenden Anlass, das zu vermuten. In einer kühnen Metapher setzt sie in einem weiteren sehr kurzen und sehr berühmten Gedicht den Ruhm den Bienen gleich: da kann Ruhm singen, stechen – und auch fliegen.[61]

Ruhm kann also sowohl schön (Gesang) als auch gefährlich (Stich) sein. Sehr ironisch liest sich das. Aber vielleicht ist am wichtigsten, dass der Ruhm wie die Biene *fliegen* kann? Wegfliegen. Sich verselbständigen. Sich ausbreiten – die Biene trägt ja den Blütenstaub weg und befruchtet damit eine andere Blüte, das heißt, sie gibt weiter, was sie mit sich trägt.

Es dichtet in mir

Else Lasker-Schüler
(1869–1945)

Und überall – die Bitternis – in jedem Kerne.[1]

Else Lasker-Schüler wurde 1869 in eine bürgerliche Wuppertaler Familie geboren; sie heiratete mit fast fünfundzwanzig Jahren den Arzt Berthold Lasker und zog mit ihm nach Berlin, wo sie Kunst studierte und ein eigenes Atelier hatte. Im selben Jahr erschienen erste Gedichte von ihr in einer Zeitschrift. Die Ehe ging nach wenigen Jahren in die Brüche, wurde aber erst 1903 offiziell geschieden.

Spät, mit Mitte dreißig, brach Else Lasker-Schüler endgültig aus den vorgezeichneten bürgerlichen Bahnen aus. Erst danach wurde sie zu der legendären, androgyn-märchenhaft-orientalischen Bohemegestalt, die, extravagant gekleidet, geschmückt mit Talmi und in späteren Jahren zuweilen fast hexenhaft, die öffentliche Aufmerksamkeit auf sich zog. Ihre Liebesbeziehungen und ihre nicht selten offen erotischen Liebesgedichte trugen ein Übriges zu ihrem Ruf bei. So heißt es in einem Gedicht mit dem vielsagenden Titel »Orgie«:

Wir spielten und bauten Tempel Apoll
und taumelten sehnsuchtsübervoll
Ineinander.
…
Wir rissen uns die Hüllen ab
und schrieen![2]

Das sind unerhörte Töne aus der Feder einer Frau Anfang des 20. Jahrhunderts. Ihr Ruf war beim lesenden Publikum keineswegs der beste. Man ignorierte sie oder stempelte sie gar als verrückt ab. In literarischen Kreisen hingegen, unter ihren Kollegen, avancierte Else Lasker-Schüler nach ihrer Ent-Puppung zu einer anerkannten Dichterin.

Ein Großteil der Dichtung Else Lasker-Schülers erforscht die Liebe in allen ihren Ausprägungen – von Glück über Sehnsucht, Seligkeit bis zu Schmerz und Düsternis. Die Dichterin entwickelte eine ganz eigene, hochpoetische, an orientalischen Phantasien inspirierte Sprache der Liebe, die mit ihren Bildern und ihrer Musikalität ganz und gar unverwechselbar ist. Oft sind die Gedichte an ein Gegenüber gerichtet: an »Senna Hoy« (Johannes Holzmann), Hans Adalbert von Maltzahn oder Paul Leppin, nicht zuletzt an Gottfried Benn, mit dem sie eine komplizierte Liebesbeziehung führte, die ihren Niederschlag in einem regen »Gedichtwechsel« fand.

Kurz vor der Jahrhundertwende aber lernte Lasker-Schüler zunächst Peter Hille kennen und lieben, einen Dichter, der ein freies Leben führte und ihr den Bruch mit dem bürgerlichen (Ehe-)Leben erleichterte. Hier bot sich eine echte Alternative, die zwar Ungewissheit und Armut bedeuten konnte, aber auch die Möglichkeit, ihr Leben und Lieben wie ihre Kunst nach eigenen Entwürfen zu gestalten. Sie gewann mit ihm Zugang zu den literarischen Kreisen Berlins und zur »Neuen Gemeinschaft«, einem Zusammenschluss von Künstlern, der alternative Lebensformen praktizierte und dem »neuen Menschen« den Weg bereiten wollte – ein zu Beginn des 20. Jahrhunderts in verschiedenen Formen aufkommendes Reformbestreben. Else Lasker-Schüler widmete dem Freund nach seinem Tod 1904 »Das Peter-Hille-Buch«, in dem sie die Beziehung sowie die Person Hille in einer Mischung aus biblischen

Motiven, Volksmärchen und orientalischen Märchen wie »Tausendundeine Nacht« mythisierte. Sie nennt ihn Petrus und verleiht ihm übermenschliche, zuweilen gottähnliche Züge. Auch die anderen Figuren tragen phantasievolle Namen und werden Prinzessinnen, Könige, Sklavinnen, Musikanten. Der Text ist in hohem Maße ästhetisiert, ornamental und ähnelt darin der Jugendstildichtung deutlich mehr als den zeitgenössischen Avantgarden.

Er macht deutlich, wie Lasker-Schüler ihr Leben in Dichtung überführt und es damit aus dem Individuellen in etwas Allgemeingültiges zu erheben sucht – sie suggeriert Bedeutsamkeit und tiefen Sinn (Tiefsinn) und schafft eine ganz besondere Schönheit des Klangs und der Bilder.

Petrus gibt dem namenlos gewordenen Ich zu Beginn des »Peter-Hille-Buches« den Namen »Tino«, den Lasker-Schüler immer wieder für ihre verschiedenen märchenhaften Identitäten nutzte.[3] In »Die Nächte der Tino von Bagdad«, einer Folge kurzer Prosastücke, präsentiert sich die Ich-Erzählerin als orientalische Prinzessin – wie die meisten anderen Prosatexte Lasker-Schülers im Grunde weniger eine Narration als Lyrik in Prosa.

Ihre Vorstellung von Dichtung formuliert sie programmatisch: »Ich bin nur eine Dichterin, vielmehr – es wird in mir gedichtet, es dichtet in mir. Der Dichter beabsichtigt beim Dichten seiner Dichtungen überhaupt *nie* etwas. Er muß eben dichten … Je andächtiger lauschend er seinem Engel und hingebender angehört, desto wertvoller und tiefer seine Dichtung. Die Menschen nennen diesen Zustand: Inspiration.«[4]

Der Dichter (das impliziert für sie die Dichterin) hat als Inspirierter, als Seher, als Schöpfer von Schönheit eine herausgehobene Stellung im Leben – ein Sujet, das in der Literatur des 19. und 20. Jahrhunderts immer wiederkehrt (man denke nur an Thomas Manns »Tonio Kröger«).

1899 wurde Else Lasker-Schülers Sohn Paul geboren, den sie nach ihrem früh verstorbenen Bruder nannte und dessen Vater nicht bekannt ist; sie erzählte, dieser sei ein schöner Grieche gewesen oder ein spanischer Prinz[5] – sie gestaltete gerne die Fakten ihres Lebens um. Über und für ihr Kind schrieb sie Gedichte, »Ein Ticktackliedchen für Päulchen«, »Die Pavianmutter singt ihr Paviänchen in den Schlaf« oder »Meinlingchen«:

Meinlingchen, sieh mich an –
Dann schmeicheln tausend Lächeln mein Gesicht,
Und tausend Sonnenwinde streicheln meine Seele,
Hast wie ein Wirbelträumlein
Unter ihren Fittichen gelegen.[6]

Den Tod ihrer bereits 1890 gestorbenen und sehr geliebten Mutter betrauerte sie immer wieder in Gedichten wie »Mutter« oder »Meine Mutter«: »War sie der große Engel,/ Der neben mir ging?/(...)/Ich werde jetzt immer ganz allein sein.«[7] Die spanischen Ahnen der Mutter wurden ein wesentlicher Bestandteil ihres eigenen Mythos, der das Besondere und Exzentrische zelebrierte: »Meine Mutter hatte goldene Flügel,/Die keine Welt fanden.«[8]

Else Lasker-Schüler veröffentlichte weitere Gedichtbände: 1905 »Der siebente Tag«, 1913 »Hebräische Balladen«, 1914 »Meine Wunder«. Ihr erstes Schauspiel »Die Wupper« erschien 1909, auch publizierte sie neben den bereits erwähnten eine Fülle weiterer Prosatexte und Essays.

Sie schrieb nicht nur Gedichte als Jussuf von Theben oder Tino von Bagdad, sie trat auch in der Wirklichkeit so auf, inszenierte sich und ihr Leben, machte ihr Leben und sich selbst zum Kunstwerk und verwahrte sich dagegen, dass dies als oberflächliche Maskerade belächelt wurde. Sie erstrebte tatsächlich die Metamorphose vom realen in ein poetisches Ich, eine Metamorphose, die mit Geschlechtergrenzen ebenso spielte wie mit der Chronologie (sie kleidete sich extravagant und machte sich gern jünger, als sie tatsächlich war) und schließlich unermessliche poetische Räume hervorbrachte, die die Großstadtrealität einer hektisch-hässlichen Gegenwart weit hinter sich ließen (oder doch lassen wollten). Das Spiel mit Geschlechtern blieb formal, sie orientierte sich klar auf Männer, in ihren Gedichten und ihren Beziehungen. Auch wenn sich das lyrische Ich zuweilen als Prinz von Theben imaginiert, so ist das ein Spiel mit der eigenen Androgynie, das so wenig emanzipatorische Ansprüche hat wie das der männlichen Romantiker. Es stellt sich eher als Wunsch nach einem grundsätzlichen Anderssein dar, als Exzentrik per se.

Die Fremdheit in der Welt kommt in einem Gedicht mit dem Titel »Heimweh« zum Ausdruck:

Ich kann die Sprache
Dieses kühlen Landes nicht,
Und seinen Schritt nicht gehen.

Auch die Wolken, die vorbeiziehn,
Weiß ich nicht zu deuten.

Die Nacht ist eine Stiefkönigin.[9]

Die Verbindung von Kunst und Leben ist ein typisches Anliegen der literarischen und künstlerischen Avantgarden zu Beginn des 20. Jahrhunderts. Else Lasker-Schülers Praxis unterscheidet sich indes von der der meist männlichen Avantgardisten darin, dass diese eher die Kunst ins Leben bringen und durch Kunst das Leben verändern wollten. Die Selbststilisierung und damit die Umgestaltung des Lebens in Kunst, wie Lasker-Schüler sie anstrebte, waren für die wenigsten von ihnen von zentraler Bedeutung.[10]

Ende 1903 heiratete Else Lasker-Schüler den Kunstkritiker und Schriftsteller Herwarth Walden (eigentlich Georg Levin), mit dem sie bis 1910 zusammen war. Ab 1910 gab Walden zusammen mit Alfred Döblin die Zeitschrift »Der Sturm« heraus, das wichtigste Organ des Expressionismus – zu dem Lasker-Schüler oft gezählt wird. Ihre Dichtung trägt zwar auch Züge des expressionistischen Pathos, sie ist im Ganzen aber viel zu eigenwillig, um sie einer Richtung zuordnen zu können. Vor allem ihre Orientierung an Schönheit und Märchenhaftigkeit unterscheidet sich grundlegend von dem der Expressionisten, die – mit oft hässlichen Bildern – aufrütteln und schockieren wollten. Das tat sie auch, aber mit anderen Mitteln. Zum Beispiel inszenierte sie ihre Texte auf Lesungen, die sie häufig hielt, immer anders, als man es erwartete, las etwa den berühmten »Alten Tibetteppich« völlig nüchtern.[11]

Deine Seele, die die meine liebet,
Ist verwirkt mit ihr im Teppichtibet.

Strahl in Strahl, verliebte Farben,
Sterne, die sich himmellang umwarben.

Unsere Füße ruhen auf der Kostbarkeit,
Maschentausendabertausendweit.[12]

Gottfried Benn begann seine lyrische Karriere mit expressionistischen Gedichten, die 1912 unter dem Titel »Morgue« erschienen. Else Lasker-Schüler kannte die Gedichte und lernte den siebzehn Jahre jüngeren Dichter bald kennen und lieben. Eine wechselhafte Beziehung spann sich an, die etwa ein Jahr währte und ihren Niederschlag in einem »Gedichtwechsel« fand – Briefe sind nicht erhalten. Die Rollen in diesen Gedichten sind klar: Sie umwirbt ihn (»Immer bettle ich vor deiner Seele; / Weißt du das?«[13]). Er beruft sich auf seine Einsamkeit, um sie fernzuhalten. Das muss nicht der realen Beziehung entsprochen haben, ist freilich durchaus charakteristisch für die beiden Partner. Sie nennt ihn lyrisch Giselheer – den Knaben, den Heiden, den Tiger, den König. Giselher ist eine Figur aus dem Nibelungenlied. Die Widmung der Gedichte an ihn deutet Gewalt und Sexualität zugleich an: »Der hehre König Giselheer / Stieß mit seinem Lanzenspeer / Mitten in mein Herz.«[14] Das ist kein Zufall, denn Grausamkeit zieht sich wie ein roter Faden durch die Benn-Gedichte. Sie stellt ihm die Frage, die tabu ist:

Möchte in den Wolken
Begraben sein,
Überall wo Sonne wächst,

Liebe dich so!
Du mich auch?
Sag es doch –[15]

Er warnt sie:

Ich treibe Tierliebe.
In der ersten Nacht ist alles entschieden.
Man faßt mit den Zähnen, wonach man sich sehnt.
Hyänen, Tiger, Geier sind mein Wappen. –
...

Sieh: Abgrund über tausend Sternen naht.
Sieh: Schlund, in den du es ergießen sollst.
Sieh: Ich. –[16]

Liebe wird in Tiermetaphern gefasst; sie wird auf Sexualität verengt und als naturgegebener Trieb zugleich naturalisiert und mythisiert. Die »Wildheit« dieses Konzepts, das scheinbar Archaische muss Lasker-Schüler fasziniert haben, es ist ihr Bild von ihm: »Er ist ein evangelischer Heide, ein Christ mit dem Götzenhaupt, mit der Habichtnase und dem Leopardenherzen. Sein Herz ist fellgefleckt und gestreckt. (...) Jeder seiner Verse ein Leopardbiß, ein Wildtiersprung. Der Knochen ist sein Griffel, mit dem er das Wort auferweckt.«[17] Kulturhistorisch gesehen passen diese Archaismen in den reformerischen Vitalismus zu Beginn des 20. Jahrhunderts, der als Reaktion gegen die artifizielle Dekadenz des Fin de Siècle verstanden werden kann, zugleich aber auch an den anderen dominanten Trend des 19. Jahrhunderts anschließt, den Positivismus, der sich in der Literatur als Naturalismus niederschlägt. Benn als Arzt war dem positivistischen Denken verhaftet, in dem körperliche Funktionszusammenhänge die Erklärung für alles bieten können.

Das Gedicht endet nicht mit einem Du, von dem der Sprecher ja fortstrebt, sondern mit einem alles verschlingenden, gewaltsamen, solipsistischen Ich. Ich ist das letzte Wort.

Sie schreibt:

Ich will dich ganz zart mich lehren;
Schon weißt du mich zu nennen.
...
Alles ist tot,
Nur du und ich nicht.[18]

Und er, nun ganz selig und auch im lyrischen Ton nah bei ihr:

Gib mich noch nicht zurück!
Ich bin so hingesunken
An dich. Und bin so trunken
Von dir. O Glück![19]

Aber schon bald können ihre »Wunder« ihn nicht mehr erlösen. Und entsprechend anders klingt sein Gedicht »Hier ist kein Trost«:

Keiner wird mein Wegrand sein.
Laß deine Blüten nur verblühen.
Mein Weg flutet und geht allein.

Zwei Hände sind eine zu kleine Schale.
Ein Herz ist ein zu kleiner Hügel,
um dran zu ruhn.[20]

Auf diese Zurückstoßung erwidert ihr Gedicht »Höre«:

Ich bin dein Wegrand.
Die dich streift,
Stürzt ab.

Fühlst du mein Lebtum
Überall
Wie ferner Saum?[21]

Das ist – sehr vereinfacht gesagt – ein Eifersuchtsgedicht, in dem sie ihm erklärt, dass keine andere Frau mit ihm glücklich werden wird, denn sie ist immer da, sie hat sich ihm unauslöschlich eingeschrieben, ist als »Wegrand« immer um ihn und wird ihn nicht loslassen – und jede andere, die ihm zu nahe kommt, stürzt ab. Eine Drohung also. Das klingt selbstbewusst. Nur schmerzerfüllt klingen hingegen die Klagen über die Trennung: »Bin doch mit dir verwachsen. / Warum reißt du mich von dir?«[22] Davon abgesehen, dass Benn wohl Distanz und Kälte pflegte: Er hatte im Sommer 1913 seine spätere Frau kennengelernt und heiratete sie bei Kriegsausbruch 1914. Zu Beginn der nationalsozialistischen Verunglimpfungen stellte sich Benn gegen seine ehemalige Geliebte, lobte sie freilich nach dem Zweiten Weltkrieg – den er zwar nicht in äußerer, aber in »innerer« Emigration verbracht hatte – in den höchsten Tönen als größte Dichterin Deutschlands.

Die Liebe ist bei Lasker-Schüler ein gleichsam unausweichliches Schicksal, das den anderen immer finden lässt. Hier herrschen andere Gesetze als in der tauben, blinden Welt – Blindheit und Taubheit stehen für die Alltagsrealität mit ihrem Nutzdenken ohne Gespür für die Tiefe und poetische Kraft dieses Gefühls, das alles verwandelt und gleichsam eine andere Essenz des Lebens spürbar macht.

Ich liebe dich
Und finde dich
Wenn auch der Tag ganz dunkel wird.

…

Es öffnen deine Lippen sich …
Die Welt ist taub,
Die Welt ist blind

…

– Nur wir, der goldne Staub
Aus dem wir zwei bereitet:
– Sind![23]

Das absolute Sein der Liebenden, aus Staub – aber aus goldenem – bereitet, steht der Leblosigkeit der übrigen Welt gegenüber. Es heißt nicht, dass die Welt in der Wahrnehmung der Liebenden *wie* leblos erscheint. Lasker-Schüler verwendet keine Vergleiche. Indem sie auf jedes vergleichende Wie verzichtet, trifft sie Aussagen, die einen absoluten Wahrheitsanspruch haben. Die Welt ist nicht nur in der vorübergehenden Wahrnehmung der Liebenden eine andere als die täglich erfahrbare mit ihren modernen Zwängen. Vielmehr ist die Welt der Liebe grundsätzlich eine andere, sie ist die eigentlich wahre, die richtige Welt. Liebe ist dann im allerbesten Falle nicht mehr nur erotische oder sexuelle Leidenschaft, sondern kann als liebende Zuwendung zum anderen verstanden werden – Liebe als Lebenshaltung, könnte man sagen. Die erotisch-sexuelle Liebe ist ein wesentlicher Teil davon, aber sie ist nicht das Ganze. Man könnte auf antike Modelle von Eros als Lebenskraft zurückgreifen oder mit Erich Fromm argumentieren: Liebe als Form der aktiven und gebenden Einheit mit anderen Menschen. In späten Gedichten finden sich Hinweise auf eine solche Sicht, ziemlich pathetisch und in einem ans 19. Jahrhundert gemahnenden Ton etwa: »Das ewige Leben *dem*, der viel von Liebe weiß zu sagen. / Ein Mensch der *Liebe* kann nur auferstehen!«[24]

Im Zentrum von Lasker-Schülers Lyrik steht dennoch die erotische Liebe und damit auch deren Ambivalenz, ja Abgründigkeit. So in einem Gedicht, in dem das sprechende Ich sich als Objekt potentieller männlicher Gewalttätigkeit darstellt:

Am liebsten lockte er meiner Seele
Zitternden Sonnenstrahl
In seine düst're Nächtequal.

Am liebsten griff er mein spielendes Herz
Aus wiegendem Lenzhauch

Und hing es auf wo an einem Dornstrauch.
… Sein Blut plagt ihn.[25]

Die Metaphorik (»Sein Blut plagt ihn«) lässt an die später entstandenen Gedichte von Gottfried Benn denken, in denen (männliche) Liebe als unwiderstehliche Naturgewalt geschildert wird. Lasker-Schüler nimmt diese Metaphorik mehrfach auf: »Und mein Blut beginnt zu wittern, / Sich zu sehnen / und zu flattern«,[26] heißt es in einem anderen Gedicht. Bilder märchenhafter Schönheit überhöhen die Liebe ins Metaphysische: Sterne und »besternt« sind immer wiederkehrende Schlüsselbegriffe, ebenso Spiel, Nacht, Traum, Gold und Silber, Engel, Herz, Samt, Süße, Schönheit oder Zauber. Räume öffnen sich ins Unendliche (besternte Himmel) und entrücken die Liebenden in ein Anderswo jenseits der Alltagswelt.

Die andere Seite dieser Verabsolutierung der Liebe ist die abgrundtiefe Einsamkeit, die immer lauert, wenn kein Du da ist. Denn zur leidenschaftlichen Liebe gehört ihr Ende, gehört das Verlassenwerden:

Hinter meinen Augen stehen Wasser,
Die muß ich alle weinen.

…

Als an deinem steinernen Herzen
Meine Flügel brachen,

Fielen die Amseln wie Trauerrosen
Hoch vom blauen Gebüsch.[27]

Das Pathos, das Lasker-Schülers Gedichte meist haben, fehlt auch hier nicht, klingt aber verhaltener. Die Bilder sind knapp und ungemein stark. Die Amseln, die wie Trauerrosen vom Gebüsch fallen, sind ein eindringliches Bild, gerade weil hier Dinge benannt und zusammengefügt werden, die eigentlich nicht zusammengehören. Trauerrosen gibt es als Rosensorte nicht, der Vergleich von Amseln mit Rosen ist, genau betrachtet, erstaunlich, und das Gebüsch ist weder blau (scheint höchstens so in bestimmtem Licht) noch hoch genug, als dass die Amseln von hoch fallen könnten. Und doch stimmt alles in dieser Strophe.

Abhängigkeit vom anderen entsteht unausweichlich, wenn Liebe der einzige Lebensgrund wird. Tiefe Einsamkeit ist die andere Seite des Glücks und löst Bedürftigkeit aus. In einem Gedicht aus dem Nachlass wird eine existentielle Angst thematisiert, die nur durch Nähe besänftigt werden kann:

Mein Liebster, bleibe bei mir die Nacht.
Ich fürchte mich vor den dunklen Lüften.
Ich hab' soviel Schmerzliches durchgemacht
Und Erinnerung steigt aus den Totengrüften.
...
Mein Liebster, erzähle von heiteren Dingen!
Und ein Lied von Maienlust mußt du singen!
Und herzige Worte und schmeichelnde sag – ...
Damit sie die Raben des Schicksals verjagen.[28]

Auch das Altern wird zu einem Thema. Das Ich deutet sein fortgeschrittenes Alter an, indem es davon spricht, dass es im Geist »ein junges Weib« sehe, das es sei. In einem anderen Gedicht mit dem Titel »Brautwerbung« ist die Rede davon, dass »der mit dem jungen roten Mund« in »banger Scheu« zurückweiche und das Fühlen der Werbenden ungesund nenne; der Jugendcharme des Umworbenen wird erwähnt – alles das lässt darauf schließen, dass eine ältere Frau einen jungen Mann umwirbt:

Das Feuer hat sich aufgetürmt
In meiner Seele Einsamkeit
Und brennt wie Steppenbrand.[29]

Tatsächlich verliebte sich die reale Else Lasker-Schüler auch im Alter noch leidenschaftlich, 1935 in einen schönen jungen Italiener und wenige Jahre später, als sie in Jerusalem lebte, in den israelischen Religionsphilosophen und Historiker Ernst Simon.[30]

Von der Trauer um den Verlust eines geliebten Menschen zur Melancholie ist es zumindest in den lyrischen Bildern nur ein kleiner Schritt: »Mein Herz ist eine traurige Zeit, / die tonlos tickt.«[31] Melancholie ist nicht von enttäuschter Liebe abhängig, sie ist als Gefühl oder Befindlichkeit existentiell, auch wenn sie von Anlässen ausgelöst werden mag: Einsamkeit, Heimatlosigkeit, dem Verlust des Vertrauten, auch dem Verlust einer Liebe, dem Verlust einer Hoffnung oder einer Illusion.

Jedoch verselbständigt sich die Befindlichkeit rasch und wird zum Leiden an der Welt und ihrer Beschaffenheit – oder am Menschen und seiner Unvollkommenheit. Von »Weltentrauer« spricht sie in einem Gedicht.[32]

Es ist ein Weinen in der Welt,
Als ob der liebe Gott gestorben wär,
Und der bleierne Schatten, der niederfällt,
lastet grabesschwer.[33]

Der Vergleich wird hier ausdrücklich gezogen: ein Weinen, *als ob* der liebe Gott gestorben wär. Während die Liebesgedichte eine neue Bildwelt erzeugen, wird hier das *Als-ob* zum Zeichen der Unsicherheit und Verzweiflung. »Gott ist tot«, kann sie mit Nietzsche nicht sagen, das wäre eine zu philosophische und unwiderlegbare Aussage – hier herrscht vielmehr, trotz des kindlichen Tons und neben aller Bleischwere, auch noch die Ungewissheit: ob Gott da ist, je da war – oder was es für den Glauben und für den Menschen bedeutet, wenn er sterben kann. Das Weinen hat kein Subjekt, es ist selbst Subjekt, ist omnipräsent und absolut.

In »Gott hör« ist alles Schöne vergangen, die Welt wird eng, alles Bemühen ist vergeblich, das Ich fühlt sich von Gott im Stich gelassen, und nichts bleibt außer Bitterkeit:

O Gott und bei lebendigem Tage,
Träum ich vom Tod.
Im Wasser trink ich ihn und würge ihn im Brot.
Für meine Traurigkeit gibt es kein Maß auf deiner Waage.

...

Wo ende ich? – O Gott!! Denn in die Sterne,
Auch in den Mond sah ich, in alle deiner Früchte Tal.
Der rote Wein wird schon in seiner Beere schal ...
Und überall – die Bitternis – in jedem Kerne.[34]

1923 gab Else Lasker-Schüler dieses und neun andere Gedichte in einem besonderen Buch heraus: »Theben« enthält handschriftliche Versionen der Gedichte, eines pro Seite, auf der gegenüberliegenden Seite stehen Lithographien der Dichterin, die erfundene Szenen aus dem Leben Jussufs darstellen. Jussuf ist eine der poetischen Identitäten Lasker-Schülers, zugleich Joseph von Ägypten, der von seinen Brüdern verkauft, vom Pharao in eine ehrenvolle Position versetzt und von dessen Frau fälschlicherweise der Verführung angeklagt wurde.

Die Szenen haben direkt nichts mit den Gedichten zu tun, erzählen auch die Geschichte des biblischen Joseph nicht nach, sie erzeugen aber eine starke Stimmung und lassen sich ohne weiteres auf die Selbststilisierung des sprechenden Ich beziehen. Ganz deutlich wird hier die jüdische Identifizierung Lasker-Schülers, die sich in den ersten Jahren des 20. Jahrhunderts verdichtet hatte. In den 1913 erschienenen »Hebräischen Balladen« taucht sie gleichsam als Titel auf. Die Balladen sind vom Alten Testament inspiriert, speziell vom Hohelied Salomonis. Es handelt sich natürlich nicht um bibeltreue Nachdichtungen oder fromme Lieder, sondern um eigenwillige, farbenfrohe Gedichte über alttestamentarische Gestalten wie Ruth, David und Jonathan, Abel und Kain, Jakob und Esau und natürlich wieder Joseph, um dessentwillen der Pharao seine »blühenden Weiber« verstößt, um seinen »Königskopf« auf Josephs Schulter ruhen zu lassen.[35] Ein Liebesgedicht also. Daneben stehen Gedichte, die mythische Ereignisse aus der Geschichte der biblischen Israeliten dichterisch deuten, und das Gedicht »Mein Volk«, in dem das sprechende Ich seine jüdische Identität beschwört, da es die gesamte Vergangenheit des uralten jüdischen Volkes in sich trägt:

Der Fels wird morsch,
Dem ich entspringe
Und meine Gotteslieder singe …
Jäh stürz ich vom Weg
Und riesele ganz in mir
Fernab, allein über Klagegestein
Dem Meer zu.[36]

Es sind Sehnsuchtsgedichte nach einer mythischen Heimat, die sich in Geschichten und Überlieferungen äußert und imaginär bleibt. Das wirkliche Leben in Palästina, wohin Else Lasker-Schüler nach einem jahrelangen Aufenthalt in der Schweiz emigrierte, war für sie ernüchternd.

1927 starb ihr geliebter Sohn Paul an Tuberkulose; sie pflegte ihn bis zu seinem Tod im Atelier eines befreundeten

Künstlers.[37] 1933 fühlte sie sich angesichts des wachsenden nationalsozialistischen Terrors in Deutschland nicht mehr sicher und emigrierte in die Schweiz, die ihr freilich nicht sonderlich gastfreundlich begegnete und ihr die »Erwerbstätigkeit« als Dichterin untersagte. Wie so oft war sie auf die Hilfe von Freunden angewiesen, denn vom Dichten konnte sie, wenn überhaupt, nur sehr ärmlich leben. In ihrer fulminanten Anklage gegen ihre Verleger von 1925 warf sie ihnen vor, sich an der Arbeit der Dichter zu bereichern und diese zu betrügen und hungern zu lassen: »(…) unentwegt gehe ich gegen den verdammungswürdigsten Buchhandel vor. Ich werde die Händler aus ihren Tempeln jagen, die wir Dichter ihnen aufgerichtet haben.«[38] Nun, zehn Jahre später, durfte sie offiziell gar nicht mehr dichten und damit ihr Brot verdienen.

In den Schweizer Jahren musste sie viel reisen, weil sie immer wieder eine neue Aufenthaltsgenehmigung benötigte. Dreimal reiste sie nach Palästina und schrieb darüber; 1934 erschien »Das Hebräerland«, eine Mischung aus Legenden, Mythen und persönlichen Eindrücken. 1938 wurde Else Lasker-Schüler aus Deutschland ausgebürgert, und ihre dritte Reise nach Palästina 1939 wurde wegen des Kriegsausbruchs zum Daueraufenthalt. Das Exil ihrer letzten Jahre lastete schwer auf ihr:

Ich schlafe in der Nacht an fremden Wänden
Und wache in der Frühe auf an fremder Wand.
Ich legte mein Geschick in harten Händen
Und reihe Tränen auf, so dunkle Perlen ich nie fand.[39]

1943 erschien der letzte Gedichtband »Mein blaues Klavier« in Jerusalem, ihr letztes Schauspiel »Ichundich« erschien postum. Müdigkeit, Desillusion und Todeserwartung werden noch häufiger als vorher thematisiert:

Mein Herz ruht müde
Auf dem Samt der Nacht
Und Sterne legen sich auf meine Augenlider ...[40]

Ihre Dichtung ändert sich. Aber nicht die Thematik und die mittlerweile vertrauten märchenhaft-poetischen Bilder machen den Unterschied im Vergleich zu früher, sie bleiben vielmehr die gleichen. Eher scheint es so, als wiederhole sie ihre alten Modelle, die aber nicht mehr so gut funktionieren. Die Texte – wenn auch keineswegs alle – werden konventioneller in Ton, Rhythmus, Musikalität und Form, sie werden konkreter, verständlicher, gewinnen einen stärker aussagenden Duktus:

Ich weiß, daß ich bald sterben muß
Es leuchten doch alle Bäume
Nach langersehntem Julikuß –

Fahl werden meine Träume –
Nie dichtete ich einen trüberen Schluß
In den Büchern meiner Reime.[41]

Else Lasker-Schüler starb im Januar 1945 an den Folgen eines Herzanfalls und wurde auf dem Ölberg begraben.

Meine Freiheit
Soll mir niemand rauben.

Sterb ich am Wegrand wo,
Liebe Mutter,

Kommst du und hebst mich
Auf deinem Flügel zum Himmel.[42]

Ich gehöre nicht zu denen, die die Menge rühmt

Renée Vivien
(1877–1909)

Ich gehöre nicht zu denen, die die Menge rühmt,
Sondern zu denen, die sie hasst … Denn ich wagte zu
sagen,
Dass eine verliebte Jungfrau schöner ist als ein Mann,
Und ich suchte die Augen von Frauen in der Tiefe des
Abends.[1]

Die Verse der englisch-französischen Dichterin Renée Vivien aus dem Jahr 1906 tragen unverkennbar autobiographische Züge: Die Abneigung des Publikums gegen ihr Werk hat sie selbst erlebt und daraus schließlich die Konsequenz gezogen, nicht mehr zu publizieren.

Dass eine Frau über ihre Homosexualität schrieb, war skandalös. Von einer allgemeinen Akzeptanz der gleichgeschlechtlichen Liebe konnte um 1900 auch in einer Stadt wie Paris nicht die Rede sein. Allerdings ermöglichten gewisse Zirkel der Boheme eine moralische und erotische Freiheit, die anderswo nicht zu finden war. Literarisch kam die Liebe zwischen Frauen zuweilen vor, aber dann aus männlich-voyeuristischer Perspektive, entweder als erotisches Stimulans oder als eine Form der Liebe, die letztlich »verworfen« wurde, wie bei Denis Diderot in seinem Roman »Die Nonne« (1760/1796) oder in Charles Baudelaires »Die Blumen des Bösen« (1857).

Was Renée Vivien tat, war also ein Skandalon. Nicht nur bekannte sich die Dichterin im Leben zur lesbischen Liebe, sie machte sie zu allem Überfluss in allen Facetten zum wichtigsten Gegenstand ihrer Dichtung – und goss sie in streng gemeißelte, klassische französische Verse! Ein ausgeprägtes, zuweilen militant lesbisch-feministisches Selbstbewusstsein, die offene – wenn auch für heutigen Geschmack recht schwülstige – Thematisierung von weiblicher Sinnlichkeit und Sexualität, gekoppelt mit einer provokanten, zuweilen höchst witzig formulierten Verachtung für Männer, und das in der brillant gemeisterten ehrwürdigen Form der klassischen Dichtung – ein mehrfacher Tabubruch also.

Unter deinem Kleid, das mit einem Flügelrascheln gleitet
errate ich deinen Körper – die brennenden Lilien der
Brüste
Das bleiche Gold der Achseln
die weichen und blumigen Flanken
die Immortellen-Beine
den Samt des Bauches und die Rundung der Lenden.[2]

Renée Viviens erste Gedichtbände und ein Erzählband waren 1901 und 1902 unter dem Kürzel »R. Vivien« erschienen, das das Geschlecht der Autorin nicht verriet. Die Liebesgedichte hätten also ohne weiteres von einem Mann verfasst worden sein können – so wurden sie ganz automatisch auch gelesen und von der Kritik, die noch unter dem Einfluss der dekadenten Dichtung stand, sogar einigermaßen positiv aufgenommen.[3]

Erst Viviens Übersetzung der Fragmente der antiken Lyrikerin Sappho sowie ihre eigenen Nach- und Weiterdichtungen erschienen 1903 mit dem vollen Namen. Damit wurde für das zeitgenössische Publikum klar, dass auch das sprechende und liebende Ich der zuvor veröffentlichten Liebesgedichte von R. Vivien als ein weibliches zu lesen war. Die Gedichte wurden retrospektiv zu lesbischen Gedichten. Fortan war die literarische Kritik Vivien gegenüber skeptisch bis feindlich eingestellt – so wie sie es in dem eingangs zitierten Gedicht schildert. Die von ihrer Freundin Natalie Barney in ihrem Buch »Indiskrete Erinnerungen« erwähnten positiven Kritiken unterschlägt Vivien wohlweislich, im Interesse ihrer Selbststilisierung als »poètesse maudite«, als Ausgestoßene, oder vielleicht im Interesse ihrer grundsätzlich negativen Weltsicht.[4] Dass die Kritik auch mit der Qualität ihrer Dichtung zu tun haben könnte, zog sie – zumindest öffentlich – nicht in Erwägung.

Renée Vivien wurde als Pauline Mary Tarn am 11. Juni 1877 in London geboren; um 1900 erfand sie sich den neuen Namen, mit dem sie schließlich bekannt wurde. Ihr Vater war Brite, ihr Großvater hatte im Einzelhandel ein Vermögen erworben, ihre Mutter war US-Amerikanerin. Renée Vivien verbrachte die frühen Jahre ihrer Jugend mit der Familie in Paris, wo ihre Schwester Antoinette geboren wurde, und fühlte sich hier zu Hause, so dass sie sehr unglücklich war, als sie nach dem Tod ihres Vaters 1886 mit Mutter und Schwester nach London zurückkehren musste. Sie malt ihre Kindheit als traurig und sich als rebellische Jugendliche.[5]

Schon früh begann sie zu schreiben; aus dem familiären Unglück floh sie in eine Korrespondenz mit dem französischen Dichter Amédée Moullé, der sie sogar heiraten wollte, was sie empört zurückwies.[6] Das Verhältnis zu ihrer Mutter war schlecht, diese versuchte anscheinend der Tochter und aller Welt einzureden, dass die exzentrische, rebellische Renée verrückt sei. Als sie mit der Volljährigkeit finanziell unabhängig wurde, da sie nun über ihr großväterliches Erbe verfügen konnte, übersiedelte Renée Vivien 1898 endgültig in die französische Hauptstadt.

Paris besaß Anfang des 20. Jahrhunderts eine ungeheure Anziehungskraft für Künstlerinnen und Künstler aus ganz

Europa, vorrangig aus Großbritannien und den USA. Hier fanden sie die Umgebung, die Menschen und vor allem die Atmosphäre, um im Leben und in der Kunst Neues auszuprobieren. Paris war nicht nur europäische Hauptstadt der Mode, sondern auch der Kunst und Literatur. Ihre Anziehungskraft für Menschen aus aller Herren Länder, die unterschiedliche Kulturen mitbrachten, machte die Stadt noch attraktiver – abgesehen von der französischen literarischen und künstlerischen Tradition selbst.

Man fand hier zu jener Zeit Klassik und Avantgarde, Tradition und Traditionsbruch wie an keinem anderen Ort vereint, und man konnte moralisch freier leben als in den USA oder dem übrigen Europa. James Joyce lebte in Paris, Oscar Wilde, Gertrude Stein, Ernest Hemingway, Scott Fitzgerald, Djuna Barnes, Janet Flanner, Ezra Pound, Radclyffe Hall. Viele Frauen suchten künstlerische und persönliche Freiheit und Inspiration in der weltoffenen, charmanten Metropole, die längst zu einem Mythos geworden war.[7]

Eine der in Paris lebenden Amerikanerinnen war Natalie Clifford Barney (1876–1972), eine reiche Erbin, Mäzenin, Muse und Künstlerin, berühmt ob ihrer Schwäche für schöne Frauen.[8] Sie war eigenwillig, sehr von sich selbst überzeugt und strebte kompromisslos nach Selbstverwirklichung (ein Wort, das man damals noch nicht verwendete): »Ich liebe mein Leben. Vor allem, weil ich es von Verpflichtungen frei zu halten wußte, um es dann um so besser geben zu können.«[9]

Natalie Barney verfasste Gedichte und Prosatexte, und sie führte einen Salon, in dem sie Künstlerinnen und Künstler zu Gesprächen und Lesungen empfing. Sie wurde Gegenstand des Schreibens anderer, sie taucht in Romanen und Erzählungen auf,[10] und bald bildete sich das Klischee der großen lesbischen Verführerin,[11] das auf Sensationslust und einen gewissen Voyeurismus des Publikums zielte statt auf das Interesse an kultureller Mittlertätigkeit. Dieses Bild ist freilich auch ihrer Selbstinszenierung und ihren 1960 publizierten »Indiskreten Erinnerungen« zu verdanken. Über Paris schreibt Natalie Barney:

»Paris ist mir immer als die einzige Stadt erschienen, in der man nach eigenem Gutdünken leben und sich ausdrücken kann. Trotz der vom Ausland aufgezwungenen unseligen Fortschritte respektiert, ja ermutigt sie weiterhin die Persönlichkeit. In Frankreich sind das Denken, das Essen und die Liebe Sache des persönlichen Geschmacks geblieben; ein jeder hört da auf sich selbst statt auf den Nachbarn. Wahrscheinlich ist dieses Land deshalb so schwer regierbar; um so leichter aber läßt es sich dort leben.«[12]

Das sind natürlich Klischees, aber solche, die für die wohlhabenderen Expatriates in den entsprechenden Kreisen durchaus gelebtem Leben entsprachen. Für Barney bedeutete das, offen lesbisch sein und ihr Leben der Liebe widmen zu können, denn die Liebe, wenn auch »eine große Störenfriedin«, sei das einzig Wesentliche im Leben. Die Liebe zwischen Frauen war für sie – im Gegensatz zur heterosexuellen, auf Ehe und Fortpflanzung zielenden Liebe – »Ausdruck und nicht Unterdrückung des eigenen Selbst«.

Die melancholische Renée Vivien lernte die lebensfrohe Natalie Barney 1899 über die gemeinsamen Freundinnen Violet und Mary Shillito kennen. Mit Violet verband Renée Vivien eine lebenslange, wohl platonisch innige Liebe; wenn Veilchen (»violets«) in ihren Texten auftauchen, sind das Anspielungen auf die Freundin.

In Natalie Barney hingegen verliebte sie sich leidenschaftlich, und Natalie Barney verliebte sich in sie, wenn auch zunächst mit gewissen Vorbehalten. Sie fand Renée attraktiv und reizend, aber nicht *so* besonders – wenn nicht ihre tieftraurige, todessehnsüchtige Dichtung wäre. Natalie fühlte sich eingeengt durch Renées Bewunderung, mochte aber ihre Verse.[13] Und sie fragte sich, wie sie Renée Lust auf das Leben, auf ihr, Natalies, Leben machen könnte[14] – eine der charakteristischen Selbststilisierungen Natalie Barneys, die anderen nur Gutes tut (wobei sie entscheidet, was gut für diese ist).

Natalie Barney beschreibt Renée Vivien zu jener Zeit als »ein junges Mädchen, größer als ich, aber freundlicherweise nach vorn gebeugt, um dies nicht zu zeigen, ein zierlicher Körper mit einem charmanten Kopf mit glatten, silberblonden Haaren, braunen Augen, die oft vor Freude funkelten, aber wenn sich ihre schönen, schwarzbraunen Lider senkten, verriet sich die Seele und die Melancholie der Dichterin, die ich in ihr suchte (…).«[15]

Von einem schwächlichen Kinn ist die Rede, von vollen Lippen, von einem gleichmäßigen Teint und von sehr viel Humor bis hin zu Albernheit.

Die Verführung zur Lust auf das Leben realisierte sich für Natalie Barney in Erotik, die sie mythisch überhöhte. Die erste Liebesnacht beschreibt Barney in dem ihr eigenen zeitgebundenen, heute überspannt wirkenden Pathos. Reneé hatte sie erstmals auf ihr Zimmer in der Familienpension, in der sie lebte, eingeladen und das ganze Zimmer mit weißen Lilien geschmückt, einer Blume, die sie Natalie gewidmet hatte:

»Mittlerweile waren die Lilien verblüht, die sich in der zu kleinen Wasserschüssel und sogar auf dem Bett fanden. (…) Wir waren geblendet, unser Atem stockte, und dieses gewöhnliche Zimmer verwandelte sich in eine jungfräuliche Kapelle der Sehnsucht, und wir knieten nieder – sie vor mir und ich vor ihr. Ich verließ sie im Morgengrauen (…). Die noch schläfrigen Sinne Renées erwiderten kaum meine Wünsche; ihre sich entwickelnde, durch die Phantasie gesteigerte Liebe bemächtigte sich meiner Rolle als Dichter-

Geliebten. Nach jedem Rendezvous bekam ich von ihr Blumen und Gedichte.«[16]

Viel lieber jedoch hätte sie »geteiltere Freuden« gehabt, schreibt Barney unverblümt.

So lernte Renée Vivien erotisches Begehren und Lust kennen. Und sie verband sie sogleich mit der Ächtung durch die Welt. Das viel später entstandene Gedicht »Worte an eine Freundin« spielt wörtlich auf die »Verdammten Frauen« aus Baudelaires »Blumen des Bösen« an, Gedichte über lesbische Frauen, die der Dichter nach einem Prozess im Jahr 1857 wegen Obszönität streichen musste: »Man sagte: ›Wer ist diese verdammte Frau (…)?‹«, heißt es bei Vivien.

Anders als Baudelaires Gedichte liest sich Renée Vivien – modern gesprochen – wie die Beschreibung eines Coming-out, das sowohl das Bewusstsein der moralischen Grenzüberschreitung als auch die Rechtfertigung der »Reinheit« der lesbischen Liebe enthält:

Und ich habe keinen Weggefährten gewählt,
denn du erschienst an der Biegung des Weges.
…
Man hat mit dem Finger mit einer ärgerlichen Geste auf
mich gezeigt,
weil mein Blick deinen zärtlichen Blick suchte …
…
Denk an das schändliche Gesetz, das ich übertrete,
Und urteile über meine Liebe, die nichts Böses kennt,
ebenso rein, ebenso notwendig und ebenso schicksalhaft
wie das Begehren, das den Liebhaber an die Geliebte
bindet.[17]

Liebe und Leidenschaft und zugleich verzehrende Gewissensbisse ob der Sinnlichkeit ihrer Gefühle – darin zeigt sich der grundsätzliche Zwiespalt, der Renée Viviens Leben von Anfang an durchzog. Gewissensbisse auch deshalb, weil die Leidenschaft für Natalie sie innerlich von Violet entfernte, die sie zeitweise vernachlässigte. Als Violet 1901 starb, kam Renée zu spät ans Totenbett.[18] Trauer, Verzweiflung, Selbstvorwürfe und Todessehnsucht waren die Folge und verließen sie wohl nicht mehr.

Natalie Barney berichtet aus dem Abstand einiger Jahrzehnte davon. Sie hielt sich mit Renée Vivien bei einer Freundin auf dem Land auf, man befasste sich mit Literatur, lernte und las Griechisch, Natalie Barney pflegte das soziale Leben. Eines Abends war Renée verschwunden, und Natalie machte sich auf die Suche nach der Freundin, »die ich (…) nur mit Mühe fand, denn sie hatte einen alten Friedhof entdeckt, auf dem sie die Zwangsvorstellung von Violettes Tod festgehalten hatte. Trotz meiner Bemühungen und des Reizes, den das Griechische auf sie ausübte, erlag sie von neuem dieser Melancholie, durch die ihr einzig und allein der Tod trostspendend und wünschenswert erschien.«[19]

Die leidenschaftliche Liebesbeziehung Renée Viviens mit Natalie Barney fand ihren Niederschlag in Viviens Lyrik, ihren Romanen und Erzählungen. Natalie Barney erkannte schon früh, vermutlich zu Recht, »daß diese Anbetungshaltung, deren Vorwand ich darstellte, für sie notwendig war und daß sie, fast ohne mich zu kennen, aber dank meiner, anstelle des Todes und der Einsamkeit auf ein neues Thema der Inspiration gestoßen war: die Liebe – aber die Liebe unter einem Gesichtspunkt, der seit Sappho kaum mehr eine Dichterin gefunden hatte«.[20]

Beide Frauen verbanden Leben und Dichtung. Während Natalie Barney ihr Leben als den »umfassendsten Ausdruck« hielt und Dichterin vor allem durch ihr eigenes Leben sein wollte, war für Renée Vivien die Dichtung das Entscheidende, das Leben war der Stoff, aus dem sie Dichtung machte.[21]

Die Geliebte wurde eine wichtige Muse für Renée Vivien. Sie schrieb viele Liebesgedichte an und auf sie (sie taucht unter dem Namen Flossy auf, manchmal auch als Moonbeam – ein Name, den Barneys frühere Geliebte Liane de Pougy, eine berühmte Kurtisane, ihr gegeben hatte). In den Gedichten wird sie zum Inbegriff einer in vielen Facetten schillernden, schönen, grausamen, liebenswerten, verführerischen und nie wirklich zu fassenden Frau, das heißt zu dem das Fin de Siècle so faszinierenden Typus der grausamen und unwiderstehlichen Femme fatale, der sich das lyrische Ich begehrend und leidend ausliefert.

Liebe und Sexualität erscheinen untrennbar von einer Lust an Dominanz und Unterwerfung, auch von einer vielleicht nicht physischen, aber jedenfalls emotionalen Gewalt, die an einen Satz von Kleists Penthesilea erinnert: »Küsse, Bisse, / Das reimt sich, und wer recht von Herzen liebt, / Kann schon das eine für das andre greifen.«[22] Man sollte sich jedoch hüten, zu unterstellen, dass das die reale Beziehung der beiden Frauen ausmachte: Vielleicht sind es einfach die zeitgemäßen Phantasien der zum Morbiden und Schwülstigen neigenden Vivien. Sicher beziehen sie sich keineswegs alle auf Natalie Barney, sondern später auch auf andere Frauen. Aber sie inszenieren immer wieder eine Grundkonstante in Viviens emotionalem Erleben und ihren dichterischen Idealen.

Die Beziehung hielt einige Jahre, überlebte viele Stürme und eine Trennung, bevor sie endgültig zerbrach. Renée Vivien muss besitzergreifend gewesen sein, vielleicht kein Wunder angesichts der notorischen Untreue Natalie Barneys, die noch im hohen Alter Affären hatte, so dass ihre längste Liebesbeziehung, die zur Malerin Romaine Brooks, zu Ende ging, als Barney zweiundachtzig Jahre alt war und Romaine Brooks vierundneunzig: Die Malerin duldete die fortwährenden Seitensprünge ihrer Partnerin nicht länger. Natalie Barney war nicht gewillt, sich der Monogamie zu ergeben; das war für sie keine Unmoral, sondern einfach eine andere Moral: »Meine Liebschaften? Es gab ihrer viele. Meine Freundschaften? Treu und loyal.«[23] Renée Vivien konnte das nicht ertragen, wenngleich ihr lyrisches Alter Ego manchmal auch das opferbereit hinnimmt:

Dein Wunsch ist mein Gelübde, mein Begehr und mein
Gesetz,
Und wenn irgendeine Fremde deinen wankelmütigen
Blicken
Liebenswerter erscheint, nimm sie, freu dich!
Ich selbst werde das Bett und den Tisch bereiten ...

O du, die ich in den Augen des Todes sehen werde!
Was kannst du nicht von mir erbitten, die ich dich liebe?
Ich lege mein Schicksal in deine sorglosen Hände,
o du, letzte Süße, o du, höchster Schmerz![24]

Die Zeit mit Natalie Barney ist künstlerisch wohl die wichtigste Phase im Leben Renée Viviens geblieben. Möglicherweise bargen gerade der Schmerz dieser Beziehung, die grundsätzlich ungestillte Sehnsucht, die eigentlich aus persönlicher Einsamkeit resultierte, eine Inspiration, deren existentieller Weltschmerz hier an die Liebe gebunden wird.

Gemeinsam mit Natalie Clifford Barney »entdeckte« Vivien die griechische Lyrikerin Sappho, die für ihr weiteres Schaffen außerordentlich wichtig wurde. Sie stilisierte sich selbst zur modernen Sappho, und zwar sowohl im Leben wie im Werk. Viele Lyrikerinnen vor ihr wurden »Sappho« genannt oder nannten sich selbst so, Anna Louisa Karsch zum Beispiel. Da man kein anderes weibliches Vorbild kannte, musste Sappho immer herhalten, wenn eines gesucht wurde.[25]

So hat jede Zeit, sei es in gelehrten Abhandlungen, sei es in Gedichten und Romanen, ihr eigenes Sappho-Bild geschaffen, das mit der griechischen Dichterin oft weniger zu tun hatte als mit der jeweils aktuellen literarischen Mode.

Immer wieder im Laufe der Jahrhunderte wurde Sappho als große Liebende gefeiert, wobei meist die Liebe zum jungen Phaon im Mittelpunkt stand und ihr selbstmörderischer Sturz vom Felsen, als er sie verschmähte. Man scheute die lesbische Sappho; andererseits wusste man darum und konnte diese Facette bei Bedarf auch entsprechend einsetzen.

Von Sappho selbst sind ohnehin nur Fragmente überliefert, Liebesgedichte, die sie an eine der jungen Frauen richtete, die sie in Mytilene um sich geschart hatte, um eine Art Dichterinnenschule ins Leben zu rufen. Ob es sich dabei um lesbische Liebe im modernen Sinne oder um den pädagogischen Eros handelte, den auch die Männer pflegten, lässt sich schwer entscheiden.

Renée Vivien war wohl die erste Lyrikerin, die der Ehrgeiz packte, eine neue Sappho zu werden, indem sie ihr Leben einem regelrechten Kult der Frauenliebe weihte und die antike Dichterin beziehungsweise den Mythos, den sie um die Figur strickte, in ihrer Dichtung immer wieder thematisierte. Sappho im Leben, Sappho in der Dichtung – freilich interpretierte sie die antike Dichterin auf sehr moderne, sehr dekadente Weise. Denn Viviens literarische Wurzeln liegen weniger in der Antike als in der dekadenten Literatur des europäischen Fin de Siècle.[26]

Renée Vivien lernte Altgriechisch, um Sapphos Fragmente ins Französische übertragen zu können. 1903 erschien ihre Übersetzung, die erste französische Übersetzung der Werke Sapphos durch eine Frau nach der Madame

Daciers im 18. Jahrhundert.[27] Die Ausgabe enthält den griechischen Text, eine Prosaübersetzung, eine poetische Übersetzung (die im Vergleich zur Prosaversion schon sehr erweitert ist) und schließlich von Sapphos Fragmenten inspirierte Weiterdichtungen, sozusagen Komplettierungen. Das macht unmissverständlich klar, wie persönlich Viviens Verständnis der antiken Dichterin geprägt war und wie sehr sie sie gleichsam als anregende Gesprächspartnerin für ihre eigene, völlig andere dekadente Dichtung brauchte.

Sapphos Fragment XXV lautet in der deutschen Übersetzung von Max Treu: »Liebgewonnen hab, Atthis, ich dich schon vor langer Zeit.«[28]

Bei Joachim Schickel heißt es, grammatisch etwas weniger korrekt (er fügt im Übrigen eine Zeile hinzu, die möglicherweise, aber nicht sicher aus demselben Gedicht stammt): »Liebgewonnen – das hab ich dich, Atthis, seit langem schon /(...)/ klein erschienest du mir, noch ein Mädchen und ohne Reiz.«[29]

In Renée Viviens Übersetzung wird daraus:

Einst, Atthis, liebte ich dich.
Der Abend lässt die verwelkte Wollust aufblühen.
Den Glanz der Augen und das Echo der Stimmen.
Einst, Atthis,
liebte ich dich, viele ferne Jahre lang.[30]

Ins Auge fallen sogleich jene Worte, die Schlüsselbegriffe der dekadenten Dichtung sind: »Abend«, »verwelkte Wollust«, »Echo«, »ferne Jahre«. Weder ist in Sapphos Text von Wollust die Rede noch vom Abend noch von der Erinnerung, die der Abend heraufbeschwört. Während Sapphos Text davon spricht, dass eine offenbar vorhandene Zuneigung schon sehr lange bestehe, werden daraus bei Vivien die Vergänglichkeit und tatsächliche Vergangenheit von Liebe und erotischer Anziehung. Aus der Erinnerung an das Kind, das das lyrische Ich bei Sappho bereits liebte und das noch kindlich, also ohne (erotischen) Reiz war, wird bei Vivien eine anscheinend positive Erinnerung an eine schöne, erotisch attraktive Frau, die genau zu jener Zeit geliebt wurde, als ihre Augen leuchteten und ihre Stimme erklang; beides Zeichen für die erotische Anziehung der lebendigen jungen Frau. Die Zeitenfolge und der Begründungszusammenhang sind mithin gänzlich verschieden: Bei Sappho geht es um das Entstehen einer Liebe, bei Vivien um das Vergehen, um die nostalgische Erinnerung an eine längst vergangene Liebe.[31] Sie entwirft eine dekadente, »fiebrige« Erotik. Was hier imaginiert wird, ist eine Sappho des Fin de Siècle, die in dekadenter Manier ihrer verlorenen Liebe nachtrauert und sich zwischen Auflehnung und Resignation in die Unvermeidlichkeit der Vergänglichkeit ergibt, ja sie letzten Endes genießt und einen eigenen Reiz aus Schmerz und Trauer über das Verlorene bezieht: Melancholie als Lebensform oder doch als dichterische Attitüde.

Renée Vivien schuf also ihren ganz eigenen privaten Sappho-Mythos. Sie las, wie Natalie Barney auch, die Dichtung ihrer Vorgängerin als Aussage über deren persönliches Leben und Lieben, sie setzte die historische Sappho (über die kaum etwas bekannt ist) und deren (fragmentarische und alles andere als biographisch eindeutige) Texte gleich. Anders würde allerdings der Mythos auch nicht funktionieren: Es war von zentraler Bedeutung für den Sappho-Kult von Renée Vivien und Natalie Barney, dass die Dichterin Sappho und die Liebende Sappho eine Person sind und dass ihre Texte als unmittelbares Zeugnis nicht nur ihrer dichterischen Kraft, sondern auch eines weiblichen und noch mehr eines lesbischen Begehrens gelesen werden können.[32] Hinzu kamen die legendären Überlieferungen einer weiblichen Gemeinschaft auf Lesbos. Aus diesen

Bausteinen schuf sie die Utopie einer Gemeinschaft von frauenliebenden Frauen in der Gegenwart – einer Gemeinschaft, die frei sein sollte von patriarchalen Strukturen und in der weibliche Stimmen und weibliches Begehren sich ungehindert von männlichen Herrschaftsgelüsten und Unterdrückungsmechanismen entfalteten.

Mit Natalie Barney reiste Renée Vivien nach Lesbos, um die Orte Sapphos und deren Atmosphäre persönlich zu erleben; zu ihrem Bedauern enttäuschte Griechenland in seiner kruden zeitgenössischen Realität zunächst ihre hochgespannten Hoffnungen auf die strahlende Gegenwart des Mythos.

Die beiden Frauen unternahmen diese Reise nach Griechenland, nachdem sich Vivien 1901 zum ersten Mal von Natalie Barney getrennt hatte. Besonders interessant ist hierbei, dass sich in der Folge die andere, oft nicht sichtbare Seite des Verhältnisses der beiden Frauen zeigt, in dem die Unentschiedenheit Renées ihre ganz eigene verborgene Kraft entfaltet, die sich gegen die sichtbare Entschlossenheit Natalies setzt und sie besiegt – keine eindeutige Rollenverteilung mehr, in der die eine handelt und die andere leidet, sondern ein Wechselspiel der Kräfte.

Renée Vivien verweigerte nach der Trennung zunächst jeden Kontakt zu Natalie Barney und liierte sich schließlich mit der Baronin Hélène de Zuylen de Nyevelt, geborene Rothschild, die bekannt war für ihre wechselnden Liebschaften und dafür, dass sie ihre abgelegten Geliebten mit Haus und Apanage versorgte. Natalie Barney war empört und verwundert, dass Renée Vivien sich auf solch eine arrogante, herrschsüchtige Frau einließ, und schob das auf den Einfluss einer intriganten Gesellschafterin, mit der Vivien sich umgab.

Barney gab nicht auf, sondern suchte die Geliebte durch vielerlei Aktionen zurückzugewinnen: »Ich hasse es ebensosehr, zu leiden wie Leiden zu schaffen, und stellte fest, dass der Schmerz, statt mich zu entmutigen, mich dazu zwang, zu zeigen, was ich konnte.«[33] Sie schickte Briefe und Gedichte, tauchte anstelle einer gemeinsamen Freundin in der Opernloge Renées auf, reiste ihr nach Bayreuth zu den Wagner-Festspielen nach, ließ eine bekannte Opernsängerin ein nächtliches Ständchen bringen.

Schließlich gelang es ihr, Renée erneut zu erobern, und die beiden Frauen unternahmen die Reise nach Lesbos.

Renée blieb zunächst abweisend, aber schließlich gab sie nach: »Die Nächte waren schöner als all jene, die wir vorher zusammen verbracht hatten«, schreibt Natalie, »und welch einen Siegesschrei musste ich beim ersten Mal unterdrücken!«[34] Auch darum ging es: um Gewinnen, wenn man verloren hat, um Sieg – das erinnert an das alte Modell des Liebeskrieges, das in der Renaissance so bedeutend gewesen war. Und es passt natürlich als perfektes Gegenstück zu Renée Viviens ambivalenter Opferhaltung und ihrem Bild von der Liebe als eine auf psychischer Ebene sadomasochistischen Beziehung, die sie abhängig macht.

Dennoch: Glückliche Tage folgten, und Griechenland gewann für die beiden Frauen den erhofften Zauber des ersehnten Landes, in dem sie dem Geist Sapphos nahe zu sein glaubten. Dann aber reiste die Baronin Hélène de Zuylen ihrer Geliebten nach, und Renée Vivien konnte nicht widerstehen, sie wollte ihr persönlich überbringen, dass sie sie verlassen werde. Das Weitere hatte Natalie Barney vorausgesehen: Renée hatte nicht die Widerstandskraft, sich von der willensstarken Hélène zu trennen. Sie schwankte lange zwischen Gefühlsextremen, versicherte Barney ihrer fortdauernden Liebe, erklärte ihr im nächsten Moment, alles sei vorbei: Sie hielt Natalie Barney hin. Für Vivien erwuchs daraus eine fruchtbare Inspiration, für Natalie ein gesundheitlicher Zusammenbruch.[35] Das war 1904.

Dieses Mal blieb es bei der Trennung, trotz wiederholter »erregender Neuanfänge ohne Dauer« und immer neuer unguter Abschiede. Ihre Liebe, so Barney, sei besiegt worden, »den Umständen ausgeliefert, denen sie es gestattet hatte, uns niederzuzwingen«. Und auf diese Weise sei Vivien eine große Dichterin geworden.[36]

Man darf Natalie Barneys Erinnerungen und ihre Deutungen nicht wörtlich nehmen: Es ist offensichtlich, dass sie alles, was im Leben der anderen geschah, auf sich bezog.

Renée Vivien widmete fortan die meisten ihrer Gedicht- und Prosabände ihrer neuen Geliebten, ohne dass Hélène jemals in den Texten selbst auftauchte wie Natalie Barney und Violet Shillito in der Liebeslyrik. Die Beziehung scheint nicht von Dauer gewesen zu sein. Man vermutet, die Baronin habe sich 1905 von Vivien getrennt. In Beschreibungen der Schriftstellerin Colette – einer anderen Chronistin und Erfinderin lesbischer Liebe Anfang des 20. Jahrhunderts, die bei Renée Vivien verkehrte – taucht sehr viel später eine geheimnisvolle Geliebte an Viviens Seite auf, deren Identität unklar bleibt und durchaus Hélène de Zuylen sein könnte – oder eine andere.

Renée Vivien reiste in den folgenden Jahren viel, in den Orient, den Mittleren Osten, erneut nach Lesbos. In Paris lebte sie in einer düsteren, vollgestopften Wohnung. Sie lud Gäste ein, auch Natalie Barney. Und sie aß fast nichts mehr, sondern trank nach Aussagen Colettes Unmengen exotischer Alkoholika. Heute würde man von Anorexie und Alkoholismus sprechen. Sie magerte ab, wurde immer exzentrischer, verließ ihre Gäste mitten im Diner oder erlitt plötzliche Gefühlsausbrüche. Natalie Barney formuliert ergreifend, dass »zwischen ihren Händen alles zu Staub und Asche wurde«.[37]

Ausführlich beschreibt Colette die dekadente Selbstinszenierung Renée Viviens in jenen Jahren, wie man sie angesichts der Dichtung erwartet: Vivien war stets in Schwarz oder Violett gehüllt (das passe besser als der Begriff »gekleidet«, schreibt Colette).[38] Sie sei umhergeirrt in ihren verdunkelten Räumen, die mit schwerem Stoff verhängt und von Weihrauchduft erfüllt waren. Buddha-Statuen und exquisite Blumen standen ringsum, Möbel tauchten auf, wanderten und verschwanden wieder – ein klassisches Fin-de-Siècle-Dekor.

Weich wirkte sie, ja fast amorph, in einer anderen Welt lebend, der Materialität des Daseins entrückt, großzügig im Verlieren, Hergeben, »Verschenken« – eine dekadente Heldin par excellence.[39]

Zu diesem vagen, entrückten Bild passt die bereits mehrfach erwähnte, typisch dekadente Vorliebe Renée Viviens für das, was man damals »sadistisch-perverse« Liebe nannte, also eine Liebe, die man als abweichend verstand, weil sie lesbisch war, sadomasochistische Züge trug oder andere, als normabweichend verstandene Eigenarten aufwies. Wie bereits erwähnt, hat das mit Sappho nichts zu tun; es ist vielmehr die Variation des Themas der grausamen, männerzerstörenden Verführerin, der Femme fatale, einer typischen Männerphantasie, die in der von männlichen Autoren dominierten Fin-de-Siècle-Literatur eine wichtige Rolle spielte.

Vivien gibt dem Thema eine besondere Wendung, indem sie die Femme fatale aus der Perspektive einer anderen Frau schildert, die ihr verfallen ist. Freilich bleibt sie trotz dieser unerhörten Neuerung dem Klischee verhaftet, das durch männliche Autoren im 19. Jahrhundert geprägt ist: Das Verhältnis zwischen der lesbischen Femme fatale und ihrem ebenfalls lesbischen Gegenüber ist ebenso hierarchisch wie bei heterosexuellen Paaren.

Macht und Ohnmacht sind klar auf die Rollen der unglücklich Liebenden und der kalten Geliebten verteilt. Auch die lesbische Liebe wird ganz vergleichbar den eher voyeuristischen Entwürfen männlicher Autoren von Diderot bis Baudelaire dargestellt. Die eine entzieht sich, ist unnahbar, verführerisch und zugleich zerstörerisch, die andere ist ihr in hoffnungsloser Trauer oder in der Ambivalenz von Liebe und Hass verfallen.

Schrei
Durch ihre halbgeschlossenen Lider verbergen deine blauen Augen
Das Schimmern vagen Verrats
Der gewaltige und arglistige Hauch dieser Rosen
Berauscht mich wie ein Wein, in dem die Gifte schlummern …

Um die Stunde, in der verrückt die Glühwürmchen tanzen,
Die Stunde, in der das augenblickliche Begehren in unseren Augen glänzt
Wiederholst du mir vergeblich die schmeichelhaften Worte
Ich hasse dich und ich liebe dich auf abscheuliche Weise.[40]

In Viviens frühen Zyklen ist die Liebe häufig nichts anderes als Leiden: Leiden an der Unnahbarkeit der Geliebten, an deren Grausamkeit, an deren Treulosigkeit und Verrat. Sexualität zwischen den Frauen (die Vivien offen thematisiert) erscheint als verletzend und von sadistischen Impulsen gesteuert. Dennoch wirkt alles dominiert von einer Atmosphäre passiver Trauer. Dem widerspricht für Colette die direkte, eindeutig benennende, fast drastische Weise, in der die private Renée Vivien von Lust und den Techniken der Lust gesprochen habe – niemals von Liebe.

Das ist freilich nur die eine Seite der Präsentation lesbischer Liebe bei Vivien, die düstere. In vielen anderen Gedichten wird sie als die höhere, die bessere, reinere Form der

Liebe gefeiert oder sogar in quasimystischer Weise besungen. Sie erscheint als Gegenbild zu den »unsauberen«, von ökonomischen Zwängen geprägten und von patriarchalen Interessen dominierten heterosexuellen Beziehungen, zumal zur Ehe. Männer werden hässlich genannt, Frauen schön; Fortpflanzung löst Grauen aus. In Viviens Prosatexten gewinnt diese Position eine geradezu satirisch-komische Note. Im Roman »Mir erschien eine Frau …« behauptet ein Mann selbstbewusst, die poetische Hauptfigur des Romans, die androgyne und lesbische Dichterin San Giovanni, werde eines Tages »ihre Liebeskarriere in den Armen eines Mannes beenden«. Darauf erwidert die Ich-Erzählerin höchst schockiert: »Dies wäre eine widernatürliche Verirrung, mein Herr. Ich schätze unsere Freundin zu sehr, um sie einer anormalen Leidenschaft für fähig zu halten«[41] – eine witzige Umkehrung der üblichen Argumente gegen Homosexualität.

Dieser Wortwechsel steht im Kontext eines Gesprächs über Sappho. Derselbe Mann lässt sich genüsslich über Sapphos »Unkeuschheit« aus und erhält die Antwort:

»Sie tun mir leid (…), daß sie keinen Begriff von einer Liebe haben, die zugleich glühend und rein ist, einer weißen Flamme gleich. Dieserart war die Liebe, die Psappha einst ihren melodiösen Freundinnen weihte. Ist diese Liebe, welche die Schönheit in ihrer lieblichsten und zartesten Form beschwört, nicht tausendmal keuscher als die klösterliche Einsamkeit, in der obszöne Träume und monströse Begierden hervorbrechen? Ist sie nicht tausendmal keuscher als jene auf Interesse begründete Beiwohnung, zu der die christliche Ehe geworden ist? Was kann man strahlender Keusches erträumen als diese von einer Jungfrau gegründete Schule der Jungfrauen, diese Schule von Mytilene, wo Psappha die vielschichtige Kunst der Musik und der Strophen lehrte?«[42]

Keuschheit bedeutet hier nicht sexuelle Enthaltsamkeit,

sondern Enthaltsamkeit in Bezug auf Männer. So gilt Sexualität zwischen Frauen als keusch, da sie frei von Zwängen der oben erwähnten Art sei – und sie gilt als »schön«.

Neben der Femme fatale und der leidenden Frau wird in den Texten die selbstbewusst sprechende Frau thematisiert, die nicht zuletzt aus ihrem Leiden und der Inspiration durch ihr grausames Gegenüber Stärke bezieht. Die Selbstbewusste ist die Figur der Künstlerin, die eine zentrale Rolle in Viviens Texten spielt. Daneben gibt es die griechisch inspirierten jungen Frauen, heiter und glücklich, klar in ihren Gefühlen, die die schöne blühende Natur lieben, wenngleich auch sie immer wieder dem Leiden der Liebe ausgesetzt sind.[43] Es gibt »männliche« oder androgyne Frauen, die mit den Männern als gute Kameraden in der Wildnis umherstreifen und sich deren sexuellen Annäherungen entziehen. Frauen, die konsequent ihrem Schicksal folgen, auch wenn es sie in den Tod stürzt – so die das Weiß liebende und ersehnende Svanhild im gleichnamigen Einakter in Prosa.[44] Oder die Königin Vasthi in »Der Schleier der Vasthi«, die sich dem Befehl ihres Mannes widersetzt, sich entschleiert vor den Höflingen zu zeigen, und dafür Verbannung und Tod auf sich nimmt, in der Hoffnung, dass ihr Beispiel die anderen Frauen lehren könne, »daß sie nicht länger die Dienerinnen ihrer Gemahle sind und daß der Mann nicht mehr der Herr ist in seinem Hause, sondern die Frau gleich dem Herrn frei ist und Herrin in ihrem Hause«.[45]

Gar keine Rolle spielen in Viviens Lyrik Mütter und Ehefrauen, die klassischen Gegenstücke zur grausamen Frau im 19. Jahrhundert – es sei denn als abschreckende Beispiele für die Macht des Patriarchats, das Frauen ihre Selbstbestimmung und ihre Integrität nimmt.

So prägen lesbische Frauen das Weiblichkeitsbild in Viviens Werk, und lesbisches Leben wird direkt und indirekt zum Gegenbild der heterosexuellen Norm, was Viviens scheinbar so unpolitischer Lyrik eine eindeutig politische Note verleiht.

Der Begriff »lesbisch« ist bei ihr in einem durchaus weiten Sinne zu verstehen: Im engeren Sinne meint er Frauen, die Liebesbeziehungen zu anderen Frauen haben; im weiteren Sinne Frauen, die emotionale, möglicherweise aber vollkommen platonische Beziehungen zu anderen Frauen haben – in einer Art »lesbischem Kontinuum«[46]. Die Unterscheidung ist bei Vivien nicht immer ganz eindeutig zu treffen, da die Grenzen zwischen platonischer und leidenschaftlicher Liebe in ihrem Œuvre zuweilen verschwimmen.

Unsere mondenen Küsse sind von blasser Süße,
Unsere Finger zerknittern den Flaum einer Wange nicht,
Und wir können, wenn der Gürtel sich löst,
Gleichzeitig Liebende und Schwestern sein.

Das Begehren ist in uns weniger stark als die Zärtlichkeit.[47]

Allein das Spektrum von lesbischer Liebe verbietet es, das lyrische Ich beziehungsweise die Erzählerin von Viviens Texten mit der Autorin gleichzusetzen, wie es die Kritik allzu lange und in einseitiger Weise tat. Es findet hier vielmehr ein Spiel mit unterschiedlichen, teilweise der literarischen Tradition entnommenen Themen und Motiven statt, in das persönliche Überzeugungen und Erfahrungen der Autorin einfließen – wohl nicht mehr oder weniger, als das bei anderen Autorinnen und Autoren der Fall ist.

Mit einer gewissen Größe räumt Natalie Barney Jahrzehnte später in ihren Erinnerungen ein, dass Renée Viviens Gedichte nach der Trennung der beiden Liebenden besser, dichter, lebendiger geworden seien: »Sie schleppten keine ›parfümierte Blässe‹ und andere Fadheiten mehr mit sich. Sie waren nicht mehr kraftlos, sondern gesättigt mit erlebten Bildern, sie spiegelten die Grausamkeit einer leidenden Existenz wider, zunächst nicht ohne Aufbegehren, dann mit Resignation und Würde.«[48]

Renée Viviens Schreiben ist deutlich als Kontrapunkt zum »männlichen« Schreiben und dessen Mythen angelegt. Sie hob sich davon ab und suchte nach einem neuen Mythos, als dessen Protagonistin sie Sappho und als dessen Göttin sie Aphrodite setzte.

Das Außenseitertum wird radikalisiert. Nach außen gerichteter Ehrgeiz verwandelt sich in nach innen gewandte Abschließung gegen die Welt, Reden in Schweigen. Renée Vivien selbst hat das im Leben praktiziert. 1907 zog sie ihre Werke aus dem Verkehr und veröffentlichte fortan nichts mehr. An Natalie Barney schrieb sie:

»Ich verkaufe meine Seele nicht mehr für 3 Francs 50 das Exemplar. Du wirst Dich vielleicht fragen, warum ich das getan habe. Ganz einfach deshalb, weil das Publikum häßlich ist, und weil mein Buch – eines meiner Bücher, das, das mir am liebsten ist, vielleicht – in schmutzige Hände, mit schwarzen Fingernägeln, geraten könnte.«[49]

Hier finden wir wieder die typisch dekadente Verachtung einer bourgeoisen, heuchlerischen und schmutzigen Masse, der die Dichterin ihr Ureigenstes, ihren kostbarsten Besitz nicht anvertrauen möchte. Dichtung wird verstanden als etwas Privates, das seinen Zweck in sich selbst trägt und nur Eingeweihten zugänglich gemacht wird, die es zu würdigen und zu verstehen imstande sind.

Damit stilisiert sich die Dichterin indirekt zur Ausnahmeexistenz, der die Alltagsniederungen nicht zumutbar sind, einer elitären (immerhin ja finanziell unabhängigen!) Existenz, die sich alle Feinheiten der Seele (und auch alle Marotten) leisten kann und leistet. Deren Verzweiflung an sich selbst, an der Liebe und der Welt freilich tief verwurzelt ist und bei aller Inszeniertheit echt klingt. Sie schrieb indessen – anders als Rimbaud, der im Alter von zwanzig Jahren gänzlich verstummte – weiter. Insofern ist es ein beredtes Schweigen, das Vivien hören ließ.

Auch dichterisch thematisierte sie das Verstummen, das Vergessen.

Gehen wir fort, meine verachteten Lieder und ich …
Was bedeuten uns die, die uns nicht zugehört haben?
Gehen wir in das Schweigen und in den Schatten, die ich liebe,
Auf dass das Vergessen uns in seiner Ewigkeit bewahre …

Der Wunsch der männlichen Künstler, durch ihr Werk unsterblich zu werden, ist ein immer wiederkehrendes Motiv der älteren Dichtung, wenn es auch in der Literatur der Décadence kaum noch eine Rolle spielte. Vivien verkehrt es ins Gegenteil: Sie möchte ins selige Vergessen eingehen, sowohl vergessen werden als auch selbst vergessen.

Darin wiederum liegt eine Anspielung auf das Schattenreich, die antike Unterwelt des Todes und des Vergessens – es sind ja insbesondere die »Frommen«, die in die vom Lethestrom (Strom des Vergessens) umflossenen Gefilde eingehen, wo sie in ewiger Glückseligkeit leben.[50] Das Vergessen bedeutet zwar Tod und Ende, aber zugleich auch ewiges Glück.

Das weibliche sprechende Ich nimmt in diesem Gedicht die Position des »poète maudit« ein, der seit der Romantik immer wichtiger und im Fin de Siècle schließlich zum wichtigsten (Selbst-)Bild von (männlichen!) Dichtern geworden war: Der Dichter steht außerhalb der bürgerlichen Gesellschaft, die ihn nicht versteht oder die ihn gar verachtet. Denn er ist »anders« als sie, er rebelliert gegen ihr Zweckdenken und ihre konservativen Werte. Er mag unter dem Ausschluss leiden, verachtet aber seinerseits diese Gesellschaft, deren Nützlichkeitsdenken ihn zutiefst anwidert und deren Ansprüchen er sich verweigert, um die bessere Gegenwelt der Kunst zu schaffen. Als typische »poètes maudits« gelten gemeinhin Paul Verlaine und Arthur Rimbaud. Charles Baudelaire thematisiert den »poète maudit« in seinem Gedicht »Bénédiction« – einer blasphemischen Gegenerzählung zur Heilsgeschichte – als einen, der schon bei seiner Geburt von seiner Mutter als auserwähltes Monster betrachtet und gehasst wird. Im berühmten Eingangsgedicht der »Blumen des Bösen«, »An den Leser«, werden alle Scheußlichkeiten geschildert, die dem Dichter wie auch zu guter Letzt dem Leser zugeschrieben werden: »scheinheiliger Leser, Meinesgleichen, mein Bruder!«[51] Dichter und Bürger sind in ihrer Scheußlichkeit gleich, aber die Bürger leugnen es, während der Dichter alle Schrecken der verdorbenen modernen Kultur offenlegt und gerade dafür beschimpft und ausgestoßen wird.

In dieser Tradition steht Renée Viviens Lyrik. Schon allein als dichtende Frau war sie in der patriarchalen Kultur Anfang des 20. Jahrhunderts anstößig – wie viel mehr als dichtende Frau, die ihre Liebe zu Frauen und eine massive Verachtung der Männer öffentlich bekannte. Damit verkörperte sie den Anspruch auf eine weibliche Autonomie, der nicht unwidersprochen bleiben durfte, stellte sie doch massiv die männliche Vorherrschaft in Frage. Es blieb ihr nur der Rückzug – und es blieben ihr ihre Gedichte (»o mes chants« – »o meine Lieder«!).

Deren Wert stellte sie trotz der Ablehnung des Publikums und der Kritik keineswegs in Frage. Im Gegenteil: Mit ihnen verbündet sie sich gegen die Welt, mit ihnen verlässt sie die Welt. Damit wird nicht nur die Einheit von Dichterin und Werk beschworen, sondern auch die Gewissheit der Dichterin, dass ihr Werk nicht um seiner künstlerischen Qualitäten willen kritisiert wird, sondern nur aufgrund seines anstößigen Gehalts und, untrennbar damit verbunden, aufgrund ihres Geschlechts und ihrer psychosexuellen Identität. Anders gesagt: Die Kritik des Publikums lässt sie nicht an ihrem Schreiben zweifeln, sondern an denen, die es nicht verstehen. Das gehört zur Selbstinszenierung eines »poète maudit«.

Mit der Vorliebe für Melancholie, für Einsamkeit, für Düsternisse im konkreten wie im übertragenen Sinne – Schatten und Schweigen – wird ein typisch dekadenter Ton angeschlagen. Es wird außerdem indirekt darauf verwiesen, dass Dichtung nur in der Einsamkeit entstehen kann, nicht aber – so kann man ergänzen – in der Geschäftigkeit des literarischen Betriebs, des Erfolgs und der Selbstvermarktung. Das verleiht dem Dichtertum eine existentielle Dimension.

Es wird deutlich, wie eng die Dichterin, die sich von den »männlichen« Traditionen abwendet, diesen Traditionen dennoch verhaftet bleibt: in den dichterischen Formen, in den Themen und in der Selbstinszenierung. Aber sie verändert, indem sie den Themen und Formen eine andere Wendung gibt, und vermag sie auf diese Weise dann doch auch zu untergraben.

Von der Kritik wurde Renée Vivien zuweilen als »Tochter Baudelaires« bezeichnet. Tatsächlich sind ihre Gedichte sowohl in ihrer formalen Strenge als auch in vielen Themen den seinen durchaus verwandt, das geht zuweilen bis zur wörtlichen Übernahme von Begriffen und Bildern. Vivien bevorzugte – in den nicht griechisch inspirierten Gedichten – den Alexandriner, den klassischen Vers der französischen Literatur, den sie mit Leichtigkeit und Sicherheit beherrschte.

Thematisch und atmosphärisch ist der Einfluss der späteren dekadenten und symbolistischen Dichtung unübersehbar: Leiden, Einsamkeit, Weltschmerz, Überdruss und Mattigkeit, Sehnsucht, auch Todessehnsucht und später Todesangst gehören zu den dominanten Themen von Viviens Lyrik. Sie sind oft zugespitzt auf konkrete Enttäuschungen: verratene Liebe, die Schalheit der vergangenen Liebe, Überdruss und Verzweiflung an der Vergänglichkeit aller irdischen Dinge, die Nichtigkeit aller Liebe, aber auch das Unverständnis der Welt und ihr Außenseitertum – das sind die charakteristischen Wendungen, die sie den dekadenten Themen gibt.

Beute der Existenz, dieses sehr grausamen Übels,
Schleudere ich der Unendlichkeit meinen schmerzlichen
Appell entgegen …[52]

Das könnte durchaus ein Alexandriner aus einer Tragödie der französischen Klassik sein. Behält sie die Formenstrenge der klassischen französischen Dichtung und Baudelaires auch bei, so ist doch die Härte von Baudelaires Bildlichkeit bei Renée Vivien in elegische Melancholie und Trauer gewendet. Ihre Bilder speisen sich hauptsächlich aus dem ästhetisierenden Reservoir und der Nostalgie des Fin de Siècle (Blumen, Düfte, exquisite Farben, kostbare Edelsteine, Halbdunkel, Schatten, Schmerz), denen sie nicht wie Baudelaire die brutalen Bilder des Abstoßenden entgegenstellt: Verfall, Verwesung.[53] Der Bereich des Bizarren, Grotesken, Hässlichen spielt in Viviens Gedichten keine Rolle.

Lyrische Sprachexperimente sind ihre Sache nicht. Sie thematisiert selten die Sprache als solche. Sie bewegt sich innerhalb klar vorgegebener Regeln, die sie sich zu eigen macht, variiert und auf raffinierte Weise verändert.

Nach der griechischen Sappho-Phase wandte Renée Vivien sich immer stärker dem Katholizismus und einem dunklen Mystizismus zu; Todesangst wird zum dominanten Thema ihrer Lyrik. Natalie Barney glaubte schon früh »die christliche Seele, die sich ihrer selbst noch nicht bewusst war«, zu spüren.[54] Vielleicht ist Renée Vivien auf ihrem Totenbett zum Katholizismus konvertiert, man weiß es nicht.

Mit einiger Überraschung schildert Colette die Heiterkeit Renée Viviens; sie habe sie niemals traurig gesehen.[55] Wie passt das zu einer Autorin, deren Werke von Einsamkeit, Leiden an der Welt und der Vergänglichkeit alles Irdischen sowie Todessehnsucht durchzogen sind? Perfektes Rollenspiel in der Gesellschaft? Oder war sie alles das: dekadent und amüsant, sterbensmüde und von zynischer Ironie? Renée Vivien ist offensichtlich keine (nur) tragische Figur, deren Lyrik Selbstaussage ist, sondern eine Autorin, die sehr wohl unterschiedliche sprachliche Register zu ziehen verstand und das literarische Rollenspiel beherrschte – und die im Übrigen neben ihrer (durch und durch ernsthaften, tragischen) Lyrik auch Prosatexte veröffentlicht hat, die an ironischer, ja satirischer Deutlichkeit und zuweilen sogar Komik nichts zu wünschen übrig lassen.

Colette erzählt auch, dass Renée Vivien dauernd in scheinbar amüsiertem Ton ausgerufen habe, das Leben sei ekelhaft und sie hoffe, es sei bald zu Ende. Tatsächlich überlebte Renée Vivien zwei Suizidversuche. Sie starb 1909 im Alter von zweiunddreißig Jahren, wohl an den Folgen ihrer Magersucht und des Alkoholismus – der endgültige Abschluss eines in die Länge gezogenen Selbstmords.

Immer geht's mir um Dich

Ingeborg Bachmann
(1926–1973)

Ingeborg Bachmann gehörte seit den 1950er Jahren unbestreitbar zu den Großen der deutschsprachigen Literatur. Sie erhielt Preise, wurde Mitglied in den wichtigen Akademien und Gremien und hatte früh ein Gespür dafür, wie man strategisch handeln und dass man sich vernetzen muss, um Erfolg zu haben – und Erfolg haben wollte sie.

Ingeborg Bachmann inszenierte sich mit großem Erfolg als literarische Diva, zugleich als eine hilflose, den Alltagsanforderungen nicht gewachsene »Priesterin der Dichtkunst, balancierend zwischen irdischer Verwirrtheit und höherem Wahn«, was das Publikum liebte – ohne zu wissen, dass mancher Aspekt ihrer Hilflosigkeit auf ihre starke Kurzsichtigkeit zurückzuführen war, die einzugestehen sie zu eitel war: Sie trug niemals eine Brille. Sie präsentierte sich als »erlesen gekleidete Gesellschaftsdame«, »als politisch engagierte Intellektuelle oder auch als eine Frau, deren unselige Liebesaffären legendär waren«[1] – nicht zuletzt die unglückliche Liebe zu Paul Celan und die gescheiterte Beziehung zu Max Frisch.

Ingeborg Bachmann kam am 25. Juni 1926 in Klagenfurt auf die Welt, später wurden noch eine Schwester und ein Bruder geboren. Ihr Vater war Lehrer, wurde 1939 zum Militärdienst einberufen und war in den wichtigen Jahren der Adoleszenz seiner Tochter abwesend. Die Bachmanns verbrachten Urlaube auf dem Land bei der Familie des Vaters, in Obervellach im Gailtal:

»Ich habe meine Jugend in Kärnten verbracht, im Süden, an der Grenze, in einem Tal, das zwei Namen hat – einen deutschen und einen slowenischen. (...) So ist nahe der Grenze noch einmal die Grenze: die Grenze der Sprache – und ich war hüben und drüben zu Hause, mit den Geschichten von guten und bösen Geistern zweier und dreier Länder; denn über den Bergen, eine Wegstunde weit, liegt schon Italien.«[2]

Die Erfahrung des Beieinanders der Kulturen und der Grenzen war eine prägende; sie trug ihr, wie sie meinte, das Fernweh ein. Ingeborg Bachmann wurde eine rastlose Wanderin zwischen den Welten. Sie lebte im Laufe ihres Lebens in Klagenfurt, Wien, Paris, Rom, auf Ischia, in Berlin und Zürich; oft thematisiert sie die Sehnsucht danach, anzukommen – und das Wissen, dass endgültiges Ankommen nicht möglich sei. Ihr Elternhaus freilich blieb ihr immer ein Bezugspunkt und ein Rückzugsort, von dem sie zwar wegstrebte, aber zu dem sie immer wieder zurückkam.[3]

Der Einmarsch der deutschen Wehrmacht in Österreich 1938 markierte für die junge Ingeborg einen tiefen Einschnitt: »Es war etwas so Entsetzliches, daß mit diesem Tag meine Erinnerung anfängt: durch einen zu frühen Schmerz, wie ich ihn in dieser Stärke vielleicht später überhaupt nie mehr hatte.«[4]

Die Vermutung liegt nahe, dass diese Erfahrung und der resultierende innere Widerstand gegen Gewalt zu Bachmanns Gefühl einer grundsätzlichen Heimatlosigkeit beigetragen haben; man könnte auch mit den Existentialisten von der Unbehaustheit des Menschen in der Welt sprechen.

Ich grenz noch an ein Wort und an ein andres Land,
ich grenz, wie wenig auch, an alles immer mehr,

ein Böhme, ein Vagant, der nichts hat, den nichts hält,
begabt nur noch, vom Meer, das strittig ist, Land meiner Wahl zu sehen.[5]

Ingeborg Bachmann besuchte das Gymnasium, legte 1944 die Maturaprüfungen ab und studierte ab 1945 Philosophie, Germanistik und Psychologie, je ein Semester in Innsbruck und Graz und schließlich in Wien. 1950 promovierte sie in Philosophie. Ende der 1940er Jahre stand sie bereits in engem Kontakt mit den tonangebenden literarischen Zirkeln Wiens; eine Beziehung verband sie mit dem Theaterkritiker, Autor und Förderer der jungen österreichischen Literatur, Hans Weigel, der als Jude das Land hatte verlassen müssen und 1945 aus dem Schweizer Exil zurückgekehrt war. Sie lebten eine Zeitlang zusammen. Jahre später tadelte Weigel sie in einem offenen Brief, weil sie sich gegen die Atomrüstung der Bundesrepublik geäußert hatte. Neben der Arbeit an der Dissertation schrieb Ingeborg Bachmann an einem Roman (der keinen Verleger fand), und sie veröffentlichte erste Gedichte und Erzählungen.

Ihre große Liebe Paul Celan, der einige Monate in Wien verbrachte, lernte sie 1947 kennen. Der Briefwechsel nach seiner Abreise ist mehr von Schweigen als von Schreiben geprägt; es sind oft rätselhafte kurze Botschaften, die im Abstand von Monaten hin und her gehen; die zwar eine unauflösliche Verbundenheit beschwören, doch auf Distanz beharren, darauf, sich nicht zu sehen, lieber aneinander zu denken. Möglichkeiten, sich zu treffen, werden ins Auge gefasst und verworfen. Es ist die typische Struktur einer »romantischen« Liebe, deren Intensität, Stärke und Dauer gerade dadurch entstehen, dass sie nicht im Beisammensein gelebt wird. Sie schreibt, sie begegne ihm in seinen Gedichten (die zu ihrem Kummer nicht er selbst ihr geschickt hatte): »Immer geht's mir um Dich, ich grüble viel darüber und sprech zu Dir und nehm Deinen fremden, dunklen Kopf zwischen meine Hände und möchte Dir die Steine von der Brust schieben, Deine Hand mit den Nelken freimachen und Dich singen hören.«[6] Sie hatte zwar Beziehungen zu anderen Männern, »aber es bedeutet wenig«.

Als sie ihm im Oktober 1950 nach Paris folgte, erwies sich die tiefe Liebe zwischen Ingeborg Bachmann und Paul Celan als nicht lebbar; schon im Dezember verließ sie Frankreich wieder und reiste nach London und wenige Monate später zurück nach Wien. Der Briefwechsel wurde weitergeführt; sie hörte nicht auf, ihn zu lieben, sie bemühte sich um ihn. Aber er wies sie ab:

»Nein, lass uns nicht mehr am Unwiederbringlichen herumraetseln, Ingeborg. Und bitte komm nicht meinetwegen nach Paris! Wir wuerden einander nur weh tun, Du mir und ich Dir – was haette das fuer einen Sinn, sag?

Wir wissen genug voneinander, um uns bewusst zu machen, dass nur die Freundschaft zwischen uns moeglich bleibt. Das Andere ist unrettbar verloren.«[7]

Verschiedene Jobs sicherten Ingeborg Bachmanns materielles Überleben; sie begann als Sekretärin bei der amerikanischen Besatzungsbehörde und übernahm dann eine Stelle als »Script Writer/Editor« beim Sender Rot-Weiß-Rot, der auch ihr Hörspiel »Ein Geschäft mit Träumen« sendete. Sie beschreibt ihre Arbeit in einem Brief an Celan:

»[I]ch sitze in einem Zimmer mit zwei anderen Männern und zwei Sekretärinnen; mit diesen beiden Männern bearbeite ich Theaterstücke für das Radio, daneben habe ich ab und zu selbst einmal ein eigenes Hörspiel zu schreiben, die wöchentliche Filmkritik zu verfassen, unzählige, fast durchwegs schlechte Manuskripte zu lesen und zu beurteilen. (…) Du wirst mir vielleicht übel nehmen, dass ich auf eine erschreckende Weise ›tüchtig‹ bin (…) und obwohl es mich in vieler Hinsicht nicht befriedigt, mache ich meine Arbeit ganz gerne (…).«[8]

Ein entscheidendes Jahr war 1952: Da las sie auf der Tagung der Gruppe 47 in Niendorf an der Ostsee; das heißt, sie konnte ihre Arbeit vor den wichtigsten zeitgenössischen deutschsprachigen Autoren präsentieren, denen es um eine Erneuerung der Dichtung und die Förderung junger Autoren ging. Die Gruppe war auf Einladung von Hans Werner Richter 1947 erstmals zusammengekommen und hielt sich, ohne feste Organisationsform, bis 1967; sie wurde zu einer der maßgeblichen literarischen Institutionen im Nachkriegsdeutschland.

Freilich war auch die Gruppe 47 vor Fehleinschätzungen nicht gefeit. Bachmann hatte sich sehr darum bemüht, dass auch Celan eingeladen werden solle; die Lesung seines großen Gedichts »Todesfuge« im Jahr 1952 war ein für die Gruppe überaus peinlicher und für Celan zwangsläufig tief verletzender Misserfolg. Sein Gedicht wurde nicht verstanden und verhöhnt.

Ingeborg Bachmann hoffte offenbar immer noch auf ein gemeinsames Leben mit ihm,[9] sie war bereit, zu ihm zu gehen, ihn »wiederzugewinnen« – und erfuhr erst viel später, dass er mittlerweile mit einer anderen Frau fest liiert war, mit seiner späteren Frau Gisèle Lestrange: »Sag mir, wie kann ich bei Dir sein, wenn Du schon längst von mir gegangen bist. Mir wird so kalt bei dem Gedanken, dass das schon lang geschehen ist und ich es nicht gefühlt habe, dass ich so ahnungslos war«, schreibt sie ihm am 10. Juli 1952 in einem ergreifenden Brief, in dem sie ihm klarzumachen sucht, wie sehr er sie verletzt hat, und sich dennoch zugleich auf der Sachebene um die Veröffentlichung seiner Texte bemüht und sich auf Freundschaft einzulassen verspricht.[10]

Unterrichtet in der Liebe
durch zehntausend Bücher,
belehrt durch die Weitergabe

wenig veränderbarer Gesten
und törichter Schwüre –

eingeweiht in die Liebe
aber erst hier –
als die Lava herabfuhr
und ihr Hauch uns traf
am Fuß des Berges.[11]

Das ist ein Rückblick auf einen »coup de foudre«, auf den Beginn einer großen Liebe, durch die alles Vorhergehende nichtig wird, zumal die lange Tradition der Liebe (und Liebesdichtung), von der man »unterrichtet« sein kann, ohne die Liebe je zu spüren. Das Glück macht freilich den Verlust geradezu tödlich: »Die Sonne wärmt nicht, stimmlos ist das Meer«, heißt es in den »Liedern auf der Flucht«; oder: »Niemand liebt mich und hat / für mich eine Lampe geschwungen!«[12]

Ingeborg Bachmann wurde 1953 der Preis der Gruppe 47 verliehen; im Jahr zuvor hatte ihn ihre etwas ältere Landsmännin Ilse Aichinger erhalten. Es war der erste in einer Reihe von wichtigen Preisen, die ihr im Laufe der Jahre zuerkannt wurden, darunter der Büchner-Preis. Im Dezember 1953 erschien ihr erster Lyrikband »Die gestundete Zeit«, der sie in die Reihe der erstrangigen Lyriker und Lyrikerinnen deutscher Sprache katapultierte.

Von Lyrik konnte man damals wie heute nicht leben, also fuhr sie fort, anderes zu schreiben: Hörspiele, philosophische Essays, Rundfunkfeatures. 1953 nahm sie ihren Hauptwohnsitz in Rom, wo sie bis 1957 lebte, unterbrochen von Reisen in die USA und nach Frankreich und Aufenthalten bei dem Komponisten Hans Werner Henze auf Ischia – ein Zusammenleben, das aufgrund von Henzes Homosexualität vermutlich frei war von erotischen Verwicklungen, nicht jedoch von einem Druck, den unterschiedliche Lebensauffassungen, verschiedene Formen des Arbeitens und die Zwänge der Zusammenarbeit mit sich brachten. Bachmann schrieb Libretti für Henze, zum Beispiel »Nachtstücke und Arien«, 1957 uraufgeführt, oder die Oper »Der junge Lord« (1965).

Manche sehen die Beziehung der beiden im Lichte der ungebrochenen Geschlechterhierarchie, die für Bachmann zeit ihres Lebens einen Kampf um Leben und Tod bedeutete.[13] Andere meinen, Bachmann habe die Forderung Henzes nach strikter Arbeitsorientierung nicht erfüllen können.[14] Für sie überlagerte und durchkreuzte Privates oft die Arbeit – Affären und Beziehungen, Gefühle, Krankheit, ihre depressiven Zustände. Vor allem erwies sich die »Abspaltung der Sexualität von der Liebe (…) als ein nicht lebbares Konzept«,[15] und auch wenn Eifersucht zwischen ihnen tabu gewesen sei, wie Henze erklärte, blieb auch diese Beziehung nicht frei davon. Dennoch war es über lange Zeit eine glückliche Zusammenarbeit und Beziehung; die beiden erwogen sogar eine Heirat. Und auch später war er trotz gewachsener Distanz eine verlässliche Anlaufstelle für die Lyrikerin.

1957 wurde Ingeborg Bachmann Mitglied der Deutschen Akademie für Sprache und Dichtung. Sie siedelte nach München über und nahm eine Stelle als Dramaturgin beim Bayerischen Fernsehen an. Wieder und weiterhin Brotarbeit, die sie natürlich vom literarischen Schreiben, von ihrem ganz Eigenen, abhielt.

Ihre äußeren Erfolge änderten nichts an der existentiellen Einsamkeit, die sie literarisch großartig zu evozieren vermochte und womit sie ihren Ruhm als Diva und »Tragödin« befestigte:

Ich aber liege allein
im Eisverhau voller Wunden.[16]

Bachmann findet berückende Bilder, die für sich stehen, zugleich Gefühle und Zustände spürbar machen können. Niemals jedoch werden ihre Texte pathetisch oder sentimental, es bleibt bei aller Intensität immer eine ästhetische Distanz gewahrt, die sagt: Dies ist kein Bekenntnis, dies ist Kunst. Umso stärker wirken diese Gedichte.

Im Oktober 1957 trafen sich Ingeborg Bachmann und Paul Celan auf einer Tagung in Wuppertal wieder. Celan war mittlerweile verheiratet und Vater eines Sohnes. Heftig flammte, wenn auch nur für wenige Monate, die Liebesbeziehung wieder auf; der Briefwechsel intensivierte sich, nun war zur Abwechslung er es, der sich um sie bemühte, der ihr Gedichte schickte, der endlich begann, ihre Arbeit zur Kenntnis zu nehmen. »Ich bin so erfüllt von Dir. / Und weiß auch endlich, wie Deine Gedichte sind.«[17] Als er ein Gedicht, das sie ihm geschickt hatte, in der Zeitung erwähnt findet als eine von Hans Werner Henze vertonte Arie (»Im Gewitter der Rosen«),[18] reagiert er kurzfristig beleidigt, weil er das Gedicht auf sich bezogen hatte.

Die Ehefrau Celans wusste von der Beziehung und verhielt sich offensichtlich trotz ihres Schmerzes außerordentlich großzügig. Sie lernte Ingeborg Bachmann kennen und führte einen sporadischen Briefwechsel mit ihr, noch über Celans Freitod 1970 hinaus.

Der letzte überlieferte Brief Celans an Bachmann stammt aus dem Jahr 1967. Aus der Liebe zwischen den beiden erwuchs eine enge, vielleicht als freundschaftlich zu bezeichnende Beziehung, die Distanzen und lange Unterbrechungen kannte und für beide sehr wichtig war. Die gemeinsame Erfahrung hinterließ tiefe literarische Spuren. Gedichte aus Celans beiden ersten Lyrikbänden sind an sie gerichtet. Sie setzte sich im Roman »Malina« und in vielen Gedichten mit ihm und seiner Dichtung auseinander.

Ihre Gedichte treten in Dialog mit seinen Gedichten: Sie

zitiert Bilder und Metaphern und versetzt sie in einen anderen Zusammenhang, führt gleichsam einen Dialog mit ihnen, so etwa in dem Gedicht »Die gestundete Zeit«, das auf Celan'sche Metaphern (wehende Haare, Sand) anspielt. Das Gedicht spricht unter anderem auch über das für Frauen tödliche Geschlechterverhältnis (und das ist ein entscheidender Unterschied zu Celan):

Drüben versinkt dir die Geliebte im Sand,
er steigt um ihr wehendes Haar,
er fällt ihr ins Wort,
er befiehlt ihr zu schweigen,
er findet sie sterblich
und willig dem Abschied
nach jeder Umarmung.

Sieh dich nicht um.[19]

Es fällt sogleich ins Auge, wie autoritär, lieblos und dominant das angesprochene, offenbar männliche Du (von wem aber angesprochen?) mit der versinkenden Geliebten umgeht oder umgegangen ist. Er »befiehlt ihr zu schweigen«, »er fällt ihr ins Wort«, offenbar geht er davon und lässt sie im Sand versinken, sterblich und »willig dem Abschied / nach jeder Umarmung«: »Sieh dich nicht um. / Schnür deinen Schuh.« Hier findet kein Dialog statt, sondern Einsamkeit – und Herrschaft eines Geschöpfs über ein anderes, des Mannes über die Frau.

Das hat eine erotische und eine Beziehungskomponente, und es hat eine allgemeinere Dimension. Sie wird von ihm ja nicht nur als sterblich empfunden, sondern er lässt sie, indem er sich abwendet, sacht und lautlos vergehen, im Sand versinken, so wie im Roman »Malina« das weibliche Ich am Ende in der Wand verschwindet und die Erzählerfigur feststellt: »Es war Mord.« Damit wird eine kulturelle Atmosphäre nicht nur der Frauenfeindlichkeit hervorgerufen, sondern ganz allgemein der Menschenfeindlichkeit. »Es kommen härtere Tage«: Das ist mehr als ein persönliches Schicksal. Es ist eine Zeit- und Kulturdiagnose. Da spitzt sich etwas zu, und die äußere Form des Gedichts visualisiert das: Die Verse werden kürzer, so dass eine Art typographisches V entsteht; die Strophen werden kürzer, die Sätze immer knapper. Der letzte Vers wiederholt den Anfang: »Es kommen härtere Tage.«

Eine zwar banale, aber grundlegende Ursache für den Pessimismus mag im Materialismus der Nachkriegsgesellschaft (und wie viel mehr noch in der unsrigen) liegen, wie das berühmte, in seiner so einfachen Struktur hochwirkungsvolle Gedicht »Reklame« suggeriert:

> Wohin aber gehen wir
> *ohne sorge sei ohne sorge*
> wenn es dunkel und wenn es kalt wird
> *sei ohne sorge*
> …
> und wohin tragen wir
> *am besten*
> unsre Fragen und den Schauer aller Jahre
> *in die Traumwäscherei ohne sorge sei ohne sorge.*[20]

Zerstreuung der Gedanken und Gefühle, in Szene gesetzt. Niemand ist mehr bei sich, jeder begonnene Satz wird durch einen konträren aus der Reklame zwar inhaltlich gebrochen, grammatisch aber nahtlos fortgeführt. Die tatsächlich inhaltsleeren Reklamesätze schleichen sich in die Rede ein, dominieren sie mehr und mehr – bis sie dann doch verstummen müssen. Am Ende steht nichts. Totenstille.

Der Gedichtband »Die Anrufung des Großen Bären« erschien 1956 und war der zweite und letzte komplette Gedichtband, den Ingeborg Bachmann veröffentlichte. Sie schrieb zwar noch Gedichte, verlegte sich aber mehr und mehr auf die Prosa, gescholten dafür von der zeitgenössischen Kritik, die ihre Gedichte vorzog, während seit den letzten Jahrzehnten gerade die Prosa häufiger als die Lyrik im Zentrum der Arbeiten über Bachmann steht: das Todesarten-Projekt – die Romantrilogie, die nie vollendet wurde und aus dem Roman »Malina« und dem unvollendeten »Fall Franza« besteht –, dann die Erzählungen »Das dreißigste Jahr« und »Simultan«. Im Todesarten-Projekt sollte die oft indirekte Gewalt von Menschen gegen Menschen, das heißt konkret: von Männern gegen Frauen, literarisch erkundet werden.

Ihr Leben lang thematisierte Ingeborg Bachmann den Zwiespalt zwischen ihrem fundamentalen Sprachzweifel und dem Vertrauen in die Kraft der (ihrer) dichterischen Sprache.

Nichts mehr gefällt mir.

Soll ich
Eine Metapher ausstaffieren
Mit einer Mandelblüte?
Die Syntax kreuzigen
Auf einen Lichteffekt?
Wer wird sich den Schädel zerbrechen
Über so überflüssige Dinge – [21]

Der (in meisterhafte Sprache gebrachte) Zweifel am Sinn von Sprache, Sprechen, Dichtung steht anderen Texten gegenüber, in denen in aller Vorsicht die keineswegs leicht zu erringende Macht der dichterischen Sprache beschworen wird, einer Sprache, die nicht plappert, sich nicht im

Alltagsgerede über alles und jedes erschöpft, sondern sich nur inmitten von Schweigen, Verschweigen und Verstummen entfalten kann:

> *Einen einzigen Satz haltbar zu machen,*
> *auszuhalten in dem Bimbam von Worten.*
>
> *Es schreibt diesen Satz keiner,*
> *der nicht unterschreibt.*[22]

1958 hörte der Schweizer Schriftsteller Max Frisch Ingeborg Bachmanns Hörspiel »Der gute Gott von Manhattan«, schrieb ihr, man traf sich in Paris – und wenige Monate später zog sie nach Zürich um, zwar zunächst in eine eigene Wohnung, aber doch in seine Nähe. Der etablierte, erfolgreiche Autor Frisch mag ihr in der Krisensituation, in der sie sich befand, als geeigneter Partner erschienen sein, der in gewissem Sinne ein Ankommen in Bürgerlichkeit und Sicherheit symbolisierte und zugleich ihre Arbeit in keiner Weise beschränkte, hatte er doch in seinem ersten Brief ausdrücklich (in heute sehr herablassend klingenden Worten) anerkannt, dass sie eine weibliche Stimme hörbar mache.

Ab 1960 lebten Bachmann und Frisch in einer gemeinsamen Wohnung in Rom und hatten ein Apartment in Uetikon am See. 1960 erschien ihr erster Erzählband, »Das dreißigste Jahr«, 1961 ihre Übersetzungen von vierzig Gedichten des italienischen Lyrikers Giuseppe Ungaretti (1888–1970), eines der bedeutendsten modernen Dichter Europas. Und sie wurde Mitglied der Akademie der Künste Berlin. Der äußere Erfolg war sichtbar.

Im Winter zuvor hatte sie die mittlerweile berühmten, zur Institution gewordenen Poetikvorlesungen an der Universität Frankfurt eröffnet, nicht ohne Zweifel, ob sie den Hörerinnen und Hörern etwas würde sagen können; noch mehr zweifelnd, ob sie sich damit in die Fänge des kommerzialisierten Literaturbetriebs, seiner Verlogenheiten und seines Opportunismus begeben würde. An Celan schrieb sie:

»(...) für mich fängt der Kompromiss mit Frankfurt an, weil ich fürchte, damit etwas zu tun, was ich nie tun wollte, und ich suche nun einen Ausweg. Da es sich kaum mehr rückgängig machen lässt, will ich versuchen, der Gefahr, die ich sehe, zu begegnen, indem ich mich nicht über literarische Fragen verbreite, nicht rede ›über‹, damit dem Geschwätz nicht noch ein Geschwätz hinzugefügt wird.«[23]

Celan verstärkte ihre Zweifel mit schonungslosen Worten, zog aber das Fazit, sie solle es versuchen. Vielleicht gelinge ihr die eine oder andere wirkliche Mitteilung.[24] Das klingt ziemlich herablassend, vielleicht war es nicht so gemeint. Und zweifellos ist es ihr in den Poetikvorlesungen gelungen, obwohl oder gerade weil diese nach akademischen Maßstäben unkonventionell, teilweise sehr persönlich und sehr impressionistisch waren und darum auf die Studierenden mehr als überzeugend wirkten.

»Warum schreiben? Wozu? Und wozu, seit kein Auftrag mehr da ist von oben und überhaupt kein Auftrag mehr kommt, keiner mehr täuscht. Woraufhin schreiben, für wen sich ausdrücken und was ausdrücken vor den Menschen, in dieser Welt.«[25]

Ingeborg Bachmann stellt die Frage nach der Legitimation des Dichtens im 20. Jahrhundert, und sie beantwortet die Frage sehr klar: Dichtung – *neue* Dichtung – entstehe aus einer Notwendigkeit, wenn nämlich eine Problematik vorliege und neue Erfahrungen gemacht werden. Anders als früher handle es sich jedoch nicht mehr um metaphysische oder religiöse, sondern soziale, mitmenschliche und politische Konflikte. »Und sie alle münden für den Schriftsteller in den Konflikt mit der Sprache.« Große Dichtung sei in den letzten Jahrzehnten nicht deswegen entstanden, weil »Stile durchexperimentiert werden wollten, weil man sich bald so, bald so auszudrücken versuchte, weil man modern sein wollte, sondern immer dort, wo vor jeder Erkenntnis ein neues Denken wie ein Sprengstoff den Anstoß gab – wo, vor jeder formulierbaren Moral, ein moralischer Trieb groß genug war, eine neue sittliche Möglichkeit zu begreifen und zu entwerfen«.[26] Ein großer Anspruch an Dichtung – nicht nur ästhetische Qualität ist gefragt, nicht nur private »Innerlichkeit«, sondern auch gesellschaftliche Relevanz. Denn das alles hängt in Bachmanns Perspektive untrennbar zusammen.

Das Durchexperimentieren der Stile, wie Ingeborg Bachmann sagt, steht für eine Dichtung im Zeichen der Nachahmung (»imitatio«) und des Wetteiferns (»aemulatio«), wie sie in der Renaissance üblich war, wenngleich Gaspara Stampa und Vittoria Colonna – die in diesem Buch porträtiert werden – zeigen, dass Dichtung sich auch damals mitnichten in Stilübungen erschöpfte. In Empfindsamkeit und Romantik kam die Idee auf, dass der inspirierte Dichter sein Inneres und damit zugleich das Wesen der Menschen und der Natur zum Ausdruck bringe. Das ging nicht ohne bewusste sprachlich-formale Gestaltung, der Schwerpunkt aber lag anders als zuvor auf Originalität und (vermeintlicher) Authentizität. Die Moderne betont demgegenüber das bewusste Machen von Kunst, das die Inhalte in den Hintergrund treten lässt. Der Ästhetizismus führt das weiter und betont die Artifizialität, das bewusste Kalkulieren neuer, unerwarteter ästhetischer Effekte.

Ingeborg Bachmann vertritt eine für die zweite Hälfte des 20. Jahrhunderts charakteristische Auffassung: Dichtung war für sie etwas durchaus Individuelles, das zugleich von den Problemen der Zeit durchdrungen ist und diese exemplarisch zum Ausdruck bringt. Damit ermöglicht Dichtung neue Erfahrungen in und durch Sprache.

Das bedeutet auch: In der zweiten Hälfte des 20. Jahrhunderts kann weder die unmittelbare Vergangenheit mit den bis dahin unerhörten Gräueln von Krieg, Vertreibung und Holocaust ignoriert werden, noch kann die aktuelle Situation unberücksichtigt bleiben, die von starken restaurativen Tendenzen, dem Kalten Krieg, der Diskussion um Wiederaufrüstung und Atombombe sowie dem Vietnamkrieg bestimmt wird.

Theodor W. Adorno stellte 1951 die These auf, dass es nach Auschwitz barbarisch sei, ein Gedicht zu schreiben.[27] Diese These, von Adorno bald modifiziert, zielte auf den Sinn und die Möglichkeiten von Dichtung schlechthin; sie hat freilich Dichtung keineswegs unmöglich gemacht, sondern ihr einen anderen, reflektierteren Stellenwert zugewiesen.

Auf die Frage, warum ihr einziges Thema das Leiden am Leben sei, erwidert Ingeborg Bachmann im Jahr 1971: »Ja, haben Sie denn da einen Zweifel? Daß in dieser angeblich zivilen Welt, zwischen Menschen, die sich scheinbar gut benehmen, im Verborgenen ein permanenter Kriegszustand herrscht? Daß die Menschen einander umbringen, ganz langsam?«[28]

Damit ist eine Grundeinstellung der Person und der Schriftstellerin Bachmann benannt, die verdeutlicht, dass für sie das Leiden am Leben nicht nur eine persönliche Erfahrung darstellt, sondern auch andere kulturelle, ja, man möchte sagen: anthropologische Ursachen hat. Es ist die Befürchtung, dass die Zivilisierung der Menschen gescheitert sei; man könnte mit Freud vom »Unbehagen in der Kultur« sprechen.

Selbst wenn zeithistorische und aktuelle politische Themen nicht direkt angesprochen werden, wenn also die Dichtung Ingeborg Bachmanns nicht im einfachen direkten Sinne politisch und programmatisch ist, so sind die

Themen doch im Bewusstsein und in den Erfahrungen der Lyrikerin präsent und fließen notwendig in ihre Texte ein.

Es kommen härtere Tage.
Die auf Widerruf gestundete Zeit
wird sichtbar am Horizont.
Bald mußt du den Schuh schnüren
und die Hunde zurückjagen in die Marschhöfe.
Denn die Eingeweide der Fische
sind kalt geworden im Wind.
Ärmlich brennt das Licht der Lupinen.[29]

Kein Rückzug, keine »Verinnerlichung« also, die man in den 1950er Jahren so sehr wünschte und zuweilen auch in Bachmanns Texten zu erkennen meinte, sondern ein klares Bewusstsein für Barbarei, Brutalität und Unmenschlichkeit, vermittelt in Texten, die scheinbar individuelle Erfahrungen und individuellen Schmerz und das scheinbar ganz private Leiden am Leben schildern.

Das liegt auch an der entscheidenden Einsicht, dass das Schreckliche – der Faschismus – im privaten Leben der Menschen beginnt, beispielsweise im Kampf zwischen Männern und Frauen und dem seelischen Mord, den Männer an Frauen begehen. Das Private, so könnte man mit dem Slogan der Feministinnen sagen (denen Bachmann fernstand), wird als durch und durch politisch erkannt. Nur ist Dichtung ohnehin nie privat, sondern immer eine hochartifizielle Form öffentlichen Sprechens, die etwas sagen will, was anders nicht zu sagen wäre – und was, so betont Bachmann, gehört werden will, also eine kommunikative Funktion hat.[30] Schon die junge Ingeborg Bachmann erkennt am Ende ihrer sprachphilosophischen Dissertation, dass Dichtung anderes, vielleicht mehr zu leisten vermag als die analytische Sprache von Theorie und Analyse,[31] denn Dichtung vermittelt die Erfahrung von Wahrheit, einer Wahrheit, die nicht ohne Schmerz zu finden ist und stets Anstrengung gegen die Erfordernisse des alltäglichen Lebens bedeutet.

Was wahr ist, streut nicht Sand in deine Augen,
was wahr ist, bitten Schlaf und Tod dir ab
als eingefleischt, von jedem Schmerz beraten,
was wahr ist, rückt den Stein von deinem Grab.[32]

Die Dichter sollen nun gerade nicht den Schmerz verschweigen oder leugnen – den »großen geheimen Schmerz, mit dem der Mensch vor allen anderen Geschöpfen ausgezeichnet ist«. Sie sollen ihn im Gegenteil »wahrhaben und noch einmal, damit wir sehen können, wahrmachen. Denn wir wollen alle sehend werden. Und jeder geheime Schmerz macht uns erst für die Erfahrung empfindlich und insbesondere für die der Wahrheit«, schreibt sie in der Rede anlässlich der Verleihung des Hörspielpreises der Kriegsblinden.[33] Wahrheit ist folglich der höchste Anspruch, der an Dichtung gestellt werden kann, und sie wird nicht intellektuell vermittelt, sondern zielt »auf unser Herz«:

»Gedichte zu schreiben, scheint mir das Schwerste zu sein, weil hier die Probleme des Formalen, des Themas und des Vokabulars in einem gelöst werden müssen, weil sie dem Rhythmus der Zeit gehorchen und dennoch die Fülle der alten und neuen Dinge auf unser Herz hinordnen sollen, in dem Vergangenheit, Gegenwart und Zukunft beschlossen liegen.«[34]

Ingeborg Bachmanns Beziehung mit Max Frisch war eine höchst problematische, für beide, skandiert von Ängsten und Sehnsüchten, von Distanzierungen und Neuanfängen, von Eifersucht und auch von Konkurrenz.[35] Eine literarische Zusammenarbeit gab es nicht, dazu waren beide viel zu unterschiedlich. Er schrieb schnell, sie quälte sich, musste sich von ihren Verlagen dauernd mahnen lassen, fühlte sich unter Druck gesetzt. Nach vier Jahren, während denen er ihr auch einmal die Ehe angetragen haben will, die sie nicht wollte, trennten sich Max Frisch und Ingeborg Bachmann Ende 1962 endgültig.

Gemeinsam benutzt: Jahreszeiten, Bücher und eine Musik.
Die Schlüssel, die Teeschalen, den Brotkorb, Leintücher und ein Bett.
...

Nicht dich habe ich verloren,
sondern die Welt.[36]

Sie brach zusammen und musste – nicht zum ersten Mal – für längere Zeit ins Krankenhaus. Nur langsam erholte sie sich. Er schrieb den 1964 erschienenen Roman »Mein Name sei Gantenbein«, der ohne weiteres als Schlüsselroman gelesen werden kann, darin er leicht wiedererkennbar seine Beziehung mit der Dichterin und sie als Person schildert. Literarisch ausgeschlachtet, zum Rohmaterial von Texten zu werden, hat sie tief gekränkt. Natürlich war das ein Verrat, ein furchtbarer.

Die Darstellung in »Montauk« hat sie nicht mehr erlebt. Sie selbst verarbeitete Aspekte der Beziehung – wie die anderer Beziehungen mit Männern – in ihrem Todesarten-Projekt, das sie die nächsten Jahre beschäftigen sollte.

Ihrer Genesung gewiss nicht förderlich war ihr anschließender fast zweijähriger Berlin-Aufenthalt, der mit einem einjährigen Stipendium der Ford Foundation begann. Sie hatte dort Freunde und Kollegen; lernte neue Menschen wie den polnischen Romancier Witold Gombrowicz kennen. Legendär ist der Fahrradclub, den sie mit Uwe Johnson und Hans Werner Richter ins Leben rief. Man machte Radausflüge in den Grunewald oder die Umgebung.

Ungeachtet ihrer Divenallüren, die das gar nicht nahelegen, betätigte Ingeborg Bachmann sich immer wieder sportlich, fuhr Rad, auch später in Rom mit Freundinnen, wanderte und versuchte anscheinend, den Depressionen und den gesundheitlichen Schädigungen durch Rauchen, zu viel Alkohol und Medikamentenmissbrauch (der wohl in der Berliner Zeit begann) etwas entgegenzusetzen.[37]

Aber sie hasste Berlin, verließ es 1965, um wieder nach Rom zu ziehen, in ihr mittlerweile zwar entzaubertes, aber immer noch »erstgeborenes Land«, den Süden. Sie war viel unterwegs. Lesereisen durch die Bundesrepublik und Polen gehörten zu ihrem Schriftstellerinnenalltag. Begleitet von ihrem jungen Freund, dem Publizisten und Filmautor Adolf Opel, mit dem sie eine vergleichsweise unkomplizierte Liebesbeziehung verband, besichtigte sie noch zur Berliner Zeit Prag und Ägypten.[38] Die ägyptischen Reiseerfahrungen wob sie in ihren Fragment gebliebenen Roman »Der Fall Franza« ein. In die Schilderung des desaströsen Scheiterns einer Liebe sind, literarisch verändert, auch Aspekte der Trennung von Max Frisch eingegangen.

Das Todesarten-Projekt stellte sie auf Lesereisen in Deutschland vor. »Der Fall Franza« wurde erst postum veröffentlicht; der Roman »Malina« erschien bereits 1971 im Suhrkamp Verlag. Bachmann wechselte zu Suhrkamp, nachdem der Piper Verlag, bei dem sie unter Vertrag war, Gedichte der russischen Lyrikerin Anna Achmatowa von dem ehemaligen Nazi Hans Baumann hatte übersetzen lassen. Piper hielt zwar die Rechte an dem Roman, akzeptierte aber stattdessen die Erzählungen, die unter dem Titel »Simultan« 1972 erschienen.

»Malina« wurde von der Kritik äußerst skeptisch aufgenommen, vom Publikum hingegen gut. Der Roman avancierte in den Jahren danach zu einem der meistbesprochenen Werke Ingeborg Bachmanns, ganz besonders geschätzt in der Gender-orientierten Kritik, während die Lyrik in der kritischen Aufmerksamkeit etwas in den Hintergrund rückte. Die Lyrik hatte freilich ihren Ruf begründet.

Ihr Leben lang war Ingeborg Bachmann viel krank, oft depressiv; sie verbrachte lange Zeiten in Kliniken. Infolge der medizinischen Behandlungen wurde sie medikamentenabhängig; hinzu kam eine Alkoholabhängigkeit. Vermutlich aufgrund der dadurch ausgelösten herabgesetzten Schmerzempfindung und Benommenheit geschah der Unfall, der sie das Leben kostete. Sie zog sich in einer Septembernacht in ihrer römischen Wohnung schwere Verbrennungen zu, an denen sie einige Wochen später starb. Man vermutet, die Raucherin sei im Bad mit einer brennenden Zigarette in der Hand ohnmächtig geworden.

»Ich glaube (…) dass wer Gedichte schreibt, Formeln in ein Gedächtnis legt, wunderbare alte Worte für einen Stein und ein Blatt, verbunden oder gesprengt durch neue Worte, neue Zeichen für Wirklichkeit, und ich glaube, dass wer die Formeln prägt, auch in sie entrückt mit seinem Atem, den er als unverlangten Beweis für die Wahrheit dieser Formeln gibt. (…) Das Spielfeld ist die Sprache, und seine Grenzen sind die Grenzen der fraglos geschauten, der enthüllt und genau gedachten, der im Schmerz erfahrenen und im Glück gelobten und gerühmten Welt.«[39]

Das Mädchen, das Gott sein wollte

Sylvia Plath
(1932–1963)

Sylvia Plath polarisiert. Für manche ist sie eine der größten und sprachmächtigsten Dichterinnen des 20. Jahrhunderts; für andere eine mythische Gestalt, die die Tragik ihres eigenen Lebens auf eindrückliche Weise in Dichtung transformierte und ihr damit Allgemeingültigkeit verlieh. Für wieder andere ist sie eine hysterische Selbstdarstellerin, die sich und ihre Gefühle in ihren Gedichten allzu unmittelbar austobte und auf effekthascherische Weise inszenierte.

Sylvia Plath wurde am 27. Oktober 1932 in Boston als erstes Kind eines deutschstämmigen Professors für Entomologie (Insektenkunde) und einer Lehrerin mit österreichischen Wurzeln geboren.[1] Zwei Jahre später kam ihr Bruder auf die Welt. Die Mutter Aurelia Schober-Plath, wesentlich jünger als ihr Mann Otto, lebte völlig in dessen Schatten und gab alle eigenen Wünsche auf, um die Kinder großzuziehen und ihren Ehemann bei seiner Arbeit zu unterstützen – sie tippte seine Manuskripte und half ihm bei seinen Forschungen. 1940 starb Otto Plath; ein schwerer Verlust für die Kinder. Noch Jahrzehnte später setzte sich die Tochter mit dem abwesenden Vater auseinander. Im Gedicht »Der Koloß« schildert das sprechende Ich Bemühungen um ein adäquates Bild des Vaters: »Ich werde dich nie wieder ganz zusammenkriegen, / Vollständig, verleimt und richtig gegliedert.«[2] In »Daddy« rechnet sie auf aggressive Weise mit ihm ab: »Papi, ich mußte dich töten. /Du starbst, bevor ich soweit war –« Nur so kann sie sich endlich aus dem metaphorischen engen »schwarzen

Schuh« befreien, »in dem ich gelebt habe wie ein Fuß/ Dreißig Jahre lang«.[3]

Nach dem Tod ihres Mannes zog Aurelia Schober-Plath, die später die Briefe ihrer Tochter publizierte, mit den beiden Kindern landeinwärts und suchte die Familie als Lehrerin durchzubringen; ihre Eltern halfen ihr dabei. Zu dem Zeitpunkt schrieb die kleine Sylvia bereits Gedichte und wusste, dass sie Autorin und berühmt werden wollte.

Die junge, ehrgeizige und zielstrebige Sylvia war eine sehr gute Schülerin und erhielt 1950 ein Stipendium für das Smith College, Wellesley, das sie 1955/56 mit Bestnoten abschloss. Dazwischen lagen erste Veröffentlichungen, beispielsweise in der Zeitschrift »Seventeen« und im »Christian Science Monitor«, und im Sommer 1953 die Zeit als Gast-Redakteurin bei der US-amerikanischen Ausgabe der Zeitschrift »Mademoiselle« in New York. Die Zeitschrift schrieb jedes Jahr zwölf solcher Stipendien für begabte junge Studentinnen und Autorinnen aus. Eine glamouröse Chance also, auf die angeblich »Tausende anderer Collegemädchen in ganz Amerika neidisch« waren, wie Sylvia Plath in ihrem autobiographischen Roman »Die Glasglocke« schreibt.[4] Nach dem sehr guten Abschluss des Colleges ermöglichte ihr ein Fulbright-Stipendium das Studium in Cambridge (England).

Ein erfolgreiches Leben also – dessen dunkle Seiten freilich immer sichtbarer wurden. Tatsächlich wurden die Wochen bei »Mademoiselle« wohl zu einem katastrophalen Sommer für die junge Sylvia, die völlig aus der Bahn geriet und ihr Leben nicht mehr im Griff hatte. Die Suche nach Liebe, nach Sexualität, nach Anerkennung, nach Orientierung in der Welt misslang in ihrer eigenen Perspektive gründlich. Wieder zu Hause, erlitt Sylvia Plath einen Zusammenbruch. Sie unternahm einen Selbstmordversuch mit Schlaftabletten, versteckte sich in einem Hohlraum im

Keller des Hauses, das sie mit Mutter und Bruder bewohnte, und hinterließ einen Abschiedsbrief. Man fand sie nach zwei Tagen, lebend. Es folgte ein etliche Monate währender Aufenthalt in einer psychiatrischen Klinik, in der sie unter anderem mit Elektroschocks behandelt wurde. Die wohlhabende Schriftstellerin Olive Higgins Prouty, die ihr bereits den Collegebesuch finanziert hatte, kam für die Kosten auf, so dass sie in eine bessere Klinik gehen konnte. Das änderte nichts an der traumatischen Erfahrung dieser Monate.

Das Jahr 1953 – die Zeit bei »Mademoiselle«, erste Liebesbeziehungen, die Versuche, sich in ihre Rolle als Frau einzufinden und den entsprechenden gesellschaftlichen Erwartungen gerecht zu werden, schließlich die Psychiatrie – schildert Sylvia Plath in fiktionalisierter Form in der »Glasglocke«. Schlimme Depressionen prägten weiterhin ihr Leben, im Wechsel mit euphorischen Phasen oder solchen, die sie zumindest nach außen euphorisch darstellte.

Die 1950er Jahre waren die nach dem Senator Joseph McCarthy benannte McCarthy-Ära, geprägt vom militanten Antikommunismus, der einherging mit vehementem Nationalismus und der Ablehnung aller Abweichungen von einer restriktiven gesellschaftlichen Norm. Die Rollenverteilung zwischen den Geschlechtern war klar: Frauen lebten dafür, einen Mann zu finden, um dann seinen Haushalt zu führen und die Kinder großzuziehen. Sexuell attraktive Selbstinszenierung war dafür ebenso wichtig wie weibliche Keuschheit. Die seit Jahrhunderten bekannte Doppelmoral war die unausweichliche Folge. Junge Mädchen durften Petting haben, aber nicht mit ihren Freunden schlafen; die jungen Männer hingegen stießen sich die Hörner ab.

Auch das fand Einzug in die »Glasglocke«. Die Beziehung zu Esthers erstem festen Freund, ohnehin schwierig, weil sie ihn eigentlich langweilig findet, geht zu Ende, als sie davon erfährt, dass er eine sexuelle Affäre mit einer Kellnerin hatte, während sie sich für ihn »rein« erhält. Sie ekelt sich so vor dieser Unaufrichtigkeit, dass sie ihn verlässt.

Die Suche nach Liebe und Sex muss für die junge Sylvia, wie für viele ihrer Zeitgenossinnen, ein wichtiges Thema gewesen sein. Es gab Freunde und Liebhaber, wie Gordon Lameyer oder den in Yale studierenden Medizinstudenten Dick Norton, der sie einmal mit in die Klinik nahm, einer Obduktion und einer Geburt beiwohnen ließ und der schließlich wegen Tuberkulose ins Sanatorium musste. Mit Richard Sassoon, einer romantisch-düsteren Gestalt, verbrachte sie gegen Ende ihrer Collegezeit heimliche Wochenenden in New York. Ihn liebte sie heftig, was sie nicht an einer Affäre mit einem Mathematikprofessor hinderte. Noch 1956 schrieb sie an ihre Mutter: »In Sachen Heirat, mach Dir bitte keine Sorgen, daß ich irgendeinen Idioten heirate, oder gar einen, den ich nicht liebe. (…) Mich schaudert's bei dem Gedanken, wieviele Männer bereit wären, einen kleinen Teil von mir als das Ganze zu akzeptieren, und damit ganz glücklich wären.«[5]

Sie wollte gesehen und geliebt werden, wie sie war oder zu sein glaubte, und sie suchte ihre ganz unverwechselbare Identität als Frau, als Intellektuelle und als künftige Autorin. Zugleich war sie auf die begrenzten Möglichkeiten angewiesen, die die Kultur, in der sie lebte, ihr bot.

Sie wollte alles: Ehefrau, Akademikerin, Dichterin sein.[6] Und alles wollte sie in Perfektion verkörpern. Sie lernte, machte emotionale und sexuelle Erfahrungen, wozu Illusionen und Enttäuschungen ebenso gehörten wie Angst und Sehnsucht – und sie schrieb darüber.

Sitzengelassen

Meine Gedanken sind mies und fahl,
Wie Essig meine Tränen

Oder wie das bittere, blinkende Gelb
Von Säure-Sternen.

…

Während wie eine frühe Sommerzwetschge,
Mickrig, grün und herb,
Matt an seinem welken Stengel hängt:
Mein dürres, ungereiftes Herz.[7]

Verbunden war die rastlose Suche nach Liebe und Sexualität mit dem dringenden Wunsch nach Selbstbestätigung als Autorin, als Intellektuelle, als Frau – als erotisch attraktive Frau. Sie war ehrgeizig auf allen Gebieten. Und maßlos in ihrer Gier nach Bestätigung, in ihrer inneren Zerrissenheit und in ihrem Anspruch, die Beste, Größte, Schönste von allen zu sein: perfekt eben. Dieser unbändige Drang zeigte sich schon sehr früh und änderte sich zeit ihres Lebens nicht wesentlich:

»Ich glaube, ich möchte allwissend sein … Ich glaube, ich würde mich gern ›das Mädchen, das Gott sein wollte‹ nennen. (…)

Manchmal versuche ich, mich an die Stelle eines anderen zu versetzen und bin erschrocken, wenn ich merke, daß mir das fast gelingt. Wie fürchterlich, jemand anderes als ich zu sein. Mein Egoismus ist schrecklich. Ich liebe mein Fleisch, mein Gesicht, meine Glieder mit überwältigender Hingabe.«[8]

Dieses 1949 verfasste Tagebuchbekenntnis zum eigenen Narzissmus geht dann in die Einsicht über, dass sie sich ein idealisiertes Bild von sich selbst geschaffen habe – und es mündet schließlich in sein Gegenteil, nämlich in den abgrundtiefen Zweifel an sich selbst, ja in Selbsthass:

»Nie, nie werde ich die Perfektion erreichen, nach der ich mich mit meiner ganzen Seele sehne – meine Bilder, meine Gedichte, meine Geschichten – alles jämmerliche, dürftige

Reflexionen … denn meine Abhängigkeit von den Konventionen dieser Gesellschaft ist viel zu groß …«[9]

Diese krassen Gegensätze gehören zusammen und ziehen sich durch Sylvia Plaths Leben. Sie will etwas ganz Besonderes, einzigartig und überragend sein und zugleich den Ansprüchen der Umwelt genügen, sich anpassen. Und dann wieder tadelt sie sich für ihre Abhängigkeit von anderen, zum Beispiel später von ihrem Mann. Oder für ihre Untätigkeit, für ihr Versinken in der Depression – statt zu arbeiten, etwas zu tun. Selbstverliebte Selbstüberschätzung einerseits, andererseits Selbstverachtung und Selbsthass halten sich nicht die Waage, sondern zerreißen sie.

Der Wunsch, immer akzeptiert zu werden, hatte unterschiedliche Selbstinszenierungen zur Folge. Deutlich zeigt sich der Gegensatz in den »Briefen nach Hause« an ihre Mutter, in denen sie ihr Leben am College und an der Universität oft positiv skizziert oder dem Negativen wenigstens eine gute Wendung gibt. In den Briefen an Freunde und Bekannte und schließlich in den Tagebucheintragungen zeichnet sie ein viel düstereres Bild.

Auch in der Lyrik thematisiert Plath den Zwiespalt zwischen den unterschiedlichen Identitäten und Rollen, zwischen dem Anspruch, »gut« zu sein – den gesellschaftlichen Ansprüchen an eine Frau zu genügen –, und dem tatsächlichen, dem hässlichen, bösen Ich:

Da komme ich nie heraus! Von mir gibt es jetzt zwei:
Diese neue, absolut weiße Person und die alte gelbe,
Und die weiße Person ist gewiß die überlegene.
Sie braucht keine Nahrung, sie ist eine von den wahren
Heiligen.[10]

Als Schreibende hatte sie erste Erfolge, Gedichte und Erzählungen von ihr wurden veröffentlicht, sie galt als begabt und erhielt kleinere Preise. Aber sie wollte mehr. Sie wollte Ruhm und Geld verdienen mit ihrer Arbeit, denn sie hatte durchaus den Markt im Auge. Ganz sicher wollte sie jedoch keine zuckrige Unterhaltungsschriftstellerin werden, wie sie sie im Gedicht »Female Author« ironisiert. Da entwirft sie das Bild einer Autorin, die vor harten Realitäten zurückschreckt, dennoch literarisch mit den »Knochen der Welt« Schach spielt: in aller Sicherheit, in femininem Luxus und luxuriösen, rosentapezierten Zimmern, wo sie »chocolate fancies« frönt.[11] Das war die gesellschaftlich anerkannte Form weiblichen Schreibens, die ungefährliche Unterhaltungsliteratur produzierte, kitschig und zuckrig. Eine solche Autorin, die trotz ihrer finanziellen Erfolge als Schriftstellerin kaum ernst zu nehmen ist, stellte ganz gewiss nicht Sylvia Plaths Idealbild dar, sondern eher das Gegenteil dessen, was sie sein wollte – und was sie wurde. Sylvia Plaths literarisches Programm war das ernstgemeinte Spiel mit den Knochen. Ihre Texte provozieren mit der Thematisierung von Gewalt, Hass, von Hässlichkeiten und Scheußlichkeiten. Das Gedicht »18. April« etwa beginnt geradezu expressionistisch: »Der Schleim all meiner gestrigen Tage/verrottet in meiner Schädelhöhle.«[12] Derart provokante, an die Modernität eines Baudelaire oder Rimbaud erinnernde Bilder passten nicht in die US-amerikanische Mainstream-Kultur der damaligen Zeit und waren doch genau das, was als innovativ und fortschrittlich gelten konnte.

In ihren frühen Gedichten probierte Plath unterschiedliche Formen und Techniken aus und entwickelte große Gewandtheit. Sie beherrschte das Sonett so gut wie das Tagelied, die Volksliedstrophe und viele andere traditionelle und moderne Formen, und ihre Reime sind geläufig.

Wichtige Themen sind, wie auch in den späteren Gedichten, Sehnsucht nach Liebe, Verzweiflung, Vergänglichkeit und das Leiden daran, Tod und Todessehnsucht, Hass und

Zorn auf eine unvollkommene und fremde Welt. Es finden sich aber auch exakte Beschreibungen kleiner Dinge und Ereignisse, von Szenen und Momenten, die durch sprachlich-visuelle Genauigkeit und fehlerfreie Metrik und Reimschema oder Musikalität bestechen.

Sie experimentierte mit Klängen, mit Bildern und Wörtern, fügte Bilder aneinander, die scheinbar nicht zueinander gehören, und schuf neue Zusammenhänge, ganz im Sinne avantgardistischer Dichtung – ähnlich dem Surrealismus und doch nicht surrealistisch. Viele der Gedichte wirken wie Fingerübungen einer hochbegabten jungen Lyrikerin und wurden so auch von der späteren Kritik beurteilt. Das bereits zitierte Gedicht »Sitzengelassen« zeigt deutlich, wie gewollt und bemüht originell manche Wendungen, Wortzusammensetzungen und Bilder sind. Sylvia Plath ist bekannt dafür, dass sie konsequent ein Wörterbuch benutzte, wenn sie schrieb, und dass sie oft ungewöhnliche Wörter heraussuchte, um sie in ihren Texten zu verwenden.

Ende 1955 ging Sylvia Plath mit ihrem Fulbright-Stipendium nach Cambridge und versuchte, sich nicht nur an das neue Land und neue Menschen, sondern auch an das andere Universitätssystem zu gewöhnen. Das fiel ihr nicht immer leicht, in vielem erschien Europa damals den USA gegenüber als rückständig, etwa was die Wohnverhältnisse anging.

Auf einer Party der Literaturzeitschrift »St Botolph's Review« am 25. Februar 1956 lernte sie den Lyriker und Mitbegründer der Zeitschrift Ted Hughes kennen. Es war eine heftige, leidenschaftliche, kurze Begegnung – oder zumindest stellt sie es in ihrem Tagebuch so dar: ein leeres Zimmer, er küsst ihren Hals, sie beißt ihm die Wange blutig.[13] Ihrer Mutter gegenüber erwähnt sie den »sehr begabten Ex-Cambridger Dichter (...) der einzige Mann bisher, der so stark ist, daß wir einander ebenbürtig wären«.[14]

Sie glaubte, dass sie ihn nie wiedersehen würde, nahm einen anderen Freund mit zu sich nach Hause und war damals ohnehin noch halb liiert mit Richard Sassoon, der in Paris studierte: »Wie du vermutlich weißt, ist Richard Sassoon in der Tat der einzige Junge, den ich bisher geliebt habe; er ist bei weitem der geistreichste, intuitivste, lebendigste Mensch, den ich kenne. Doch er zahlt dafür mit Phasen tiefster Depression und schwacher Gesundheit«, schrieb sie am 25. Januar 1956 an ihre Mutter.

Mit einem Freund reiste sie in den Semesterferien nach Paris, wo sie – vergeblich – Richard zu treffen hoffte. Und schon bald nach ihrer Rückkehr nach Cambridge schrieb sie am 19. April einen Jubelbrief nach Hause über ihr neues Glück mit Ted Hughes: »Ich bin so voller Gedichte, Tag für Tag; meine Freude redet mit tausend Zungen … Ich fühle, wie meine Stärke wächst. (…) Ich verehre ihn nicht bloß abgöttisch, ich sehe ihm mitten ins Herz.«[15]

Wenige Monate später heirateten sie und verbrachten Flitterwochen in Spanien. Sylvia Plath schien gefunden zu haben, was sie suchte: eine große Liebe, gesellschaftliche Anerkennung als Ehefrau, einen Mann, mit dem sie sich über Literatur und vor allem über ihre jeweilige Arbeit austauschen konnte, einen Lebensstil, den sie als außerordentlich lebendig und unkonventionell erlebte. Sie muss sehr verliebt gewesen sein. Ihre 1956 entstandene »Ode an Ted« ist ein ungebrochen positives Liebesgedicht. Den Anfang macht eine anschauliche Beschreibung ihres Mannes in der Natur, eines Mannes, der sich in der Natur zu Hause fühlt:

Unterm Stiefel-Knirschen meines Mannes
stechen grüne Hafersprossen heraus;
er ruft einen Kiebitz, scheucht Kaninchen auf,
packt eins äußerst flink am Bein

in Zweigen einer Brombeerhecke,
verfolgt den Rotfuchs, das listige Wiesel.

Die dritte Strophe idealisiert, ja vergöttert den Geliebten geradezu. Er bringt alles zum Wachsen – in der Natur und im übertragenen Sinne wohl auch in der Liebenden: »Auf seinen kleinsten Blick hin tragen karge Flächen, / ein jedes wie von Fingern durchgepflügte Feld / treibt Stengel aus, Blatt, fruchtknotiges Smaragdgrün.«

Die Natur will ihm Gutes: »Ringeltauben ruhen wohl in seinem Wald, / flechten Lieder ein in die Stimmung, / in der er flaniert.«

Schließlich wird der Geliebte mythisiert, indem er in Verbindung mit Adam gebracht wird: »doch wie äußerst froh / kann dieses Adams Frau sein, / wenn die ganze Erde, von seinen Worten aufgerufen, / hochspringt, solchen Mannes Blut zu loben!«[16]

Das Gedicht lässt viele Deutungen zu. Der Mann versteht sich auf die Natur, er ist selbst Natur, ja eine Naturkraft (die die Frau überwältigt). So deutet sie das Gedicht selbst in einem Kommentar an ihre Mutter.[17] Er ist Adam, der erste von Gott geschaffene Mensch, der in seinem Paradies wandelt, noch vor dem Sündenfall. Die ganze Erde jubelt ihm zu – genauer: seinem Blut. Seiner Schöpferkraft also, seiner Leidenschaft. Das ist ein entzücktes Liebesgedicht, das den Geliebten idealisiert. Aber das Gedicht kann auch ironisch gedeutet werden; spätestens die Wendung »doch wie äußerst froh kann dieses Adams Frau sein« ist ein Beleg dafür; aus dieser Perspektive gewinnt auch die übermäßige Idolisierung ein anderes, ein ironisches Gesicht – je nachdem, wie man sie liest. Und schließlich spielt das Gedicht auf Hughes' Dichtung an, die häufig um Naturmotive kreist.

Die andere Seite der idealisierenden Liebe ist Eifersucht.

Das Gedicht »Die Würgerin«, ebenfalls 1956 entstanden, malt beklemmend die unentrinnbare Einsamkeit und die Eifersucht des lyrischen Ich auf den schlafenden Mann, dessen Träume ihr auf immer unzugänglich sind. Es bedarf keiner Rivalin – es genügt die Tatsache, dass er im Schlaf in seiner eigenen Welt lebt, zu der sie niemals Zugang haben kann und aus der sie ihn wütend am Morgen weckt, um ihm alles das im Wachsein wegzunehmen, ihn auszusaugen mit einer Gewalttätigkeit, die sich im Laufe der Nacht aufgebaut hat. Am Anfang ist sie neidisch, aber vor allem sehnsüchtig. Am Ende hat sich die Sehnsucht in Hass auf den verwandelt, der sich so entzieht. Der Wille, ihn unter Kontrolle zu bekommen, ihn – koste es, was es wolle – zu besitzen, kennt keine Grenzen mehr:

So ausgehungert, muß sie wütend warten
Bis zum Vogellärm im Morgengrauen,
Wenn ihr Würgerinnen-Gesicht
Sich hinüberlehnt, jene verschlossenen Lider aufzupicken,
Kronen und Paläste aufzufressen, alles,
Was nachtlang ihr das Männchen stahl,
Und mit rotem Schnabel
Anzustechen und auszusaugen
Den letzten Blutstropfen dieses streunenden Herzens.[18]

Ein kaum aushaltbares explosives Gefühl wird evoziert. Der Clou liegt darin, dass der titelgebende Würger, englisch »shrike«, ein ornithologischer Begriff ist und eine Singvogelgattung bezeichnet.[19] Das Gedicht überblendet das breite Spektrum der menschlichen Emotionen mit einem Vogel und ist in der Bildlichkeit konsequent durchgeführt: Er ist schlafgefiedert, die Freunde mondfiedrig; ihr Kopf ist ein Käfig, in dem sie gefangen ist; sie pickt seine Lider auf, ihr Schnabel ist rot. Das Geschehen wird verfremdet, zugleich in seiner Wirkung verstärkt, es wird poetisiert und als natürliches Geschehen dargestellt, das sich der Kontrolle und dem Wohlverhalten entzieht.

In einem längeren Gedicht (»Der Schneemann auf der Heide«) thematisiert sie einen heftigen Streit zwischen Liebenden, der sowohl auf persönliches Erleben verweist als auch auf eine literarische Vorlage, auf Shakespeares »Der Widerspenstigen Zähmung«. Zugleich stellt es eine Analyse zwischenmenschlichen Verhaltens dar, in dem der private Streit einem Krieg gleichgesetzt wird:

Patt – ihre Armeen standen mit wankenden Bannern:
Sie stürzte fort aus einem Raum
Nachhallend vom Kriegslärm aus Schimpf und Schande

Und ließ ihn voller Zorn zurück
Das Kohlenfeuer anfunkeln: »Komm, such mich« – ihre letzte Provokation.[20]

Er freilich folgt ihr nicht, und sie »stolzierte fort vom Haus, / Störrisch wie ein getriebenes Gespenst«, nur um am Ende »randvoll mit lindem Gesäusel / Und sanfter Gehorsamkeit« nach Hause zurückzukehren.[21]

Tatsächlich trat in der Ehe wohl recht schnell ein, was man angesichts so starker Idealisierung erwarten muss: Das Bild bröckelte, die Realität zeigte sich komplizierter, als sie das erwartet hatte. Der Jubel über den starken Mann an ihrer Seite (»Gesund ist er und riesig groß«, hatte sie an ihre Mutter geschrieben[22]) wich einem Alltag, in dem die Stärke auch ihr anderes Gesicht zeigte. Ihre eigene Stärke, die sie so beglückt gepriesen hatte, schien zu schwinden; Konkurrenz war unausweichlich. Er hatte literarische Erfolge, die sie (noch) nicht aufzuweisen hatte. Sie musste hart kämpfen, um nicht immer mehr in die Rolle der »Frau von ...« zu geraten.

Neid und Eifersucht tobten sich in wüsten Szenen aus; er entzog sich mehr und mehr. Zugleich engagierte sie sich sehr für Hughes' Arbeit und veranlasste ihn, seine Gedichte an Zeitschriften und Verleger zu schicken, beziehungsweise tat sie das für ihn. Sein erster Gedichtband gewann einen renommierten Literaturpreis und wurde 1957 in England und den USA publiziert.

Und natürlich arbeitete sie unablässig an eigenen Texten weiter, an Essays, Rezensionen, Gedichten. Hughes schreibt, ihre Gedichte hätten sich 1956 deutlich verändert; alles, was sie davor geschrieben hatte, betrachtete sie selbst fortan als Juvenilia, die sie niemals wieder veröffentlicht hätte. Ihre Gedichte wurden freier, kühner, weniger an Vorbildern orientiert. In dieser Zeit entstand ihr erster Gedichtband »Der Koloß«, der 1960 in England und 1962 in den USA unter dem Titel »The Colossus« veröffentlicht wurde.

Plaths Gedichte kreisen immer um sie selbst. Oder anders gesagt: Anlässe ihrer Texte sind Selbsterlebtes und Selbstgefühltes. Aber sie verändert es und macht daraus etwas Neues. Immer wieder betonte sie, dass Dichtung für sie Arbeit war und nichts mit privaten Tagebuchergüssen zu tun hatte. Ted Hughes erklärt im Vorwort zu ihren gesammelten Gedichten, die er 1982 herausgab (und für die sie postum den Pulitzer-Preis erhielt), sie habe nichts dem Zufall überlassen und sich wie eine Handwerkerin verhalten: »Wenn sie aus dem Material keinen Tisch machen konnte, war sie ganz zufrieden, wenn sie einen Stuhl daraus machte oder sogar ein Spielzeug.«[23] Das Gedicht »Selbstgespräch einer Ich-Bezogenen« lässt sich ebenso gut als (ironische) Reflexion über die Psychologie der Wahrnehmung wie als Liebesgedicht oder auch als poetologisches Gedicht lesen, in dem es heißt, dass Dichtung nichts ausdrücke, sondern etwas hervorbringe:

Ich
Wenn guter Laune
Gebe dem Gras sein Grün
Schmücke den Himmel mit Blau und beschenke die Sonne
Mit Gold;
Doch in meiner eisigsten Stimmung bin ich
Machtvollkommen,
Vereitele Farbe und verbiete jeder Blume
Das Sein.[24]

Plath und Hughes gingen 1957 in die USA, wo sie an ihrem alten College unterrichteten. 1958 aber gaben sie die Lehre auf und zogen nach Boston, um sich dem Schreiben zu widmen. Im folgenden Jahr reisten sie durch die USA und lebten anschließend einige Wochen in der Yaddo Artists' Colony. Das war eine glückliche Zeit für Sylvia Plath, die endlich ungehindert von Lehr- und Haushaltspflichten (die offenbar allein ihr oblagen) zum Schreiben kam und viel Anregung erhielt. Anfang 1960 kehrten sie nach England zurück, wo die Tochter Frieda geboren wurde. Die Familie lebte erst in London, 1961 kauften Plath und Hughes ein altes Haus in Devon und zogen aufs Land, wo Anfang 1962 Nicholas auf die Welt kam.

Kind

Dein klares Auge ist das einzig absolut Schöne.
Ich möchte es füllen mit Farbe und Enten,
Dem Zoo des Neuen.[25]

Sylvia Plath begeisterte sich zunächst für das Leben auf dem Land. Sie begann sich für Bienenzucht zu interessieren (wie erinnerlich, war ihr Vater Entomologe gewesen) und schrieb eine Serie von Gedichten darüber, die nicht als realistische Beschreibungen, sondern in hohem Maße metaphorisch zu lesen sind.

Sie kümmerte sich um Haus und Garten oder vernachlässigte auch mal beides; das Ehepaar arbeitete hart und versuchte sich ein klares Gerüst von Arbeitszeiten und Disziplin zu geben; vor allem er fuhr öfter nach London, um Sendungen in der BBC aufzunehmen oder Kontakte zu pflegen. Ansonsten versuchten sie, sich, soweit möglich, in das Dorfleben einzufügen – was ihm, der vom Land kam, leichter fiel als ihr, die es recht bald öde und intellektuell frustrierend fand, der es schwerfiel, dem langsamen Sterben eines alten Nachbarn beizuwohnen, und die zunehmend eifersüchtig auf ihren Ehemann wurde, der immer häufiger abwesend war.

Eindrucksvoll evoziert das Gedicht »Ereignis« die Stimmung zwischen zwei Menschen, die sich einst geliebt haben und nun noch immer im selben Bett liegen, jedoch getrennt voneinander durch eine tiefere Kluft, als es der reale Raum je sein könnte:

Liebe kann nicht hierherkommen.
Eine schwarze Kluft tut sich auf.
Vom Rand gegenüber

Winkt eine kleine weiße Seele, eine kleine weiße Made.
Auch meine Glieder haben mich verlassen.
Wer hat uns zerstückelt?

Die Dunkelheit schmilzt hin. Wir berühren uns wie
Krüppel.[26]

Im September 1962 trennten sich Sylvia Plath und Ted Hughes. Die Ehe war längst weit von der Idealisierung der ersten Zeit entfernt. Es fällt schwer, den vehementen, vollkommen einseitigen Schuldzuweisungen der hochkomplizierten Sylvia Plath Glauben zu schenken. Sie sah sich als das Opfer. Ihr Mann hatte sich in eine andere Frau verliebt, was sie verständlicherweise nicht ertrug, zumal es sich noch um eine gemeinsame Bekannte handelte. Das Gedicht »Worte, zufällig am Telefon mitgehört« schildert hochaggressiv und voller Ekel einen Moment, in dem die Dreieckssituation offenkundig wird:

Was sind das für Wörter, für Wörter?
Sie plumpsen wie Schlamm.
O Gott, wie soll ich je den Telefontisch sauberkriegen?
Sie pressen sich aus der viellöchrigen Hörmuschel, sie
suchen nach einem Zuhörer.
Ist er hier?[27]

Es folgen bodenloser Schmerz, Klagen, Schuldzuweisungen, die Selbstgerechtigkeit, die Angst. Vor allem die Angst. Und es folgen Überblendungen eines privaten Schicksals mit dem Holocaust und den Konzentrationslagern, die Harold Bloom zu Recht als vollkommen unangemessen kritisiert. So zum Beispiel in »Lady Lazarus«, das auf die biblische Erweckung des Lazarus von den Toten anspielt. Das scheinbar geschwätzige und doch dichte Gedicht handelt von Tod, Selbstmord, Auferstehung, von Gewalt und Hass, gekoppelt an eine Art moderne Version des Fin-de-Siècle-Motivs der Femme fatale, die den Männern Verderben bringt. In dem Gedicht werden alle möglichen Bilder und Motive aus den heterogensten Bereichen miteinander verkettet, die wichtigsten Motive entstammen dem Schrecken des Holocaust.

Auch in Briefen scheut sie nicht vor solchen Vergleichen zurück, indem sie ein ganz gewöhnliches privates Schicksal mit systematischem Massenmord gleichsetzt: »Erzähl mir nicht, daß die Welt etwas Heiteres braucht! Der Mensch, der aus Belsen kommt – physisch oder psychisch –, braucht keinen, der sagt, die Vögelchen zwitschern immer noch, er braucht das volle Wissen, daß noch jemand da gewesen ist und das *Schlimmste* weiß: einfach wie es dort war. Mir hilft es zum Beispiel sehr viel mehr, zu wissen, daß Leute geschieden werden und durch die Hölle gehen, statt etwas über glückliche Ehen zu hören«, schreibt sie über ihre Trennung von Hughes an ihre Mutter.[28]

Die Pläne jagen sich: sich scheiden lassen, sich nicht scheiden lassen. Nach Irland gehen, nach London ziehen. Ein eigenes Leben aufbauen. Hughes zum Teufel jagen. Ständig bittet sie andere um Hilfe und behauptet gleichzeitig, sie komme wunderbar allein zurecht. In den Briefen an ihre Mutter dreht sich alles um den angeblichen Geldmangel, die Angst, durch Hughes nicht versorgt zu werden, und die Notwendigkeit, ein gutes Kindermädchen zu finden, damit sie schreiben könne.

Denn sie schreibt. Jeden Morgen, bevor die Kinder aufwachten, schreibt sie an den Gedichten, die 1965 unter dem Titel »Ariel« veröffentlicht wurden und die heute als ihre besten gelten.

Im Dezember fand sie eine Wohnung in einem Haus, in dem der irische Dichter William Butler Yeats gewohnt hatte. Das scheint ihr ein Omen: Diese Wohnung muss sie haben. Und sie bekommt sie auch.

Im Januar erschien unter Pseudonym ihr Roman »Die Glasglocke« in England.

Sylvia Plath war am Ende ihrer Kräfte und suchte wegen ihrer Depression ihren Arzt auf, der eine medikamentöse Behandlung anordnete und einen Psychiater für sie suchte. Am 11. Februar 1963, nach einem Wochenende bei Freunden, stellte sie ihren schlafenden Kindern Milch ins Zimmer; dichtete die Ritzen der Türen ab, damit die Kinder sicher waren, schluckte Schlaftabletten, drehte das Gas auf und steckte ihren Kopf in den Backofen. Dieser Selbstmordversuch gelang. Als sie gefunden wurde, war sie tot.

Die Frau ist vollendet.
Ihr toter

Körper trägt das Lächeln des Erreichten.
Der Anschein einer griechischen Notwendigkeit

Fließt in den Schnörkeln ihrer Toga,
Ihre bloßen

Füße scheinen zu sagen: Wir kamen bis
Hierher, es ist vorbei.[29]

Gedichte öffnen die Türen

Margaret Atwood
*(*1939)*

Unvereinbare Erwartungen, Vorstellungen, Hoffnungen, Realitäten – Liebe im 20. Jahrhundert. Das ist ein spannungsreicher Stoff sowohl für Gedichte als auch für erzählende Texte.

Margaret Atwood, vermutlich die bekannteste und produktivste zeitgenössische Autorin Kanadas, ist bei uns vor allem für ihre Romane bekannt. Mit »Der Report der Magd« gelang ihr in den 1980er Jahren der internationale Durchbruch. Ihre Prosa ist in über dreißig Sprachen übersetzt worden, die deutschen Ausgaben werden fast zeitgleich mit den kanadischen veröffentlicht, zuletzt »Das Jahr der Flut« (2009).

Was viele nicht wissen: Margaret Atwood ist auch eine außerordentlich produktive Lyrikerin. Sie wollte immer Dichterin werden, ihre erste Veröffentlichung war der Lyrikband »The Circle Game« (1966, »Kreisspiel«), und sie versteht sich nach wie vor als Dichterin. Insgesamt hat sie 35 Gedichtbände verfasst. Deutsche Übersetzungen davon gibt es so gut wie nicht.[1] Damit nicht genug: Sie schreibt auch Essays und Kinderbücher. Eine bemerkenswert vielseitige Autorin also, deren Werk um große Themen kreist. Es geht ihr um die Natur – das Verhältnis der Menschen zur Natur und die Zerstörung der Natur durch die Menschen; um feministische Themen – die Lage von Frauen, das Verhältnis von Frauen zu Frauen und von Frauen zu Männern; um Mythologie und Mythos; um das Handwerk des Schreibens selbst und schließlich um Kanada, das in ihrer Jugend ein kulturelles Entwicklungsland war, wie sie oft geschrieben hat. Das wollte sie ändern.

Margaret Atwood wurde am 18. November 1939 in Ottawa geboren und wuchs in Ontario, Québec und Toronto auf.[2] Ihr Vater war Entomologe, verbrachte seine Sommer forschend und campend im Busch mit Insekten und nahm seine Familie mit dorthin. Er baute alles selbst, bis hin zur Hütte, die die Familie bewohnte. Das Leben in der Wildnis war karg, naturverbunden und lehrreich. Auch als Jugendliche verbrachte Margaret Atwood so manchen Sommer auf dem Land, weil sie als Betreuerin in Jugendcamps arbeitete. Und 1973 kaufte sie mit ihrem Lebensgefährten Graeme Gibson eine Farm in Ontario, die die beiden ein paar Jahre lang selbst bewirtschafteten.

Margaret Atwood beschreibt Aspekte ihrer Kindheit in ihren Poetikvorlesungen an der Universität Cambridge: »Als ich geboren wurde, betrieb mein Vater eine winzige Forschungsstation zur Untersuchung von Waldinsekten im Norden Québecs. Jedes Frühjahr brachen meine Eltern in den Norden auf; jeden Herbst, wenn der Schneefall einsetzte, kehrten sie in eine Stadt zurück – normalerweise in immer andere Wohnungen. Im Alter von sechs Monaten wurde ich in einem Rucksack in die Wälder getragen, und diese Landschaft wurde meine Heimat.«[3]

In der Einsamkeit gab es kaum Menschen, keine Kinos und keine Theater, das Radio funktionierte schlecht – aber es gab Bücher. Die kleine Margaret las also, sie las alles, was sie in die Finger bekam. Und das prägte ihre Weltwahrnehmung. Sie bekam ihre Verwandten nie zu Gesicht, ihre Großmütter waren, wie sie schreibt, für sie ebenso mythisch wie Rotkäppchen: »Vielleicht hat das etwas mit meinem späteren Leben als Schriftstellerin zu tun – der Unfähigkeit, zwischen der Wirklichkeit und dem Ausgedachten zu unterscheiden, oder eher noch der Einstellung, dass das, was wir für wirklich halten, auch ausgedacht ist: Jedes gelebte Leben ist auch ein inneres Leben, ein erschaffenes Leben.«[4]

Atwood und ihr älterer Bruder erzählten sich auch gegenseitig Geschichten. Mit sieben schrieb sie ihr erstes Theaterstück und führte es mit selbstgebastelten Papierpuppen auf: »Es war kein rauschender Erfolg. Mein Bruder und seine Kumpel kamen herein und lachten darüber, was mir eine erste Erfahrung mit der Literaturkritik verschaffte.«[5] Die trockene Ironie dieses Kommentars ist typisch für Atwoods Schreiben. Ihre Ironie liegt oft allein in der knappen, präzisen Beschreibung, die keines ausdrücklichen Kommentars mehr bedarf. Die Ironie bildet ein wichtiges Gegengewicht zur Ernsthaftigkeit, nicht selten Dunkelheit ihrer Themen und ihrer Perspektiven auf die Welt und die Menschen, die sie stets ohne erhobenen Zeigefinger darstellt, sie schildert einfach, wie sie sind.

Margaret Atwood las das gesamte Werk von Edgar Allan Poe, die Romane von Edith Nesbit und die Kriminalromane Conan Doyles. Zum Schrecken ihrer Eltern lernte sie die Populärkultur schätzen. In der Schule wurde großer Wert auf literarische Bildung gelegt, und dazu zählte auch der Umgang mit Gedichten, die auswendig gelernt, analysiert und interpretiert wurden. In dem autobiographischen Roman »Moralische Unordnung« beschreibt Atwood, wie ihr Alter Ego einem Schulfreund das berühmte Gedicht von Robert Browning »My Last Duchess« (»Meine letzte Herzogin«) nahezubringen versucht, damit er die Abschlussprüfung besteht. Intensiv denkt »Nell« über das Gedicht nach, spielt Möglichkeiten der Interpretation durch und lernt dabei eine Menge über die Funktion und Bedeutung von Literatur, was am Ende für ihr eigenes Leben und Schreiben bedeutsam wird. Denn, so ihre wichtigste Erkenntnis, man kann Erfahrung und Wissen niemals direkt vermitteln: »Das Ganze war zu verworren, zu versteckt. Es verbarg sich in den Geschichten.«[6] Geschichten (und Gedichte) können demnach auch die dunkleren, sonst unaussprechlichen Seiten des Lebens darstellen und begreiflich machen; sie enthalten Wahrheit und vermitteln Erkenntnis. Es handelt sich um eine andere Art Erkenntnis, als sie ein wissenschaftlicher Text zu vermitteln vermöchte, eine unmittelbarere, sinnlichere Erkenntnis. Und dieser Erkenntnis – oder besser noch: Erfahrung – widmete sich Margaret Atwood zeit ihres Lebens.

Das »wirkliche«, sprich: soziale Leben holte sie im Alter von acht Jahren ein, als sie in der Stadt mit anderen kleinen Mädchen zusammenkam. Die waren ihr ein Rätsel und blieben es, wie sie trocken vermerkt: Getuschel, Klatsch und die Unfähigkeit, ohne Getue und Ekel einen Wurm anzufassen, waren ihr, dem zwar zarten, aber doch wilden Mädchen aus den Wäldern, unverständlich. Sie passte sich an, war gut in der Schule, schloss das Victoria College in Toronto mit dem BA ab, danach studierte sie am Radcliffe College und an der Harvard University in den USA.

Und sie schrieb, immer schrieb sie – neben den unterschiedlichen Broterwerbstätigkeiten, denen sie nachgehen musste, da man in Kanada – so wenig wie anderswo – vom literarischen Schreiben leben konnte, schon gar nicht von Gedichten. »Der bloße Akt des Schreibens«, so Atwood später, »spaltet das Selbst in zwei Teile.« Denn natürlich gebe es immer die Person, die im Alltag funktioniert, Geld verdient, den Haushalt besorgt, soziale Kontakte pflegt. Auf der anderen Seite steht die Schriftstellerin, die irgendwann den Körper »übernimmt« und das Schreiben »begeht«.[7]

Wie fand sie ihre »Berufung«? Das Wort verwendet sie niemals, aber letzten Endes geht es immer wieder darum: Wie wurde sie Schriftstellerin? Und was bedeutet es, Schriftstellerin zu sein? Bei aller Unsentimentalität enthalten die Antworten darauf immer auch ein Echo der romantischen Vorstellung, dass es kein bloßer Beruf, sondern eine Berufung sei. Sie erzählt, wie sie 1956, also mit siebzehn, auf dem Heimweg von der Schule ein Fußballfeld überquerte und in ihrem Kopf ein Gedicht verfasste. Dann schrieb sie es nieder, »und danach war Schreiben das Einzige, was ich tun wollte«. Ganz gleich ob das Gedicht gut oder schlecht war: »Es war nicht das Ergebnis, sondern die Erfahrung, die mich gefangen hatte, ich war wie elektrisiert. Mein Übergang zur Schriftstellerin war so plötzlich wie die Verwandlung des braven Bankangestellten zum zähnefletschenden Ungeheuer in einem B-Movie. Hätte mich jemand gesehen, hätte er vielleicht gedacht, dass ich einer chemischen oder kosmischen Strahlung ausgesetzt gewesen wäre, einer Strahlung von der Art, die Ratten zu gigantischer Größe anwachsen oder Menschen unsichtbar werden lässt.«[8]

Die junge Margaret Atwood veröffentlichte zunächst in Universitätszeitungen. Eines Tages wurde eines ihrer Gedichte in einer »richtigen« Zeitschrift gedruckt – was für ein Glück![9] Bald gelang ihr der Zugang zu den literarischen Zirkeln Kanadas, die es zu ihrem Erstaunen tatsächlich gab: einer Welt abseits der »normalen« Welt, einer Boheme, in der es nur um Kunst ging. Sie vergleicht sie mit einem Ameisenhaufen, gut verborgen und scheinbar unzugänglich, jedoch: »Wenn man erst mal drin ist, ist man drin.«[10]

Margaret Atwood begann ihre Lyrik öffentlich zu lesen und sich einen Namen zu machen. Sie heiratete, unterrichtete Englisch an verschiedenen kanadischen Universitäten, lebte eine Weile in England, Frankreich und Italien, war dann von 1971 bis 1972 Assistenzprofessorin an der University of Toronto, und sie arbeitete als Lektorin für den neu gegründeten Verlag Anansi Press, der sich der Förderung kanadischer Autorinnen und Autoren widmete. Atwood saß im Editorial Board und veröffentlichte dort einen Überblick über die kanadische Literatur: »Survival« (»Überleben«).

Sich als schreibende Frau zu behaupten sei, wie sie immer wieder betont, sehr schwer. Nicht nur verfügte Kanada in den 1950er und 1960er Jahren über keine nennenswerte literarische Tradition; darüber hinaus waren die Zeiten für Frauen, die künstlerisch tätig sein wollten, nicht die besten. Der Trend zur Häuslichkeit war allgegenwärtig, die Geschlechterrollen hatten sich nach dem Zweiten Weltkrieg auch in Kanada in konservativer Weise verfestigt. Frauen heirateten und bekamen Kinder, Männer gingen ihren Berufen nach. Kunst galt nicht als Sache der Frau. In den sechziger Jahren jedoch begannen die Befreiungsbewegungen: die Antikriegsbewegung, die Hippiebewegung, die »Erfindung« der freien Liebe mit der Antibabypille, die Frauenemanzipation. Davon wurde Margaret Atwood sehr geprägt, aber sie musste auch erst einmal ihren Platz finden. Spuren ihrer Heimatlosigkeit und der Suche nach Lebensmöglichkeiten finden sich in »Moralische Unordnung«: Im unsteten Leben der jungen Protagonistin Nell, die nirgendwo lang bleibt, ihre Eltern weit hinter sich lassen möchte, wechselnde Liebschaften hat – und schließlich auf dem Land eine Heimat findet und damit eine sehr traditionelle Lebensform verwirklicht.

Liebesgedichte im engeren Sinne sind bei Margaret Atwood eher selten zu finden und zeugen nicht immer von Glück:

Du strecktest deine Hand aus
Ich nahm deine Fingerabdrücke.

Du wolltest Liebe
Ich gab dir nur Beschreibungen.[11]

In den resigniert wie zynisch klingenden Strophen wird auf ironische Weise die Dichterin selbst ins Spiel gebracht, für die Leben und Tod nur Anlass und Stoff ihres Schreibens sind: »Bitte stirb, sagte ich, /damit ich darüber schreiben kann« – so die Frau zum Mann.

Die Verknüpfung von Leben und Werk geschieht freilich auf sehr unterschiedliche Weisen: Mitnichten nur Selbsterlebtes, sondern ebenso auch Gedachtes, Mythisches, Beobachtetes, Gehörtes wird von der Dichterin in Literatur umgewandelt. Atwoods Ehe und ihr Privatleben finden in der Lyrik nicht statt, jedenfalls niemals direkt. Sie sagte in einem Interview, es gehe in Dichtung niemals darum, sich selbst und die eigenen Gefühle auszudrücken. Es gehe vielmehr um Zustände, darum, in den Lesenden eine Stimmung oder ein Gefühl zu erzeugen und, auch in Lyrik, eine Geschichte zu erzählen. Die Absicht der Autorin sei dabei vollkommen unwesentlich – falls sie überhaupt eine Absicht hätte.[12]

Das zitierte Gedicht fährt fort mit der Umkehrung und zeigt die Liebesbeziehung als Kampf auf Leben und Tod, als einen Kampf ums Überleben. Nun ist es nicht mehr der Mann, sondern die Frau, die zerstört wird: Nach den schönen Erfahrungen des Beginns (»alles an mir atmet dich ein«) gibt es einen »Tritt an den Kopf, orange und brutal, scharfe Juwelen/treffen und mein/Haar splittert //die Adjektive fallen von mir ab«. Schicht für Schicht wird die Erzählerin abgetragen, bis nur noch Knochen und Schädel übrig sind. Dann setzt sie ihren Körper neu zusammen, lernt neu sprechen, und das dauert jedes Mal länger, denn: »Zu viel davon ist tödlich.«[13]

Seit der Renaissance wurde Liebe als Kampf, als Geschlechterkampf inszeniert, in dem es um Werbung und Verschmähen ging. Der wird hier abgelöst von einem Kampf, in dem von Werben und Sehnsucht schon lange keine Rede mehr sein kann, nur noch von Lügen und Verletzungen:

Wenn ich dich liebe
ist das eine Tatsache oder eine Waffe?
…
Lügt der Körper
wenn er sich so bewegt, sind diese
Berührungen, Haare, nasser
glatter Marmor, über die meine Zunge geht
Lügen, die du mir erzählst?[14]

Liest man Gedichte, in denen ein »Ich« spricht, ist man leicht geneigt, dieses Ich für die Autorin zu halten. Tatsächlich ist »Ich« ein bloßer Platzhalter, ein Wort, das niemanden benennt, nichts aussagt – außer dass jemand »ich« sagt. Auch Romane werden oft von einem Ich erzählt, wir denken gewöhnlich nicht, es sei die Autorin selbst, die von ihrem eigenen Leben berichtet. Dass freilich alles, was sie eine andere Stimme erzählen und schildern lässt, von ihrer spezifischen Perspektive geprägt ist, bleibt unbestritten. Diese Perspektive ist eine persönlich-individuelle und gleichzeitig untrennbar von einer umfassenden kulturellen Sicht. Jedes Ich, so sagt Atwood, ist umgeben von vielen, vielen Schichten: von Familie, Freunden, der eigenen Stadt, dem Staat, einer Religion, einem Land, Kontinent, Welt, Sonnensystem. »Und man kann sich in Beziehung zu allen diesen Dingen setzen.«[15]

Auffallend an den beiden zitierten Gedichten ist, dass im Kampf der Liebenden Frauen wie Männer Täter und Opfer sind. Die Rollen sind nicht eindeutig und ein für alle Mal verteilt. Feminismus bedeutet bei Atwood nicht, dass die Frauen einseitig als von den Männern unterdrückte Opfer dargestellt werden. Feminismus bedeutet eher, dass Frauen sichtbar werden, dass sie ihren Platz im Leben wie in der Kunst behaupten, dass sie das Wort ergreifen und sich eine klare Meinung bilden. Und dass sie sich in Fragen einmischen, die alle angehen, die Umweltzerstörung zum Beispiel.

1972 verließ Margaret Atwood Anansi Press, ihre Ehe wurde geschieden. Ihr neuer Partner war Graeme Gibson, mit dem sie noch heute zusammenlebt und eine Tochter hat. Die beiden zogen aufs Land und kauften 1973 eine Farm in Alliston, Ontario, die sie zeitweise selbst bewirtschafteten und bis 1980 bewohnten. In »Moralische Unordnung« wird mit Witz und Unsentimentalität das harte Leben auf dem Land geschildert und mit trockener Ironie kommentiert: die Unwissenheit und Begeisterung der unerfahrenen Städter, ihr Bemühen um das Landleben, ihre Erfolge ebenso wie ihr Scheitern.

Es gibt in Atwoods Geschichten viele Tiere: Schweine, die man großzieht und dann schlachtet, obwohl sie einen Namen haben: »›Ist das Susan, was wir hier essen?‹, sagten die Jungen, während sie Braten in sich hineinschaufelten.«[16] Ein altersschwaches Pferd, das aus Mitleid aufgenommen wird und sich dann zum Herrscher über die Kühe und Schafe aufschwingt. Hühner, die in Jutesäcken »ankommen« und sich sofort an die neue Umgebung gewöhnen: »Jedenfalls schien es so: Viele Gesichtsausdrücke standen ihnen nicht zur Verfügung.«[17] Ein Huhn, das sich eines Tages absondert und seine eigenen und fremde Eier hortet, 25 Stück an der Zahl, die es auszubrüten versucht und die längst verdorben sind, als man sie findet. Lauter kleine Geschichten im scheinbar zeitlosen Hier und Jetzt, die sich zu einem Leben zusammensetzen. »Moralische Unordnung« ist aber auch die Geschichte einer schwierigen Beziehung, denn Tig – der gewisse Ähnlichkeiten mit Graeme aufweist, ohne Graeme zu sein – ist noch verheiratet, hat zwei Söhne, die das Wochenende bei ihm verbringen, und seine Noch-Ehefrau herrscht viele Jahre lang heimlich oder auch offen über das Leben von Tig und Nell. Denn auf sie und ihre Selbstverwirklichungsbestrebungen muss immer Rücksicht genommen werden – angeblich im Interesse der Jungen. Das alles ist gestaltete Literatur mit autobiographischen Zügen. Während der Zeit auf dem Land schrieb und publizierte Margaret Atwood Gedichte und Romane, was ihre Protagonistin nicht tut – die lektoriert fremde Texte.

Auch dieses Leben dauerte nur wenige Jahre. Es gab kein Ankommen für immer. Und so heißt es im Gedicht »The Moment« (»Der Augenblick«):

Der Augenblick, wenn du, nach vielen Jahren
harter Arbeit und einer langen Reise
mitten in deinem Zimmer stehst,
Haus, Viertelhektar, Quadratmeile, Insel, Land,
und endlich weißt, wie du dorthin gelangt bist,
und sagst: das gehört mir,

ist derselbe Augenblick, in dem die Bäume
ihre sanften Arme von dir lösen,
die Vögel ihre Sprache zurücknehmen,
die Felsen sich spalten und zusammenbrechen,
die Luft sich von dir wegbewegt wie eine Welle
und du nicht atmen kannst.[18]

Margaret Atwood und Graeme Gibson lebten danach in Kanada, den USA und Europa, seit 1992 sind sie in Toronto ansässig. Margaret Atwood ist eine bedeutende Person des öffentlichen Lebens geworden; sie erhielt Preise und Auszeichnungen, war Präsidentin des internationalen PEN und ist heute dessen Vizepräsidentin. Atwood und Gibson sind die gemeinsamen Ehrenpräsidenten der Gesellschaft für seltene Vögel (»BirdLife International«),[19] was ihr Engagement für die Natur ebenso belegt wie die Links der Naturschutzorganisationen, die die Autorin auf ihre Website gestellt hat.

Ihr erster Roman, »Die essbare Frau«, erschien 1969, es folgten »Der lange Traum/Strömung« (1972), »Lady Orakel« (1976), »Die Unmöglichkeit der Nähe« (1979), »Verletzungen« (1981) und schließlich »Der Report der Magd« (1985), der rasch zum Kultbuch nicht nur feministischer Leserinnen wurde, sondern all derer, die Kritik an den herrschenden Geschlechterhierarchien und den Strukturen der Konsumgesellschaft mit ihren weltweit fatalen Folgen übten. Es ist die erste große Anti-Utopie Atwoods, der Entwurf einer künftigen Welt, die sich konsequent aus der gegenwärtigen entwickelt: Die Natur wird als leblose und ausbeutbare Ware behandelt und konsequent zugrunde gerichtet. Menschen werden verdinglicht. Mittellose Frauen werden als Sex- und Gebärmaschinen für die Reichen versklavt, deren elegante Ehefrauen in müßigem Luxus leben und sich die Mühen des wirklichen Lebens ersparen. In Atwoods Neufassung der Geschichte von Penelope (»Die Penelopiade«, 2005), der Ehefrau des listenreichen Odysseus, verbergen sich ganz ähnliche Themen, freilich in völlig anderer Perspektive und anderem Kontext: die verschiedenen Formen sexueller Ausbeutung von Frauen unterschiedlicher Klassen, aber auch die Art und Weise, wie sich Frauen an der Ausbeutung anderer Menschen beteiligen. In »Oryx und Crake« (2003) geht es um die Zerstörung der Natur, Gentechnologie und die Anmaßung der Menschen, deren Technologien sie gottgleich zu machen scheinen und in Wahrheit vernichten. »Das Jahr der Flut« (2009) schildert dieselbe Welt, mittlerweile durch eine menschengemachte Seuche entvölkert – die packende Vision einer schreckenerregenden Zukunft.

Auch in der Lyrik Margaret Atwoods spielen solche Themen eine Rolle. In dem Gedicht »Bear Lament« (»Bärenklage«) wird die Sehnsucht des sprechenden Ich nach dem Trost des Bären beschworen, nach dessen natürlicher Sicherheit, der Selbstverständlichkeit seines Seins in der Welt und seiner zeitlosen Weisheit. Diese Hoffnung wird bitter enttäuscht:

Aber nein,

nicht mehr. Letztes Jahr sah ich einen Bären,
gegen den Himmel, einen weißen,
aufragend mit etwas von seiner früheren
Kraft. Aber er war dünn wie Rippen
Und wurde dünner. Als er die brandneue
Abwesenheit rechtmäßigen Futters riecht,
schmeckt es wie herausgerissener
öder Raum
bar jeder Bedeutung. So, kaum

Trost hier.[20]

Die Gewalt von Menschen gegeneinander und gegen die Natur gehört neben Fremdheit, Einsamkeit, Vergänglichkeit, Trauer und Tod zu den wichtigsten Themen von Atwoods Gedichten, vornehmlich in den frühen. Die Atmosphäre ist oft resigniert, manchmal bitter und zynisch, oft melancholisch und dennoch auch ironisch, und zuweilen blitzen Freude und Glück auf. Ein Lyrikband heißt gar »The Animals in That Country« – »Die Tiere in jenem Land« (1969). Das titelgebende Gedicht erzählt von einem Land, in dem die Tiere Menschengesichter haben, das heißt von und für Menschen funktionalisiert werden (für den Stierkampf geschmückte Stiere, ein höflicher Fuchs in der Treibjagd, legendengesättigte Wölfe). Dann wird in kürzeren Versen der Gegensatz heraufbeschworen, »jenes Land«, das den Tieren ihre Tierartigkeit lässt, also ihre wesentliche Fremdheit gegenüber den Menschen nicht leugnet:

In jenem Land haben
die Tiere die Gesichter von
Tieren.

Ihre Augen
leuchten einmal in Autoscheinwerfern auf
und sind verschwunden.

Ihr Tod ist nicht elegant.

Sie haben die Gesichter
von niemandem.[21]

Immer häufiger werden Gedichte über Vergangenes und über das Altern. Lyrik wird zur Form der Erinnerung: »The Small Cabin« (»Die kleine Hütte«) gilt der Holzhütte der Kindheit, die dem Hörensagen nach abgebrannt sein soll. Aber da das lyrische Ich den Brand und den leeren Platz im Wald nicht selbst gesehen hat, bewahrt es die Erinnerung an das unversehrte Haus: »Das Haus ist in mir immer noch da / zwischen Zweigen – wie immer.« Verschwände es, würde die Wirklichkeit die lebendige Erinnerung töten:

In meinem Kopf bleiben wird
die geschwärzte Erde: die Wahrheit.
Wohin ist das Haus gegangen?
Wohin gehen die Wörter,
nachdem wir sie gesagt haben?[22]

Das titelgebende Gedicht aus dem Band »Morning in the Burned House« nimmt die Thematik wieder auf: Das lyrische Ich sitzt allein im verbrannten Haus, das es nicht mehr gibt, aber alles ist noch so wie immer: »Ihr versteht: da ist kein Haus, da ist kein Frühstück/und doch bin ich hier.«[23] Allein sitzt es da und ist glücklich wie das Kind, das es einst war.

Weder das Leben in der Stadt noch das Leben in der Natur wird idealisiert, weder Freundschaft noch Liebe – alles zeigt seine dunklen Seiten. Die Liebe ist kein Mittel gegen Einsamkeit und Trauer. Auch Sexualität nicht:

Man wächst
aus dem Sex heraus wie aus einem eingelaufenen Kleid
…
Nach einer Weile werden diese Fleisch-Arpeggios
langweilig,
wie Bach, wieder und wieder gespielt;
zu viel von einer einzigen Sorte Pracht.

Orpheus und Eurydike gelten als eines der großen Liebespaare des Abendlandes. Orpheus, der begnadete Sänger und Inbegriff des Dichters, liebte seine Frau so sehr, dass er sie aus der Unterwelt zurückzuholen unternahm – nur um sie erneut und endgültig zu verlieren, da er es nicht fertigbrachte, geradeaus zu gehen, ohne sich umzudrehen und sich zu vergewissern, ob sie auch hinter ihm sei.

Bei Margaret Atwood wird in dem Gedicht »Orpheus (1)« Eurydike zur Projektionsfläche für die Wunschvorstellungen des Orpheus. Sie lässt sich nur widerwillig ins Leben zurückholen: »Ich war gehorsam, aber/taub, wie ein Arm,/der eingeschlafen ist;/die Rückkehr/in die Zeit war nicht meine eigene Wahl.«[24] Das Band, mit dem er sie zurückholt, bezeichnet sie als »alte Leine«, die er möglicherweise – wahrscheinlich – Liebe nennt. Es ist seine Hoffnung, die sie dazu bewegt, ihm zu folgen. »Ich war deine Halluzination, lauschend / und blumig, und du sangst mich«: Schon spürt sie, wie sie sich ändert, ihr eine neue Haut wächst und ihre Hände schmutzig werden. Wie sie eine andere wird, sich selbst entfremdet.

Liebe als Projektion – die Vorstellung ist der Psychologie und Psychoanalyse nicht fremd, und Luce Irigarays Erkenntnis, dass Frauen als Spiegel des männlichen Begehrens dienen, war im (französischen) Feminismus der 1980er Jahre ein zentrales Thema. Eurydike entzieht sich dieser Struktur. Sie entscheidet aktiv, statt Spielball männlicher Wünsche zu sein: »Obgleich ich wusste, wie sehr dieses Scheitern / dich verletzen würde, musste ich / mich wie eine graue Motte falten und loslassen. // Du konntest nicht glauben, dass ich mehr war als dein Echo.«

Das folgende Gedicht »Eurydice« mündet in die Erkenntnis, dass Eurydike – die Frau – lieben könne, wo auch immer sie ist, »sogar in diesem erinnerungslosen Land«. Orpheus – der Mann – kann hingegen nur lieben, wenn er die konkrete Gegenwart der Geliebten erlebt; er möchte von ihr genährt werden, um selbst wirklicher zu sein. Und er kann nicht glauben, ohne zu sehen. Darum verliert er sie.

Das sind vom damaligen Feminismus inspirierte Gedichte, die die angebliche weibliche Gefühlsfähigkeit beschwören. Zugleich deuten sie eine Aufklärungskritik an. Denn es ist eine Errungenschaft der Aufklärung, die ja buchstäblich »Erleuchtung« bedeutet, nur das zu glauben, was man sieht. Im 18. Jahrhundert war es eine große Errungenschaft des menschlichen Geistes, die sich gegen religiöse Auswüchse und gegen Aberglauben jeglicher Art richtete, und sie wirkt bis in unsere heutigen wissenschaftlichen und technischen Praktiken weiter. Die Gegenseite davon ist die Verdrängung und Vernichtung anderer Möglichkeiten der Wahrnehmung und Erkenntnis, die vielleicht ganzheitlicher sind.

Auch der Mythos als bildhafte, sinngebende Erzählung wurde verdrängt. Margaret Atwood hingegen arbeitet oft mit dem Mythos, sei es mit antiken, sei es mit kanadischen Mythen. Sie macht sie zum Deutungsmuster für die Gegenwart und beweist damit die tatsächliche Zeitlosigkeit des Mythos als »bedeutsame Erzählung«.[25] Das heißt nicht, dass der Mythos die Antworten bereithielte. »Gibt es keine Hoffnung?«, fragen die Menschen, und das Orakel in dem Gedicht »Another Visit to the Oracle« (»Noch ein Besuch beim Orakel«) erklärt: Doch, aber es liege nicht in der Zukunft, sondern im Menschen selbst, im Hier und Jetzt. »Lasst euch nicht täuschen«, sagt es. Aber auch: »Warum sollte ich euch die Wahrheit sagen?« Tatsächlich sieht das Orakel in den Handlinien der Menschen, die unbedingt die Wahrheit über ihre Zukunft wissen wollen, nur Leere. Leere und Dunkelheit. Und es endet:

Ich erzähle deine Geschichte
deine Geschichte, die einst so anmutig war
aber nun dunkel ist.
Das ist, was ich tue:
ich erzähle dunkle Geschichten
bevor und nachdem sie wahr werden.[26]

Dunkelheit ist das einzig Sichere, so das Fazit. Wir kommen aus der Dunkelheit, wir gehen in die Dunkelheit. Dunkelheit heißt nichts anderes als das, was wir nicht kennen und wissen können. Wir beginnen unbewusst, und wir gehen ins Vergessen. Akzeptiert man das, gewinnt das Leben Kontur und – zuweilen – Helligkeit.

Die Liebe zeigt in Atwoods Texten unerwartete schöne Momente. Da ist nicht nur die aus Gewohnheit und geteiltem Leben erwachsene Solidarität des alten Ehepaares im ersten Text von »Moralische Unordnung«, sondern auch die Frau im Gedicht »You Heard The Man You Love« (»Du hast den Mann gehört, den du liebst«), die ihren Mann im Nebenraum mit sich selbst sprechen hört. Sie versteht nicht, was er sagt. Plötzlich hebt er zu singen an:

Er sang nicht für dich, oder über dich,
er hatte eine andere Quelle der Freude,
die gar nichts mit dir zu tun hatte –
er war ein unbekannter Mann, der in seinem Zimmer
singt, allein.
Warum fühltest du dich da so verletzt, und so neugierig,
und auch so glücklich
und befreit?[27]

Atwoods Gedichte erzählen Geschichten, aber sie tun das auf andere Weise als ihre Romane. Sie entwirft Szenen, die ein Vorher und ein Nachher andeuten, sei es, indem der Mythos aufgerufen wird, von dem wir wissen, wie er verläuft, sei es, weil sie *medias in res* geht und die Figuren, Situationen, Stimmungen und Gefühle so plastisch werden lässt, dass man ihre Geschichte zumindest erahnen kann. Sie selbst erklärt die Beziehung zwischen Lyrik und Roman mit einem einprägsamen, sehr schönen Bild: »Gedichte öffnen die Türen. Romane sind die Korridore.«[28] Da sie ihre Gedichte gewöhnlich als Bände publiziert, entsteht auch durch die Zusammenstellung der Einzeltexte eine Art von Erzählung. Ein einzelnes Gedicht mag eine Stimmung ausdrücken, viele zusammen erzählen eine Geschichte. Da ist es nur konsequent, dass Atwood, die Erzählerin, ihre Gedichte – auch wenn einige vorab in Zeitschriften erschienen sind – zusammenhängend publiziert. Gleichwohl sind sie in der Regel nicht von vornherein als Zyklus mit einer klaren Thematik geplant. Atwood erklärt, dass sie die Gedichte intuitiv zusammenstelle: Sie nimmt alle Texte und legt sie auf den Boden. Dann spielt sie mit ihnen wie mit Karten, ordnet sie immer wieder neu an, »bis man schließlich zu einer Ordnung kommt, die sich richtig anfühlt. Es gibt ein Anfangsgedicht. Und auf diese Weise ist es ein bisschen wie die Anordnung der Kapitel eines Romans, nur dass man bei einem Roman in der Regel vorher eine Vorstellung davon hat, wie die Geschichte geht; bei einem Gedichtband weiß man das oft nicht.«[29] Gedichtbände seien der Musik vergleichbar, wie musikalische Sätze müssen die Teile des Bandes aufeinander bezogen sein.

Der Vergleich mit den Spielkarten deutet auf eine andere ästhetische Überzeugung hin. Atwood sagt, Kreativität sei eine »Form von Spiel, auch wenn wir sie Arbeit nennen. (…) Wissen Sie, es ist eine Form, in der Arbeit und Spiel dasselbe sind. Es gibt keinen Unterschied zwischen dem einen und dem anderen. Es ist ernstes Spiel. Und das bedeutet, dass nicht jedes Wort über Leben und Tod entscheidet. Denn wenn man schreibt, können diese Wörter zusammengeknüllt und weggeworfen werden.«[30]

Im Gedicht »Orpheus (2)« reflektiert ein ungenannter Sprecher über den Sänger und seine Entschlossenheit weiterzusingen, obgleich er den Hass der Welt erkennt und seine eigene Verstümmelung vorhersieht. Das Gedicht endet mit einer Aussage über das Dichten: »Singen ist entweder Lobpreis / oder Widerstand. Lobpreis ist Widerstand.«[31] Auch das kann man als künstlerisches Programm Margaret Atwoods verstehen, und es steht nicht im Widerspruch zur Vorstellung von Kunst als Spiel.

Margaret Atwood bezieht in ihren Essays ebenso wie in ihrer Dichtung, sei sie erzählend, sei sie lyrisch, Position zu Menschheitsfragen, die sowohl aktuell als auch zeitlos sind.

Ihr Engagement macht sie deutlich, indem sie kritische Essays zu diesen Fragen schreibt, beispielsweise »Payback. Schulden und die Schattenseiten des Wohlstands«[32], und sie auf ihrer Website einschlägig verlinkt. In ihrer Dichtung tauchen die gleichen Themen auf. Aber hier werden sie künstlerisch verhandelt. Hier entwirft sie Visionen und Momente, die von großer Bildlichkeit sind und sprachlich-ästhetisch, nicht aufgrund intelligenter Argumente, überzeugen. Hier wird der Kern der aktuellen Probleme in der Natur des Menschen selbst gesehen. Ästhetisch vermittelte Erkenntnis ermöglicht den Lesenden Erfahrung.

Den Abschluss des Bandes »The Door« bildet das gleichnamige Gedicht. Es erzählt ein ganzes Leben, das sich schließlich rundet und in Frieden endet:

Die Tür schwingt auf:
Oh Gott der Scharniere,
Gott langer Reisen,
du hast Wort gehalten.
Drin ist es dunkel.
Du vertraust dich der Dunkelheit an.
Du trittst ein.
Die Tür schwingt zu.[33]

ANMERKUNGEN

Die zitierten Gedichte sind meist nur Auszüge aus den Gedichten. Sofern deutsche Übersetzungen vorliegen, werden sie verwendet, andernfalls stammen die Arbeitsübersetzungen von der Autorin

VITTORIA COLONNA

1 Vittoria Colonnas »Epistola a Francesco Ferrante d'Avalos suo consorte«, übers. von Dirk Hoeges; vgl. Dirk Hoeges: Vittoria Colonna. Dichterin – Intellektuelle – Muse. In: Ferino-Pagden, Sylvia: 1997, S. 177–191, hier S. 189.

2 Barbara Marx: Vittoria Colonna (1492–1547). In: Osols-Wehden, Irmgard: 1999, S. 37; vgl. auch Johann J. Wyss: Vittoria Colonna. Leben, Wirken, Werke. Eine Monographie mit 10 Abbildungen, Frauenfeld 1916.

3 Dirk Hoeges: Dichterin – Intellektuelle – Muse. In: Ferino-Pagden, Sylvia: 1997, S. 177–191.

4 Vgl. u. a. Irmgard Osols-Wehden (Hg.): Frauen der italienischen Renaissance. Dichterinnen, Malerinnen, Mäzeninnen, Darmstadt 1999.

5 Vgl. u. a. Anna Eder: Das liebenswürdige Geschwätz meines Geschlechtes. Frauengespräche in Texten italienischer, französischer und deutscher Autorinnen. Von Vittoria Colonna bis Johanna Schopenhauer, Frankfurt a. M. u. a. 1997.

6 Zum weiblichen Petrarkismus hat Ulrike Schneider eine grundlegende Studie vorgelegt: Ulrike Schneider: Der weibliche Petrarkismus im Cinquecento. Transformationen des lyrischen Diskurses bei Vittoria Colonna und Gaspara Stampa, Stuttgart 2007.

7 Vgl. Johann J. Wyss: Vittoria Colonna. Leben, Wirken, Werke. Eine Monographie mit 10 Abbildungen, Frauenfeld 1916.

8 Dirk Hoeges: Vittoria Colanna, Dichterin – Intellektuelle – Muse. In: Ferino-Pagden, Sylvia: 1997, S. 178.

9 Hugo Friedrich: Epochen der italienischen Lyrik, Frankfurt a. M. 1964, S. 191.

10 Ulrike Schneider: Der weibliche Petrarkismus im Cinquecento. Transformationen des lyrischen Diskurses bei Vittoria Colonna und Gaspara Stampa, Stuttgart 2007, S. 11.

11 Barbara Marx: Vittoria Colonna (1492–1547). In: Osols-Wehden, Irmgard: 1999, S. 37.

12 Vgl. zum Folgenden vor allem Ulrike Schneider: Der weibliche Petrarkismus im Cinquecento. Transformationen des lyrischen Diskurses bei Vittoria Colonna und Gaspara Stampa, Stuttgart 2007. Barbara Marx: Vittoria Colonna (1492–1547). In: Osols-Wehden, Irmgard: 1999, S. 35–49.

13 Ulrike Schneider: Der weibliche Petrarkismus im Cinquecento. Transformationen des lyrischen Diskurses bei Vittoria Colonna und Gaspara Stampa, Stuttgart 2007.

14 Eine gekürzte deutsche Fassung ist zugänglich unter dem Titel: Baldassare Castiglione: Der Hofmann. Lebensart in der Renaissance, Berlin 2004.

15 Dirk Hoeges: Vittoria Colonna. Dichterin – Intellektuelle – Muse. In: Ferino-Pagden, Sylvia: 1997, S. 190.

16 Vgl. Ulrike Schneider: Der weibliche Petrarkismus im Cinquecento. Transformationen des lyrischen Diskurses bei Vittoria Colonna und Gaspara Stampa, Stuttgart 2007, S. 189, 199.

17 Marsilio Ficino: Über die Liebe oder Platons Gastmahl. Lateinisch–Deutsch, hg. u. eingel. v. Paul Richard Blum, Hamburg 2004.

18 Tullia d'Aragona: Dialog über die Unendlichkeit der Liebe (Venedig 1547), Tübingen 1988.

19 Marsilio Ficino: Über die Liebe oder Platons Gastmahl. Lateinisch–Deutsch, hg. u. eingel. v. Paul Richard Blum, Hamburg 2004, S. 35 (vorhergehende Zitate S. 27, 31).

20 Ulrike Schneider: Der weibliche Petrarkismus im Cinquecento. Transformationen des lyrischen Diskurses bei Vittoria Colonna und Gaspara Stampa, Stuttgart 2007.

21 Emanuela Scarpa (Hg.): Zehn italienische Lyrikerinnen der Renaissance. Deutsch–Italienisch, Tübingen 1997, S. 133.

22 Vittoria Colonna: Carteggio di Vittoria Colonna marchesa di Pescara, gesam. u. hg. v. Ermanno Ferrero u. Guiseppe Müller, Turin

u. a. 1892, S. 33 f., Nr. XXII (www.lib.uchicago.edu/efts/ IWW/). Alle deutschen Übersetzungen der Gedichte des »Carteggio« sind Arbeitsübersetzungen der Autorin.

23 Ebd., S. 28 f., 30 f., Nr. XX, XXI (www.lib.uchicago.edu/efts/IWW/).

24 Barbara Marx: Vittoria Colonna (1492–1547). In: Osols-Wehden, Irmgard: 1999, S. 40.

25 Johann J. Wyss: Vittoria Colonna. Leben, Wirken, Werke. Eine Monographie mit 10 Abbildungen, Frauenfeld 1916.

26 Vittoria Colonna: Carteggio di Vittoria Colonna marchesa di Pescara, gesam. u. hg. v. Ermanno Ferrero u. Guiseppe Müller, Turin u. a. 1892, S. 39 f., Nr. XXVII (www.lib.uchicago.edu/efts/IWW/).

27 Ludovico Ariosto: Der rasende Roland, Bd. 2. Gesänge 26–46, hg. v. Horst Rüdiger, München 1980, S. 316–317.

28 Vgl. Johann J. Wyss: Vittoria Colonna. Leben, Wirken, Werke. Eine Monographie mit 10 Abbildungen, Frauenfeld 1916.

29 Vgl. ebd.

30 Zu der Beziehung vgl. Sylvia Ferino-Pagden (Hg.): Vittoria Colonna. Dichterin und Muse Michelangelos, Wien 1997; ferner Claudia-Elisabetta Schurr: Vittoria Colonna und Michelangelo Buonarroti. Künstler- und Liebespaar der Renaissance, Tübingen 2001.

31 Carlo Vecce: Zu einer »weiblichen« Form der Dichtkunst. In: Ferino-Pagden, Sylvia: 1997, S. 381–384.

32 Michelangelo Buonarroti: Gedichte. Italienisch–Deutsch, hg. u. übers. v. Michael Engelhard, Frankfurt a. M. 1999, S. 219.

33 Sylvia Ferino-Pagden (Hg.): Vittoria Colonna. Dichterin und Muse Michelangelos, Wien 1997, S. 399.

34 Reiner Haussherr: Michelangelos Kruzifixus für Vittoria Colonna. Bemerkungen zu Ikonographie und theologischen Deutung, Opladen 1971; Emidio Campi: Kruzifixus und Pietà Michelangelos für Vittoria Colonna. Versuch einer theologischen Interpretation. In: Ferino-Pagden, Sylvia: 1997, S. 405–412.

35 Giorgio Vasari: Lebensläufe der berühmtesten Maler, Bildhauer und Architekten, Zürich 1974.

36 Vittoria Colonna: Carteggio di Vittoria Colonna marchesa di Pescara, gesam. u. hg. v. Ermanno Ferrero u. Guiseppe Müller,

Turin u. a. 1892, S. 257, Nr. CXLIX (www.lib.uchicago.edu/efts/IWW/).

37 Helmut Feld: Marcellus II. In: Bautz, Traugott (Hg.): Biographisch-bibliographisches Kirchenlexikon, Bd. 5. Leyden, Nikolaus bis Mönch, Antonius, Hamm (Westf.) u. a. 1993, Spalten 771–775.

38 Carlo Vecce: Zu einer »weiblichen« Form der Dichtkunst. In: Ferino-Pagden, Sylvia: 1997, S. 381–384.

39 Michelangelo: Gedichte. Italienisch–Deutsch, hg. u. übers. v. Michael Engelhard, Frankfurt a. M. 1999, S. 315.

Gaspara Stampa

1 Fiora Bassanese: Gaspara Stampa, Boston 1982; Irmgard Osols-Wehden: Gaspara Stampa (1523–1554). In: Dies.: 1999, S. 79.

2 Vgl. Fiora Bassanese: Gaspara Stampa, Boston 1982.

3 Gaspara Stampa/Franco, Veronica: Rime. A cura di Abdelkader Salza, Bari 1913, S. 173, Nr. CCXCVIII (www.lib.uchicago.edu/efts/IWW/). Die nach den »Rime« zitierten Gedichte sind Arbeitsübersetzungen der Autorin.

4 Irmgard Osols-Wehden(Hg.): Frauen der italienischen Renaissance. Dichterinnen, Malerinnen, Mäzeninnen, Darmstadt 1999, S. 69 f.

5 Gaspara Stampa: Sonette. Italienisch–Deutsch, ausgew. u. übers. v. Christoph Ferber, Mainz 2002, S. 15.

6 Emanuela Scarpa (Hg.): Zehn italienische Lyrikerinnen der Renaissance. Deutsch–Italienisch, übers. v. Gio Batta Bucciol u. Irmgard B. Perfahl unter Mitwirk. v. Helga Böhmer, Tübingen 1997, S. 47.

7 Gaspara Stampa: Sonette. Italienisch–Deutsch, ausgew. u. übers. v. Christoph Ferber, Mainz 2002, S. 41.

8 Ebd., S. 53.

9 Hugo Friedrich: Epochen der italienischen Lyrik, Frankfurt a. M. 1964; Ulrike Schneider: Der weibliche Petrarkismus im Cinquecento. Transformationen des lyrischen Diskurses bei Vittoria Colonna und Gaspara Stampa, Stuttgart 2007.

10 Gaspara Stampa: Sonette. Italienisch–Deutsch, ausgew. u. übers. v. Christoph Ferber, Mainz 2002, S. 61.

11 Irmgard Osols-Wehden (Hg.): Frauen der italienischen Renaissance. Dichterinnen, Malerinnen, Mäzeninnen, Darmstadt 1999.

12 Bassanese deutet das als Betonung des Weiblichen (Maria), Lebenspendenden.

13 Viele Beispiele bei Bassanese in Kapitel 3: Masters and Disciples.

14 Kenneth MacKenzie: Concordanza delle Rime di Francesco Petrarca, Oxford 1912.

15 Fiora Bassanese: Gaspara Stampa, Boston 1982, S. 73 f.

16 Das Sonett spielt wörtlich auf Sonett XCII in Petrarcas Canzoniere an; vgl. Fiora Bassanese: Gaspara Stampa, Boston 1982, 61 f.

17 Gaspara Stampa: Sonette. Italienisch–Deutsch, ausgew. u. übers. v. Christoph Ferber, Mainz 2002, S. 77.

18 Ebd., S. 81.

19 Ebd., S. 85.

20 Ebd., S. 97.

21 Ebd., S. 99.

22 Ebd., S. 63.

23 Hierzu u. a. das Nachwort von Emanuela Scarpa: Gaspara Stampa zwischen D'Annunzio und Rilke. In: Ders.: 1997, S. 155–161.

24 Hugo Friedrich: Epochen der italienischen Lyrik, Frankfurt a. M. 1964, S. 325.

Louise Labé

1 Louise Labé: Sonette und Elegien, Französisch–Deutsch, Tübingen 2001, S. 49.

2 Vgl. die Kapitel zu Vittoria Colonna und Gaspara Stampa in diesem Buch.

3 Friedhelm Kemp: Das europäische Sonett. 2 Bde., Göttingen 2002.

4 »Pléiade« bezeichnet eine französische Dichterschule der zweiten Hälfte des 16. Jahrhunderts. Die bekanntesten Vertreter sind Pierre de Ronsard (1524–1585) und Joachim du Bellay (1522 bis 1560).

5 Madeleine Lazard: Louise Labé, Lyonnaise, Paris 2005.

6 Louise Labé: Sonette und Elegien, Französisch–Deutsch, Tübingen 2001, S. 33, 35.

7 Madeleine Lazard: Louise Labé, Lyonnaise, Paris 2005.

8 Vgl. dazu u. a. Angelica Rieger: »Amour Demourra Le Maistre«. Vom höfischen Liebeslied zum Sonett: Marguerite de Navarre und Louise Labé. In: Stemmler, Theo/Horlacher, Stefan: Erscheinungsformen des Sonetts. 10. Kolloquium der Forschungsstelle für europäische Lyrik, Mannheim 1999, S. 66.

9 Louise Labé: Sonette und Elegien, Französisch–Deutsch, Tübingen 2001, S. 37.

10 Ebd., S. 45.

11 Gerhard Hoffmeister: Petrarkistische Lyrik, Stuttgart 1973.

12 Elisabeth Schulze-Witzenrath: Die Originalität der Louise Labé. Studien zum weiblichen Petrarkismus, München 1975, S. 84; vgl. auch Angelica Rieger: «Amour Demourra Le Maistre«. Vom höfischen Liebeslied zum Sonett: Marguerite de Navarre und Louise Labé. In: Stemmler, Theo/Horlacher, Stefan (Hg.): Erscheinungsformen des Sonetts. 10. Kolloquium der Forschungsstelle für europäische Lyrik, Mannheim 1999, S. 33–77.

13 Louise Labé: Sonette und Elegien, Französisch–Deutsch, Tübingen 2001, S. 43.

14 Vgl. Elisabeth Schulze-Witzenrath: Die Originalität der Louise Labé. Studien zum weiblichen Petrarkismus, München 1975.

15 Louise Labé: Sonette und Elegien, Französisch–Deutsch, Tübingen 2001, S. 49.

16 Ebd., S. 57.

17 Ebd., S. 59.

18 Ebd., S. 53.

19 Ebd., S. 51.

20 Ebd., S. 53.

21 Ebd., S. 55.

22 Ebd., S. 57.

23 Ebd., S. 222 f.

24 Madeleine Lazard: Louise Labé, Lyonnaise, Paris 2005, S. 203 f.

25 Ebd., S. 27 ff.

26 Louise Labé: Sonette und Elegien, Französisch–Deutsch, Tübingen 2001, S. 7.

27 Ebd., S. 9.

28 Vgl. u. a. Gisela Bock/Margarete Zimmermann (Hg.): Querelles. Jahrbuch für Frauen- und Geschlechterforschung, Bd. 2. Die

europäische Querelle des Femmes. Geschlechterdebatten seit dem 15. Jahrhundert, Stuttgart 1997.

29 Madeleine Lazard: Louise Labé, Lyonnaise, Paris 2005, S. 204.

30 Ebd., S. 205.

31 Ebd., S. 216 f.

32 Louise Labé: Œuvres complètes, hg. u. kommentiert v. Enzo Giudici, Genf 1981, S. 197–205.

Sor Juana Inés de la Cruz

1 Sor Juana Inés de la Cruz: Es höre mich dein Auge. Lyrik – Theater – Prosa. Spanisch–Deutsch, hg. v. Alberto Perez Amador Adam, Frankfurt a. M. 1996, S. 27.

2 Zu Leben und Werk vgl. vor allem Octavio Paz: Sor Juana Inés de la Cruz oder Die Fallstricke des Glaubens, Frankfurt a. M. 1994; ferner ders.: Vorwort. In: Cruz, Sor Juana Inés de la: 1993, S. 7–25; Sor Juana Inés de la Cruz: Antwort an Sor Filotea de la Cruz. In: Cruz, Sor Juana Inés de la: 1993, S. 97–159.

3 Octavio Paz: Sor Juana Inés de la Cruz oder Die Fallstricke des Glaubens, Frankfurt a. M. 1994.

4 Sor Juana Inés de la Cruz: Es höre mich dein Auge. Lyrik – Theater – Prosa. Spanisch–Deutsch, hg. v. Alberto Perez Amador Adam, Frankfurt a. M. 1996, S. 91.

5 Sor Juana Inés de la Cruz: Antwort an Sor Filotea de la Cruz. In: Cruz, Sor Juana Inés de la: 1993, S. 108–110.

6 Karl Vossler: Die »zehnte Muse von Mexico«. Sor Juana Inés de la Cruz, München 1934, S. 4.

7 Ebd., S. 4.

8 Sor Juana Inés de la Cruz: Es höre mich dein Auge. Lyrik – Theater – Prosa. Spanisch–Deutsch, hg. v. Alberto Perez Amador Adam, Frankfurt a. M. 1996, S. 59.

9 Ebd., S. 63.

10 Octavio Paz: Sor Juana Inés de la Cruz oder Die Fallstricke des Glaubens, Frankfurt a. M. 1994, S. 412.

11 Ebd., S. 207.

12 Sor Juana Inés de la Cruz: Antwort an Sor Filotea de la Cruz. In: Cruz, Sor Juana Inés de la: 1993, S. 110.

13 Ebd., S. 110.

14 Ebd., S. 111.

15 Vgl. hierzu die kurze Übersicht über die spanische Barockdichtung bei Hans Felten/Agustín Valcárcel: Einleitung. Zur Geschichte der spanischen Lyrik von der Renaissance bis zum späten 19. Jahrhundert. In: Dies.: Spanische Lyrik von der Renaissance bis zum späten 19. Jahrhundert. Spanisch–Deutsch, ausgew., übers. u. kommentiert v. Hans Felten u. Agustín Valcárcel, Stuttgart 2004, S. 32–54.

16 Ebd., S. 45.

17 Octavio Paz: Sor Juana Inés de la Cruz oder Die Fallstricke des Glaubens, Frankfurt a. M. 1994, S. 195.

18 Sor Juana Inés de la Cruz: Es höre mich dein Auge. Lyrik – Theater – Prosa. Spanisch–Deutsch, hg. v. Alberto Perez Amador Adam, Frankfurt a. M. 1996, S. 57.

19 Vgl. Alicia Gaspar de Alba: Sor Juanas zweiter Traum, Berlin 2002.

20 Karin Schüller: Theologische Streitschrift oder Selbstverteidigung? Versuch einer Deutung des Athenagorischen Briefes von Sor Juana de la Cruz. In: Cruz, Sor Juana Inés de la: 1996, S. 173.

21 Sor Juana Inés de la Cruz: Es höre mich dein Auge. Lyrik – Theater – Prosa. Spanisch–Deutsch, hg. v. Alberto Perez Amador Adam, Frankfurt a. M. 1996, S. 55.

22 Karl Vossler: Die »zehnte Muse von Mexico« Sor Juana Inés de la Cruz, München 1934, S. 7 f.

23 Sor Juana Inés de la Cruz: Antwort an Sor Filotea de la Cruz. In: Cruz, Sor Juana Inés de la: 1993, S. 106.

24 Ebd., S. 107.

25 Sor Juana Inés de la Cruz: Es höre mich dein Auge. Lyrik – Theater – Prosa. Spanisch–Deutsch, hg. v. Alberto Perez Amador Adam, Frankfurt a. M. 1996, S. 85.

26 Sor Juana Inés de la Cruz: Antwort an Sor Filotea de la Cruz. In: Cruz, Sor Juana Inés de la: 1993, S. 111.

27 Octavio Paz: Sor Juana Inés de la Cruz oder Die Fallstricke des Glaubens, Frankfurt a. M. 1994, S. 378.

28 Michel Foucault: Les mots et les choses, Paris 1966.

29 Vgl. Octavio Paz: Sor Juana Inés de la Cruz oder Die Fallstricke des Glaubens, Frankfurt a. M. 1994, S. 378.

30 Karl Vossler: Die »zehnte Muse von Mexico« Sor Juana Inés de la Cruz, München 1934, S. 7.

31 Vgl. Octavio Paz: Sor Juana Inés de la Cruz oder Die Fallstricke des Glaubens, Frankfurt a. M. 1994; Karin Schüller: Theologische Streitschrift oder Selbstverteidigung? Versuch einer Deutung des Athenagorischen Briefes von Sor Juana de la Cruz. In: Cruz, Sor Juana Inés de la: 1996, S. 170–185; Hildegard Wustmanns: »und so lag die Welt erhellt in wahrerem Licht, und ich erwachte«. Die Theologie der Sor Juana Inés de la Cruz – eine Sprache des Unerhörten, Frankfurt a. M. u. a. 2001.

32 Vgl. Octavio Paz: Sor Juana Inés de la Cruz oder Die Fallstricke des Glaubens, Frankfurt a. M. 1994; ferner Karin Schüller: Theologische Streitschrift oder Selbstverteidigung? Versuch einer Deutung des Athenagorischen Briefes von Sor Juana Inés de la Cruz. In: Cruz, Sor Juana Inés de la: 1996, S. 170–185.

33 Hildegard Wustmanns (2001) deutet das Verstummen nicht als erzwungenen Verzicht, sondern als ein Schweigen, mit dem die Menschwerdung als Subjektwerdung durch die Sprache des Unerhörten geschehe. Dieses Schweigen sei nicht das eines Opfers, sondern die Darstellung von etwas Unerhörtem – denn dieses Schweigen sei kein Verstummen, sondern ein anderes Ausdrücken: »und so lag die Welt erhellt in wahrerem Licht, und ich erwachte«.

Anna Louisa Karsch

1 »Mein Bruder in Apoll«. Briefwechsel zwischen Anna Louisa Karsch und Johann Wilhelm Ludwig Gleim. Bd. 1. Briefwechsel 1761–1768, hg. v. Regina Nörtemann, Göttingen 1996, S. 26. (Originalschreibweise der Briefe beibehalten.)

2 Anna Kitsch: »Offt ergreiff ich um Beßer mein zu sein die feder …«. Ästhetische Positionssuche in der Lyrik Anna Louisa Karschs (1722–1791). Mit bislang unveröffentlichten Gedichten, Würzburg 2002, S. 206.

3 »Mein Bruder in Apoll«. Briefwechsel zwischen Anna Louisa Karsch und Johann Wilhelm Ludwig Gleim. Bd. 1. Briefwechsel 1761–1768, hg. v. Regina Nörtemann, Göttingen 1996, S. 32.

4 Ebd., S. 33.
5 Ebd., S. 37.
6 Ebd., S. 45.
7 Ebd., S. 51.
8 Ebd., S. 76 f.
9 Ebd., S. 82.
10 Ebd., S. 7.
11 Anna Louisa Karsch: Auserlesene Gedichte, Berlin 1764, S. 109 bis 113 (vgl. www.zeno.org).
12 »Mein Bruder in Apoll«. Briefwechsel zwischen Anna Louisa Karsch und Johann Wilhelm Ludwig Gleim. Bd. 1. Briefwechsel 1761–1768, hg. v. Regina Nörtemann, Göttingen 1996, S. 7.
13 Susanne Schneider: Christiana Mariana von Ziegler (1695–1760). In: Merkel, Kerstin/Wunder, Heide: 2007, S. 169–185; Barbara Becker-Cantarino: Der lange Weg zur Mündigkeit. Frau und Literatur (1500–1800), Stuttgart 1987.
14 Barbara Becker-Cantarino: »Belloisens Lebenslauf«. Zu Dichtung und Autobiographie bei Anna Luisa Karsch. In: Gutjahr, Ortrud/ Kühlmann, Wilhelm/Wucherpfennig, Wolf: 1993, S. 13–22.
15 Anna Louisa Karsch: Auserlesene Gedichte, Berlin 1764, S. 109 bis 113 (vgl. www.zeno.org).
16 Regina Nörtemann: Verehrung, Freundschaft, Liebe. Zur Erotik im Briefwechsel zwischen Anna Louisa Karsch und Johann Wilhelm Ludwig Gleim. In: Bennholdt-Thomsen, Anke/Runge, Anita: 1992, S. 84.
17 Silvia Bovenschen: Die imaginierte Weiblichkeit. Exemplarische Untersuchungen zu kulturgeschichtlichen und literarischen Präsentationsformen des Weiblichen, Frankfurt a. M. 1979, S. 157.
18 Zur Biographie siehe u. a. die Zeittafel in: »Mein Bruder in Apoll«. Briefwechsel zwischen Anna Louisa Karsch und Johann Wilhelm Ludwig Gleim. Bd. 2. Briefwechsel 1769–1791, hg. v. Ute Pott, Göttingen 1996, S. 580–587.
19 Anna Louisa Karsch: Gedichte von Anna Louisa Karschin, Berlin 1792, S. 197–199 (vgl. www.zeno.org).
20 Anna Louisa Karschin: Gedichte und Lebenszeugnisse, hg. v. Alfred Anger, Stuttgart 1987, S. 6.

21 Ebd., S. 6.
22 Ebd., S. 7.
23 Ebd., S. 12.
24 Vgl. dazu Wulf Segebrecht: Das Gelegenheitsgedicht. Ein Beitrag zur Geschichte und Poetik der deutschen Lyrik, Stuttgart 1977.
25 Vgl. »Mein Bruder in Apoll«. Briefwechsel zwischen Anna Louisa Karsch und Johann Wilhelm Ludwig Gleim. Bd. 1. Briefwechsel 1761–1768, hg. v. Regina Nörtemann, Göttingen 1996, S. 384.
26 Zur Literaturgeschichte der Sappho-Rezeption vgl. Joan DeJean: Fictions of Sappho, 1546–1973, Chicago u. a. 1989; vgl. auch das Nachwort von Regina Nörtemann in: »Mein Bruder in Apoll«. Briefwechsel zwischen Anna Louisa Karsch und Johann Wilhelm Ludwig Gleim. Bd. 2. Briefwechsel 1769–1791, hg. v. Ute Pott, Göttingen 1996, S. 529.
27 Zu den Briefen u. a. Reinhard M. G. Nickisch: »daß sind … sehr unbeträchtliche Papiere«. Über die Epistel-Dichtung und die lyrischen Brief-Einlagen der Anna Louisa Karsch. In: Bennholdt-Thomsen, Anke/Runge, Anita: 1992, S. 66–80.
28 Zitiert nach Hannelore Schlaffer: Naturpoesie im Zeitalter der Aufklärung. Anna Luisa Karsch (1722–1791). Ein Porträt. In: Brinker-Gabler, Gisela: 1988, S. 318.
29 Anna Louisa Karsch: Gedichte von Anna Louisa Karschin, Berlin 1792, S. 183–188 (vgl. www.zeno.org).
30 Barbara Becker-Cantarino: Die »deutsche Sappho« und »des Herzogs Spießgesell«. Anna Louisa Karsch und Goethe. In: Bennholdt-Thomsen, Anke /Runge, Anita: 1992, S. 110–131.
31 Gerlinde Wappler: Editionspraxis im 18. Jahrhundert. Die verlegerischen Bemühungen im Gleimkreis im Zusammenhang mit Anna Louisa Karsch. In: Bennholdt-Thomsen, Anke/Runge, Anita: 1992, S. 57–65.
32 Zitiert nach Hannelore Scholz: »Doch mein Herz, … dieses ist ganz Gefühl, ganz Freundschaft, so wie es den Dichtern geziemt«. Die Karschin im Kontext der Volkspoesiedebatte in Deutschland. In: Bennholdt-Thomsen, Anke /Runge, Anita: 1992, S. 141.
33 Anna Louisa Karsch: Gedichte von Anna Louisa Karschin, geb. Dürbach. Berlin 1792, S. 268–270 (www.zeno.org).

34 »Mein Bruder in Apoll«. Briefwechsel zwischen Anna Louisa Karsch und Johann Wilhelm Ludwig Gleim. Bd. 1. Briefwechsel 1761–1768, hg. v. Regina Nörtemann, Göttingen 1996, S. 313 f.

35 Hannelore Scholz: »Doch mein Herz, ... dieses ist ganz Gefühl, ganz Freundschaft, so wie es den Dichtern geziemt«. Die Karschin im Kontext der Volkspoesiedebatte in Deutschland. In: Bennholdt-Thomsen, Anke/Runge, Anita: 1992, S. 141.

36 »Mein Bruder in Apoll«. Briefwechsel zwischen Anna Louisa Karsch und Johann Wilhelm Ludwig Gleim. Bd. 1. Briefwechsel 1761–1768, hg. v. Regina Nörtemann, Göttingen 1996, S. 312 f.

37 Ebd., S. 331.

Annette von Droste-Hülshoff

1 Annette von Droste-Hülshoff: Sämtliche Werke in zwei Bänden. Band 1. Gedichte, hg. v. Bodo Plachta u. Winfried Woesler, Frankfurt a. M. u. a. 2004, S. 337, Anmerkung dazu S. 817 f.

2 Annette von Droste-Hülshoff: »Mein lieb lieb Lies!« Die Briefe der Annette von Droste-Hülshoff an Elise Rüdiger, nach den Hs. hg. und mit einem Nachw. vers. v. Ursula Naumann, Frankfurt a. M. u. a. 1992, S. 72.

3 Ein schöner Text zur Melancholie ist: Anette Reiter: »Mein wunderlich verrücktes Unglück«. Melancholie bei Annette von Droste-Hülshoff, Regensburg 2003.

4 Annette von Droste-Hülshoff: Sämtliche Werke in zwei Bänden. Band 1. Gedichte, hg. v. Bodo Plachta u. Winfried Woesler, Frankfurt a. M. u. a. 2004, S. 554.

5 Winfried Freund: Annette von Droste-Hülshoff, München 1998, S. 7.

6 Doris Maurer: Annette von Droste-Hülshoff. Biographie, Meersburg 1997, S. 223.

7 Annette von Droste-Hülshoff: Sämtliche Werke in zwei Bänden. Band 1. Gedichte, hg. v. Bodo Plachta u. Winfried Woesler, Frankfurt a. M. u. a. 2004, S. 596.

8 Ebd., S. 74 f.

9 Renate Böschenstein interpretiert sie nicht nur als Rückgriff und gleichzeitig Transzendierung der romantischen Sehnsucht und als Befreiungswunsch aus dem beengten weiblichen Leben, sondern auch tiefenpsychologisch als Sehnsucht nach der nie gefundenen Geborgenheit.

10 Renate Böschenstein: Die Struktur des Idyllischen im Werk der Annette von Droste-Hülshoff (1974/75). In: Dies.: Idylle, Todesraum und Aggression. Beiträge zur Droste-Forschung, hg. v. Ortrun Niethammer, Bielefeld 2007, S. 15.

11 Anette Reiter: »Mein wunderliches verrücktes Unglück«. Melancholie bei Annette von Droste-Hülshoff, Regensburg 2003, S. 67 f.; Winfried Freund: Annette von Droste-Hülshoff, München 1998, S. 23–32; Clemens Heselhaus: Annette von Droste-Hülshoff: Werk und Leben, Düsseldorf 1971, S. 50–67.

12 Annette von Droste-Hülshoff: Sämtliche Werke in zwei Bänden. Band 1. Gedichte, hg. v. Bodo Plachta u. Winfried Woesler, Frankfurt a. M. u. a. 2004, S. 140–142.

13 Ebd., S. 758.

14 William Shakespeare: Hamlet, Prinz von Dänemark, übers. v. August Wilhelm von Schlegel, hg. v. Dietrich Klose, Stuttgart 1976, S. 55.

15 Vgl. Claudia Liebrand: Kreative Refakturen. Annette von Droste-Hülshoffs Texte, Freiburg i. Br. u. a. 2008.

16 Annette von Droste-Hülshoff: Sämtliche Werke in zwei Bänden. Band 1. Gedichte, hg. v. Bodo Plachta u. Winfried Woesler, Frankfurt a. M. u. a. 2004, S. 26. Die Zitate im Gedicht sind Ironisierungen romantischer Trivialliteratur; vgl. ebd., S. 710. – Dieses Gedicht erinnert frappant in Rhythmik, Diktion und stellenweise sogar Bildlichkeit an hundert Jahre spätere Gedichte Gottfried Benns.

17 Annette von Droste-Hülshoff: »Mein lieb lieb Lies!« Die Briefe der Annette von Droste-Hülshoff an Elise Rüdiger, nach den Hs. hg. und mit einem Nachw. vers. v. Ursula Naumann, Frankfurt a. M. u. a. 1992, S. 15.

18 Ebd., S. 55.

19 Annette von Droste-Hülshoff: Sämtliche Werke in zwei Bänden. Band 1. Gedichte, hg. v. Bodo Plachta u. Winfried Woesler, Frankfurt a. M. u. a. 2004, S. 373 ff.

20 Doris Maurer: Annette von Droste-Hülshoff. Biographie, Meersburg 1997, S. 50.

21 Annette von Droste-Hülshoff: Sämtliche Werke in zwei Bänden. Band 1. Gedichte, hg. v. Bodo Plachta u. Winfried Woesler, Frankfurt a. M. u. a. 2004, S. 362.

22 Ebd., S. 366.

23 Auch Charles Baudelaire hat wenig später diesen grundsätzlichen Verlust immer wieder, wenn auch auf gänzlich andere Weise, thematisiert, wenn er den Aufschwung beschreibt, der immer wieder ins Leere und in den Absturz führt, die unendliche Sehnsucht nach dem Azur, der nichts mehr enthält.

24 Ebd., S. 415.

25 Vgl. Monika Ditz/Doris Maurer: Annette von Droste-Hülshoff und ihre Freundinnen, Meersburg 2006.

26 Annette von Droste-Hülshoff: »Mein lieb lieb Lies!« Die Briefe der Annette von Droste-Hülshoff an Elise Rüdiger, nach den Hs. hg. und mit einem Nachw. vers. v. Ursula Naumann, Frankfurt a. M. u. a. 1992, S. 36.

27 Ebd., S. 48.

28 Siehe auch die Interpretation von Manfred Weiß-Desio: Heidewelt. Eine Einführung in das Gedichtwerk der Annette von Droste-Hülshoff, Bonn 1996, S. 125–174.

29 Annette von Droste-Hülshoff: Sämtliche Werke in zwei Bänden. Band 1. Gedichte, hg. v. Bodo Plachta u. Winfried Woesler, Frankfurt a. M. u. a. 2004, S. 217 ff.

30 Ebd., S. 233–236, hier S. 235 f.

31 Ebd., S. 233. Interpretation dazu u. a. bei Claudia Liebrand: Kreative Refakturen. Annette von Droste-Hülshoffs Texte, Freiburg i. Br. u. a. 2008.

32 Annette von Droste-Hülshoff: Sämtliche Werke in zwei Bänden. Band 1. Gedichte, hg. v. Bodo Plachta u. Winfried Woesler, Frankfurt a. M. u. a. 2004, S. 147 f.

33 Ebd., S. 148.

34 Ebd., S. 304.

35 Vgl. Doris Maurer: Annette von Droste-Hülshoff. Biographie, Meersburg 1997, S. 245 f.

36 Annette von Droste-Hülshoff: »Mein lieb lieb Lies!« Die Briefe

der Annette von Droste-Hülshoff an Elise Rüdiger, nach den Hs. hg. und mit einem Nachw. vers. v. Ursula Naumann, Frankfurt a. M. u. a. 1992, S. 212.

37 Ebd., S. 214 f.

38 Annette von Droste-Hülshoff: Sämtliche Werke in zwei Bänden. Band 1. Gedichte, hg. v. Bodo Plachta u. Winfried Woesler, Frankfurt a. M. u. a. 2004, S. 504 f.

39 Ebd., S. 505.

Elizabeth Barrett Browning

1 Zur Lebensgeschichte stütze ich mich vor allem auf Margaret Forster: Elizabeth Barrett Browning. A Biography, London 1988.

2 Elvan Kintner (Hg.): The Letters of Robert Browning and Elizabeth Barrett Browning 1845–1846, Cambridge u. a. 1969, S. 3.

3 Ebd., S. 4.

4 Aus der Fülle der Literatur vgl. zum Beispiel Mary Sanders Pollock: Elizabeth Barrett and Robert Browning. A Creative Partnership, Aldershot u. a. 2003; Corinne Davis/Marjorie Stone: »Singing Song for Song«: The Brownings »in the Poetic Relation«. In: Stone, Marjorie / Thompson, Judith (Hg.): Literary Couplings. Writing Couples, Collaborators, and the Construction of Authorship, Madison 2006, S. 150–174.

5 Elizabeth Barrett Browning: Liebesgedichte. Englisch–Deutsch, übertr. v. Rainer Maria Rilke, Frankfurt a. M. u. a. 2006, S. 93.

6 Ebd., S. 99.

7 Aus der Menge kritischer Literatur über die Sonette seien erwähnt: Ina Schabert: Englische Literaturgeschichte. Eine neue Darstellung aus der Sicht der Geschlechterforschung, Stuttgart 1997, S. 510–512 und passim; Margaret Reynolds: Love's Measurement in Elizabeth Barrett Browning's Sonnets from the Portuguese. In: Studies in Browning and his circle: a journal of criticism, history, bibliography, Bd. 21 (1997), S. 53–67; Phyllis P. Elmore: Elizabeth Barrett Browning: Argumentative Discourse in »Sonnets from the Portuguese«. In: Studies in Browning and his circle: a journal of criticism, history, bibliography, Bd. 20 (1993), S. 95–105.

8 Elizabeth Barrett Browning: Liebesgedichte. Englisch–Deutsch, übertr. v. Rainer Maria Rilke, Frankfurt a. M. u. a. 2006, S. 9.

9 Ebd., S. 17.

10 Margaret Forster hat über das Mädchen Wilson einen Roman verfasst: Margaret Forster: Die Dienerin. Frankfurt a. M. 1995.

11 Virginia Woolf schrieb 1933 die »Biographie« dieses Hundes: Virginia Woolf: Flush, Frankfurt a. M. 1994.

12 Mary Sanders Pollock: Casa Guidi Windows. In: The Literary Encyclopedia (www.litencyc.com); Helen Groth: A different look – visual technologies and the making of history in Elizabeth Barrett Browning's Casa Guidi Windows. In: Textual Practice Bd. 14.1 (2000), S. 31–52.

13 Elizabeth Barrett Browning: The Poetical Works of Elizabeth Barrett Browning, hg. v. Harriet Waters Preston, Boston u. a. 1994, S. 207.

Emily Dickinson

1 Emily Dickinson: Dichtungen. Englisch–Deutsch, ausgew., übertr. u. mit einem Nachw. vers. v. Werner von Koppenfels, Mainz 2005, S. 23.

2 Ich zitiere im Folgenden aus zwei unterschiedlichen Ausgaben der Gedichte, je nachdem, welche Übersetzung mir im Einzelfall passender erscheint: Emily Dickinson: Gedichte. Englisch–Deutsch, hg., übers. u. mit einem Nachw. v. Gunhild Kübler, München 2006a; Dies.: Dichtungen. Englisch–Deutsch, ausgew., übertr. u. mit einem Nachw. vers. v. Werner von Koppenfels, Mainz 2005.

3 Emily Dickinson: Wilde Nächte. Ein Leben in Briefen, ausgew. u. übers. v. Uda Strätling, Frankfurt a. M. 2006b, S. 243.

4 Emily Dickinson: Dichtungen. Englisch–Deutsch, ausgew., übertr. u. mit einem Nachw. vers. v. Werner von Koppenfels, Mainz 2005, S. 15.

5 Emily Dickinson: Gedichte. Englisch–Deutsch, hg., übers. und mit einem Nachw. v. Gunhild Kübler, München 2006a, S. 151.

6 Suzanne Juhasz analysiert in ihrer klassischen Studie zu Dickinson die Konstitution des geistigen Raums, den sie sich entgegen den realen Beschränkungen in ihrer Dichtung schuf: Suzanne Juhasz:

The Undiscovered Continent. Emily Dickinson and the Space of the Mind, Bloomington 1983.

7 Emily Dickinson: Gedichte. Englisch–Deutsch, hg., übers. und mit einem Nachw. v. Gunhild Kübler, München 2006a, S. 183.

8 Emily Dickinson: Wilde Nächte. Ein Leben in Briefen, ausgew. u. übers. v. Uda Strätling, Frankfurt a. M. 2006b, S. 99.

9 Die Biene taucht in Emily Dickinsons Gedichten und Briefen häufig und in unterschiedlichen Bedeutungen auf.

10 Emily Dickinson: Wilde Nächte. Ein Leben in Briefen, ausgew. u. übers. v. Uda Strätling, Frankfurt a. M. 2006b, S. 140.

11 Emily Dickinson: Dichtungen. Englisch–Deutsch, ausgew., übertr. u. mit einem Nachw. vers. v. Werner von Koppenfels, Mainz 2005, S. 351.

12 Emily Dickinson: Wilde Nächte. Ein Leben in Briefen, ausgew. u. übers. v. Uda Strätling, Frankfurt a. M. 2006b, S. 185.

13 Ebd., S. 54.

14 Uda Strätling: Verzeichnis der Briefempfänger. In: Dickinson, Emily: 2006b, S. 396 f.

15 Werner von Koppenfels: Nachwort. In: Dickinson, Emily: 2005, S. 374.

16 Emily Dickinson: Wilde Nächte. Ein Leben in Briefen, ausgew. u. übers. v. Uda Strätling, Frankfurt a. M. 2006b, S. 230.

17 Ebd., S. 274.

18 Ebd., S. 146.

19 Ebd., S. 234.

20 Ebd., S. 113.

21 Ebd.

22 Paula Bennett sei hier stellvertretend genannt; vgl. Paula Bennett: Emily Dickinson: Woman Poet, New York u. a. 1990.

23 Vgl. den Klassiker von Lillian Faderman: Surpassing the Love of Men. Romantic Friendship and Love between Women from the Renaissance to the Present, New York 1981. Faderman betont, wie sehr Emily Dickinsons Nichte, als sie in den 1920er Jahren Dickinsons Briefwechsel herausgab, die Briefe an Susan Gilbert zensierte, aus Sorge, ihre Tante und ihre Mutter könnten in den Verdacht geraten, lesbisch zu sein.

24 Emily Dickinson: Wilde Nächte. Ein Leben in Briefen, ausgew. u. übers. v. Uda Strätling, Frankfurt a. M. 2006b, S. 208.

25 Emily Dickinson: Gedichte. Englisch–Deutsch, hg., übers. und mit einem Nachw. v. Gunhild Kübler, München 2006a, S. 31.

26 Emily Dickinson: Wilde Nächte. Ein Leben in Briefen, ausgew. u. übers. v. Uda Strätling, Frankfurt a. M. 2006b, S. 169.

27 Emily Dickinson: Gedichte. Englisch–Deutsch, hg., übers. und mit einem Nachw. v. Gunhild Kübler, München 2006a, S. 31.

28 Emily Dickinson: Wilde Nächte. Ein Leben in Briefen, ausgew. u. übers. v. Uda Strätling, Frankfurt a. M. 2006b, S. 170.

29 Ebd., S. 253.

30 Ebd., S. 146.

31 Emily Dickinson: Gedichte. Englisch–Deutsch, hg., übers. und mit einem Nachw. v. Gunhild Kübler, München 2006a, S. 130–133.

32 Emily Dickinson: Wilde Nächte. Ein Leben in Briefen, ausgew. u. übers. v. Uda Strätling, Frankfurt a. M. 2006b, S. 416.

33 Emily Dickinson: Dichtungen. Englisch–Deutsch, ausgew., übertr. und mit einem Nachw. vers. v. Werner von Koppenfels, Mainz 2005, S. 146 f.

34 Emily Dickinson: Gedichte. Englisch–Deutsch, hg., übers. und mit einem Nachw. v. Gunhild Kübler, München 2006a, S. 127.

35 Ebd., S. 265.

36 Ebd., S. 392 f.

37 Emily Dickinson: Dichtungen. Englisch–Deutsch, ausgew., übertr. und mit einem Nachw. vers. v. Werner von Koppenfels, Mainz 2005, S. 210 f.

38 Emily Dickinson: Gedichte. Englisch–Deutsch, hg., übers. und mit einem Nachw. v. Gunhild Kübler, München 2006a, S. 308 f.

39 Emily Dickinson: Dichtungen. Englisch–Deutsch, ausgew., übertr. und mit einem Nachw. vers. v. Werner von Koppenfels, Mainz 2005, S. 55.

40 Emily Dickinson: Gedichte. Englisch–Deutsch, hg., übers. und mit einem Nachw. v. Gunhild Kübler, München 2006a, S. 181.

41 Hugo Friedrich: Die Struktur der modernen Lyrik. Von der Mitte des neunzehnten bis zur Mitte des zwanzigsten Jahrhunderts, Reinbek b. Hamburg 2006.

42 Vgl. Shira Wolosky: A Syntax of Contention. In: Bloom, Harold: 1985, S. 161–185.

43 Emily Dickinson: Wilde Nächte. Ein Leben in Briefen, ausgew. u. übers. v. Uda Strätling, Frankfurt a. M. 2006b, S. 266.

44 Ebd., S. 255.

45 Ebd., S. 257.

46 Ebd., S. 262.

47 Ebd., S. 277.

48 Ebd., S. 303.

49 Emily Dickinson: Gedichte. Englisch–Deutsch, hg., übers. und mit einem Nachw. v. Gunhild Kübler, München 2006a, S. 206 f.

50 Ebd., S. 96 f.

51 Emily Dickinson: Wilde Nächte. Ein Leben in Briefen, ausgew. u. übers. v. Uda Strätling, Frankfurt a. M. 2006b, S. 298.

52 Ebd., S. 281.

53 Ebd., S. 283.

54 Ebd., S. 324.

55 Ebd., S. 380.

56 Ebd., S. 361.

57 Vgl. dazu Martha Nell Smith: Susan and Emily Dickinson: their lives, in letters. In: Martin, Wendy (Hg.): The Cambridge Companion to Emily Dickinson, Cambridge 2002, S. 51–73.

58 Emily Dickinson: Dichtungen. Englisch–Deutsch, ausgew., übertr. und mit einem Nachw. vers. v. Werner von Koppenfels, Mainz 2005, S. 30 f.

59 Ebd., S. 30 f.

60 Ebd., S. 33.

61 Emily Dickinson: Gedichte. Englisch–Deutsch, hg., übers. und mit einem Nachw. v. Gunhild Kübler, München 2006a, S. 512 f. Im Original findet sich eine Gleichsetzung, kein Vergleich; den Vergleich wählte Gunhild Kübler offensichtlich, ebenso wie den Plural »Bienen«, des Rhythmus und der Metrik wegen, die sie in sämtlichen Texten ungemein getreu wiedergibt, zuweilen notwendigerweise zu Lasten der – vielleicht pedantischen – semantischen Exaktheit.

1 Else Lasker-Schüler: Sämtliche Gedichte, hg. v. Friedhelm Kemp, München 1966, S. 145.

2 Ebd., S. 20.

3 Else Lasker-Schüler: Das Peter-Hille-Buch. In: Dies.: 1962, S. 9.

4 Else Lasker-Schüler: Gesammelte Werke in drei Bänden. Bd. 3. Verse und Prosa aus dem Nachlaß, hg. v. Werner Kraft, München 1961, S. 45.

5 Erika Klüsener: Else Lasker-Schüler in Selbstzeugnissen und Bilddokumenten, Reinbek b. Hamburg 1980, S. 38.

6 Else Lasker-Schüler: Sämtliche Gedichte, hg. v. Friedhelm Kemp, München 1966, S. 163 f.

7 Ebd., S. 162.

8 Ebd., S. 79.

9 Ebd., S. 105.

10 Vgl. z. B. Markus Hallensleben: Else Lasker-Schüler. Avantgardismus und Kunstinszenierung, Tübingen u. a. 2000.

11 Ebd., S. 12.

12 Else Lasker-Schüler: Sämtliche Gedichte, hg. v. Friedhelm Kemp, München 1966, S. 103. – Eine interessante Deutung gibt Markus Hallensleben: Else Lasker-Schüler. Avantgardismus und Kunstinszenierung, Tübingen u. a. 2000, S. 18 ff.: Es handele sich nur scheinbar um ein Liebesgedicht, vielmehr offenbare das Gedicht den Warencharakter der Kunst und spiele auf die Austauschbarkeit der Subjekte und Werte der Warenwelt in einer Massengesellschaft an.

13 Else Lasker-Schüler: Sämtliche Gedichte, hg. v. Friedhelm Kemp, München 1966, S. 212.

14 Ebd., S. 121; vgl. auch Dieter Burdorf: Else Lasker-Schüler und Gottfried Benn: Ein Gespräch in Gedichten als »Liebender Streit«. Zur Einführung. In: Ders.: 2002, S. 15–35; Heinz Rölleke: Else Lasker-Schülers Gedichte aus der Zeit ihrer Begegnung mit Benn. In: Burdorf, Dieter: 2002, S. 7–14.

15 Else Lasker-Schüler: Sämtliche Gedichte, hg. v. Friedhelm Kemp, München 1966, S. 123.

16 Gottfried Benn: Drohung. In: Ders.: 1968, S. 381 f.

17 Else Lasker-Schüler: Doktor Benn. In: Dies.: 1962, S. 227–228.

18 Else Lasker-Schüler: Sämtliche Gedichte, hg. v. Friedhelm Kemp, München 1966, S. 122.

19 Gottfried Benn: Gesammelte Werke in acht Bänden. Bd. 2. Gedichte, hg. v. Dieter Wellershoff, Wiesbaden 1968, S. 385.

20 Ebd., S. 388.

21 Else Lasker-Schüler: Sämtliche Gedichte, hg. v. Friedhelm Kemp, München 1966, S. 127 f.

22 Ebd., S. 124.

23 Ebd., S. 211.

24 Ebd., S. 206.

25 Ebd., S. 22.

26 Ebd., S. 77.

27 Ebd., S. 143.

28 Ebd., S. 245.

29 Ebd., S. 244.

30 Erika Klüsener: Else Lasker-Schüler in Selbstzeugnissen und Bilddokumenten, Reinbek b. Hamburg 1980, S. 114, 125.

31 Else Lasker-Schüler: Sämtliche Gedichte, hg. v. Friedhelm Kemp, München 1966, S. 79–81.

32 Ebd., S. 252.

33 Ebd., S. 88.

34 Ebd., S. 145.

35 Ebd., S. 176.

36 Ebd., S. 171 f.

37 Erika Klüsener: Else Lasker-Schüler in Selbstzeugnissen und Bilddokumenten, Reinbek b. Hamburg 1980, S. 105 f.; Margarete Kupper: Lebenslauf. In: Lasker-Schüler, Else: 1966, S. 298.

38 Else Lasker-Schüler: Ich räume auf! Meine Anklage gegen meine Verleger. In: Dies.: 1962, S. 507.

39 Else Lasker-Schüler: Sämtliche Gedichte, hg. v. Friedhelm Kemp, München 1966, S. 255.

40 Ebd., S. 207.

41 Ebd., S. 205 f.

42 Ebd., S. 253.

1 Renée Vivien: Poésies Complètes, 2 Bde., Paris 1934, S. 78 f.; die deutsche Übersetzung des Gedichts ist eine Arbeitsübersetzung der Autorin, wie auch alle weiteren Lyrikübersetzungen.

2 Ebd., S. 38 f. (»Études et Préludes«).

3 Natalie Clifford Barney: Indiskrete Erinnerungen. Die Verteidigung der Liebe, hg. v. Stefan Bollmann, Mannheim 1995, S. 57.

4 Ebd., S. 58.

5 Karla Jay: The Amazon and the Page. Natalie Clifford Barney and Renée Vivien, Bloomington 1988, S. 6.

6 Ebd., S. 6.

7 Vgl. Shari Benstock: Women of the Left Bank. Paris, 1900–1940, Austin 1986; Andrea Weiss: Paris war eine Frau. Die Frauen von der Left Bank, Dortmund 1996.

8 Shari Benstock: Women of the Left Bank. Paris, 1900–1940, Austin 1986; Shari Benstock: Nachwort. Natalie Clifford Barney. In: Barney, Natalie Clifford: 1995, S. 189–218; Karla Jay: The Amazon and the Page. Natalie Clifford Barney and Renée Vivien, Bloomington 1988.

9 Natalie Clifford Barney: Indiskrete Erinnerungen. Die Verteidigung der Liebe, hg. v. Stefan Bollmann, Mannheim 1995, S. 18.

10 Vgl. z. B. Elinor Rigby: Eine Amerikanerin in Paris, München 1994; Radclyffe Hall: Quell der Einsamkeit, Göttingen 1991; Colette: Diese Freuden, Frankfurt a. M. 1983.

11 Jean Chalon: Portrait d'une séductrice, Paris 1976.

12 Natalie Clifford Barney: Indiskrete Erinnerungen. Die Verteidigung der Liebe, hg. v. Stefan Bollmann, Mannheim 1995, S. 17.

13 Ebd., S. 53.

14 Ebd., S. 51.

15 Ebd., S. 52.

16 Ebd., S. 54.

17 Renée Vivien: Poésies Complètes, 2 Bde., Paris 1934, S. 58 f. (»A l'heure des mains jointes«).

18 Karla Jay: The Amazon and the Page. Natalie Clifford Barney and Renée Vivien, Bloomington 1988.

19 Natalie Clifford Barney: Indiskrete Erinnerungen. Die Verteidigung der Liebe, hg. v. Stefan Bollmann, Mannheim 1995, S. 68.

20 Ebd., S. 55 f.

21 Ebd., S. 56.

22 Heinrich von Kleist: Penthesilea. Ein Trauerspiel. In: Kleist, Heinrich von: Kleists Werke in zwei Bänden. Bd. 2, Berlin u. a. 1976, S. 300.

23 Natalie Clifford Barney: Indiskrete Erinnerungen. Die Verteidigung der Liebe, hg. v. Stefan Bollmann, Mannheim 1995, S. 21.

24 Renée Vivien: Poésies Complètes, 2 Bde., Paris 1934, S. 127 (»Amata« in: »Sillages«).

25 Die französische Sappho-Rezeption vom 16. bis zum 20. Jahrhundert ist aufgearbeitet von Joan DeJean: Fictions of Sappho, 1546–1973, Chicago u. a. 1989.

26 Ausführlicher dazu Gertrud Lehnert: Renée Vivien als sapphische Dichterin. In: Bosold-DasGupta, Bettina/Krauß, Charlotte/Mundt-Espín, Christine (Hg.): Nachleben der Antike – Formen ihrer Aneignung. Festschrift anläßlich des 60. Geburtstages von Klaus Ley, Berlin 2006, S. 353–364; ferner dies.: »Ich liebe die Klarheit und die Frische«: Die dekadente Dichterin Renée Vivien. In: Feministische Studien, Heft 2 (2004), S. 221–234.

27 Joan DeJean: Fictions of Sappho, 1546–1973, Chicago u. a. 1989.

28 Sappho: Lieder. Griechisch–Deutsch, hg. v. Max Treu, München u. a. 1991, S. 49.

29 Sappho: Strophen und Verse, übers. u. hg. v. Joachim Schickel, Frankfurt a. M. 1978, S. 25.

30 Renée Vivien führte die Motivik im Gedicht »Atthis« außerdem in sechs sapphischen Strophen detailliert aus. Vgl. Vivien, Renée: Poésies Complètes, 2 Bde., Paris 1934, S. 146.

31 Ebd., S. 78.

32 Den Begriff »Mythos« verwende ich im Sinne eines zum »bedeutsamen« Erklärungs- und Sinnmodell verdichteten Phänomens; zum Mythos vgl. etwa Hans Blumenberg: Arbeit am Mythos, Frankfurt a. M. 1996; Christoph Jamme/Brisson, Luc: Einführung in die Philosophie des Mythos, 2 Bde., Darmstadt 1991, und natürlich, in ganz anderem Sinne, Roland Barthes: Mythologies, Paris 1957.

33 Natalie Clifford Barney: Indiskrete Erinnerungen. Die Verteidigung der Liebe, hg. v. Stefan Bollmann, Mannheim 1995, S. 72.

34 Ebd., S. 79.

35 Ebd., S. 84 f.

36 Ebd., S. 85.

37 Ebd., S. 92.

38 Gertrud Lehnert: Wenn Frauen Männerkleider tragen. Geschlecht und Maskerade in Literatur und Geschichte, München 1997.

39 Colette: Romans – Récits – Souvenirs (1920–1940), Paris 1991, S. 873–955, hier S. 913.

40 Renée Vivien: Poésies Complètes, 2 Bde., Paris 1934, S. 32 (»Études et Préludes«).

41 Renée Vivien: Mir erschien eine Frau …, übers. u. mit einem Vorw. vers. v. Claudia Kalscheuer, Göttingen 1995, S. 69.

42 Ebd., S. 66.

43 Vgl. die Gedichte in Viviens Sammlung »Les Kitharèdes« in: Renée Vivien: Poésies Complètes, 2 Bde., Paris 1934.

44 Renée Vivien: Die Dame mit der Wölfin. Erzählungen, übers. und mit einem Nachw. v. Micheline Poli u. Bettina Schäfer, Berlin 1981, S. 115–122.

45 Ebd., S. 85.

46 Adrienne Rich: Compulsory Heterosexuality and Lesbian Existence. In: Rich, Adrienne: Blood, Bread and Poetry. Selected Prose 1979–1985, New York u. a. 1986, S. 23–75.

47 Renée Vivien: Poésies Complètes, 2 Bde., Paris 1934, S. 51 (»A l'heure des mains jointes«).

48 Natalie Clifford Barney: Indiskrete Erinnerungen. Die Verteidigung der Liebe, hg. v. Stefan Bollmann, Mannheim 1995, S. 85.

49 Vgl. Claudia Kalscheuer: Vorwort. In: Renée Vivien: Mir erschien eine Frau …, übers. u. mit einem Vorw. vers. v. Claudia Kalscheuer, Göttingen 1995, S. 5–34, hier S. 23.

50 Herbert Hunger: Lexikon der griechischen und römischen Mythologie, Reinbek 1959, S. 418.

51 Charles Baudelaire: Die Blumen des Bösen. Vollständige zweisprachige Ausgabe, übertr., hg. u. kommentiert v. Friedhelm Kemp, München 1997, S. 11.

52 Renée Vivien: Poésies Complètes, 2 Bde., Paris 1934, S. 253 (»Haillons«).
53 Vgl. z. B. Charles Baudelaire: Die Blumen des Bösen. Vollständige zweisprachige Ausgabe, übertr., hg. u. kommentiert v. Friedhelm Kemp, München 1997, S. 155.
54 Natalie Clifford Barney: Indiskrete Erinnerungen. Die Verteidigung der Liebe, hg. v. Stefan Bollmann, Mannheim 1995, S. 58.
55 Colette: Romans – Récits – Souvenirs (1920–1940), Paris 1991, S. 873–955, hier S. 912.

Ingeborg Bachmann

1 Frauke Meyer-Gosau: Einmal muß das Fest ja kommen. Eine Reise zu Ingeborg Bachmann, München 2008, S. 8.
2 Ingeborg Bachmann: Biographisches. In: Dies.: 1993, S. 301–320, hier: S. 301.
3 Frauke Meyer-Gosau: Einmal muß das Fest ja kommen. Eine Reise zu Ingeborg Bachmann, München 2008, S. 60.
4 Ingeborg Bachmann: Wir müssen wahre Sätze finden. Gespräche und Interviews, hg. v. Christine Koschel u. Inge von Weidenbaum, München 1991, S. 111.
5 Ingeborg Bachmann: Sämtliche Gedichte, München u. a. 2009, S. 178.
6 Ingeborg Bachmann/Paul Celan: Herzzeit. Briefwechsel, hg. u. kommentiert v. Bertrand Badiou, Frankfurt a. M. 2008, S. 10.
7 Ebd., S. 41.
8 Ebd., S. 37.
9 Ebd., S. 38.
10 Ebd., S. 51.
11 Ingeborg Bachmann: Sämtliche Gedichte, München u. a. 2009, S. 151.
12 Ebd.
13 Peter Beicken: Ingeborg Bachmann, München 1992, S. 74.
14 Frauke Meyer-Gosau: Einmal muß das Fest ja kommen. Eine Reise zu Ingeborg Bachmann, München 2008, S. 54.
15 Ebd., S. 48.
16 Ingeborg Bachmann: Sämtliche Gedichte, München u. a. 2009, S. 149.

17 Ingeborg Bachmann/Paul Celan: Herzzeit. Briefwechsel, hg. u. kommentiert v. Bertrand Badiou, Frankfurt a. M. 2008, S. 77.

18 Ebd., S. 65; vgl. auch die Kommentare zu den Briefen, ebd., S. 273, 278.

19 Ingeborg Bachmann: Sämtliche Gedichte, München u. a. 2009, S. 47.

20 Ebd., S. 124.

21 Ebd., S. 182.

22 Ebd., S. 176.

23 Ingeborg Bachmann/Paul Celan: Herzzeit. Briefwechsel, hg. u. kommentiert v. Bertrand Badiou, Frankfurt a. M. 2008, S. 116.

24 Ebd., S. 119.

25 Ingeborg Bachmann: Frankfurter Vorlesungen: Probleme zeitgenössischer Dichtung. In: Dies.: 1993, S. 186.

26 Ebd., S. 190 f.

27 Petra Kiedaisch (Hg.): Lyrik nach Auschwitz? Adorno und die Dichter, Stuttgart 2006, S. 49.

28 Ingeborg Bachmann: Wir müssen wahre Sätze finden. Gespräche und Interviews, München 1991, S. 111.

29 Ingeborg Bachmann: Sämtliche Gedichte, München u. a. 2009, S. 47.

30 Ingeborg Bachmann: Die Wahrheit ist dem Menschen zumutbar. In: Dies.: 1993, S. 275.

31 Hans Höller: Ingeborg Bachmann. Reinbek b. Hamburg 1999, S. 67 f.

32 Ingeborg Bachmann: Sämtliche Gedichte, München u. a. 2009, S. 128.

33 Ingeborg Bachmann: Die Wahrheit ist dem Menschen zumutbar. In: Dies.: 1993, S. 275.

34 Ingeborg Bachmann: Biographisches. In: Dies.: 1993, S. 301–320.

35 Vgl. dazu u. a. Peter Beicken: Ingeborg Bachmann. München 1992, und Frauke Meyer-Gosau: Einmal muß das Fest ja kommen. Eine Reise zu Ingeborg Bachmann, München 2008.

36 Ingeborg Bachmann: Sämtliche Gedichte, München u. a. 2009, S. 180.

37 Frauke Meyer-Gosau: Einmal muß das Fest ja kommen. Eine Reise zu Ingeborg Bachmann, München 2008, S. 118 ff.

38 Jahre später veröffentlichte Opel zwei recht indiskrete Bücher über seine Zeit mit Bachmann – Adolf Opel: Ingeborg Bachmann in Ägypten: »Landschaft, für die Augen gemacht sind«, Wien 1996. Ders.: »Wo mir das Lachen zurückgekommen ist …«. Auf Reisen mit Ingeborg Bachmann, München 2001.

39 Ingeborg Bachmann: Wozu Gedichte? In: Dies.: 1993, S. 303 f.

Sylvia Plath

1 Zu den biographischen Daten vgl. Anne Stevenson: Sylvia Plath. Eine Biographie, Frankfurt a. M. 1999.

2 Sylvia Plath: Liebesgedichte, ausgew., übertr. und mit einem Nachw. v. Jutta Kaußen, Frankfurt a. M. u. a. 2009, S. 55 f.

3 Sylvia Plath: Ariel. Gedichte Englisch–Deutsch, übertr. v. Erich Fried, Frankfurt a. M. 1986, S. 107.

4 Sylvia Plath: Die Glasglocke, Frankfurt a. M. 1997, S. 8.

5 Sylvia Plath: Briefe nach Hause 1950–1963, ausgew. u. hg. v. Aurelia Schober-Plath, Frankfurt a. M. 1992, S. 214.

6 Vgl. z. B. ebd., S. 222.

7 Sylvia Plath: Liebesgedichte, ausgew., übertr. und mit einem Nachw. v. Jutta Kaußen, Frankfurt a. M. u. a. 2009, S. 38.

8 Sylvia Plath: Briefe nach Hause 1950–1963, ausgew. u. hg. v. Aurelia Schober-Plath, Frankfurt a. M. 1992, S. 43.

9 Ebd.

10 Sylvia Plath: Liebesgedichte, ausgew., übertr. und mit einem Nachw. v. Jutta Kaußen, Frankfurt a. M. u. a. 2009, S. 50.

11 Sylvia Plath: The Collected Poems, hg. v. Ted Hughes, New York u. a. 2008, S. 301.

12 Sylvia Plath: Liebesgedichte, ausgew., übertr. und mit einem Nachw. v. Jutta Kaußen, Frankfurt a. M. u. a. 2009, S. 66.

13 Sylvia Plath: The Journals of Sylvia Plath 1950–1962. Transcribed from the Original Manuscripts at Smith College, hg. v. Karen V. Kukil, London 2000, S. 211 f. (26. 2. 1956).

14 Sylvia Plath: Briefe nach Hause 1950–1963, ausgew. u. hg. v. Aurelia Schober-Plath, Frankfurt a. M. 1992, S. 224.

15 Ebd., S. 240.

16 Sylvia Plath: Liebesgedichte, ausgew., übertr. und mit einem Nachw. v. Jutta Kaußen, Frankfurt a. M. u. a. 2009, S. 20.

17 Sylvia Plath: Briefe nach Hause 1950–1963, ausgew. u. hg. v. Aurelia Schober-Plath, Frankfurt a. M. 1992, S. 242.

18 Sylvia Plath: Liebesgedichte, ausgew., übertr. und mit einem Nachw. v. Jutta Kaußen, Frankfurt a. M. u. a. 2009, S. 36.

19 Hugh Kenner: Sincerity Kills. In: In Bloom, Harold: 1989, S. 73.

20 Sylvia Plath: Liebesgedichte, ausgew., übertr. und mit einem Nachw. v. Jutta Kaußen, Frankfurt a. M. u. a. 2009, S. 47.

21 Ebd., S. 49.

22 Sylvia Plath: Briefe nach Hause 1950–1963, ausgew. u. hg. v. Aurelia Schober-Plath, Frankfurt a. M. 1992, S. 240.

23 Ted Hughes: Introduction. In: Plath, Sylvia: 2008, S. 13.

24 Sylvia Plath: Liebesgedichte, ausgew., übertr. und mit einem Nachw. v. Jutta Kaußen, Frankfurt a. M. u. a. 2009, S. 30.

25 Ebd., S. 62.

26 Ebd., S. 64.

27 Ebd., S. 68.

28 Sylvia Plath: Briefe nach Hause 1950–1963, ausgew. u. hg. v. Aurelia Schober-Plath, Frankfurt a. M. 1992, S. 507.

29 Sylvia Plath: Ariel. Gedichte. Englisch–Deutsch, übertr. v. Erich Fried, Frankfurt a. M. 1986, S. 172 f.

Margaret Atwood

1 Die deutschen Übersetzungen der Gedichte Atwoods sind Arbeitsübersetzungen der Autorin.

2 Margaret Atwood: Negotiating with the Dead. A Writer on Writing, Cambridge u. a. 2002; Nathalie Cooke: Margaret Atwood. A Critical Companion, Westport u. a. 2004; www.margaretatwood.ca.

3 Margaret Atwood: Negotiating with the Dead. A Writer on Writing, Cambridge u. a. 2002, S. 7.

4 Ebd.

5 Ebd., S. 9.

6 Margaret Atwood: Moralische Unordnung, übers. v. Malte Friedrich, Berlin 2008a, S. 89.
7 Margaret Atwood: Negotiating with the Dead. A Writer on Writing, Cambridge u. a. 2002, S. 32, 35.
8 Ebd., S. 14.
9 Ebd., S. 23.
10 Ebd., S. 24.
11 Margaret Atwood: Selected Poems 1965–1975, Boston 1976, S. 149.
12 Christine Evains/Reena Khandpur (Hg.): Atwood on her work: »Poems open the doors. Novels are the corridors«, Nantes 2006, S. 134.
13 Margaret Atwood: Selected Poems 1965–1975, Boston 1976, S. 151.
14 Ebd., S. 152 f.
15 Christine Evains/Reena Khandpur (Hg.): Atwood on her work: »Poems open the doors. Novels are the corridors«, Nantes 2006, S. 105.
16 Margaret Atwood: Moralische Unordnung, übers. v. Malte Friedrich, Berlin 2008a, S. 150.
17 Ebd., S. 140.
18 Margaret Atwood: Morning in the Burned House, Toronto 1995, S. 109.
19 www.margaretatwood.ca.
20 Margaret Atwood: The Door, Toronto 2007, S. 52 f.
21 Margaret Atwood: Selected Poems 1965–1975, Boston 1976, S. 48 f.
22 Ebd., S. 120.
23 Margaret Atwood: Morning in the Burned House, Toronto 1995, S. 126.
24 Margaret Atwood: Selected Poems II: 1976–1986, Boston 1987, S. 106.
25 Hans Blumenberg: Arbeit am Mythos, Frankfurt a. M. 1979.
26 Margaret Atwood: The Door, Toronto 2007, S. 98.
27 Ebd., S. 113.
28 Christine Evains/Reena Khandpur (Hg.): Atwood on her work: »Poems open the doors. Novels are the corridors«, Nantes 2006, S. 144.

29 Ebd., S. 101.

30 Ebd., S. 123.

31 Margaret Atwood: Selected Poems II: 1976–1986, Boston 1987, S. 115.

32 Margaret Atwood: Payback. Schulden und die Schattenseiten des Wohlstands, übers. v. Bettina Abarbanell, Grete Osterwald, Sigrid Ruschmeier, Gesine Strempel und Brigitte Walitzek, Berlin 2008b.

33 Margaret Atwood: The Door, Toronto 2007, S. 116 f.

Bibliographie

Gesamtdarstellungen

Bock, Gisela: Frauen in der europäischen Geschichte. Vom Mittelalter bis zur Gegenwart, München 2005

Brinker-Gabler, Gisela: Deutsche Dichterinnen vom 16. Jahrhundert bis zur Gegenwart. Gedichte und Lebensläufe, Frankfurt a. M. 1978

Bußmann, Hadumod/Hof, Renate (Hg.): Genus: Zur Geschlechterdifferenz in den Kulturwissenschaften, Stuttgart 1995

Butler, Judith: Das Unbehagen der Geschlechter, Frankfurt a. M. 1991

Coenen-Mennemeier, Brigitta: Französische Dichterinnen. Studien zur Erweiterung des Lyrikkanons, Heidelberg 1997

Duby, Georges/Perrot, Michelle (Hg.): Geschichte der Frauen. 5 Bde., Frankfurt a. M. 1997

Gilbert, Sandra M./Gubar, Susan: The Madwoman in the Attic: The Woman Writer and the Nineteenth-Century Literary Imagination, New Haven u. a. 1979

Gleichauf, Ingeborg: Ich habe meinen Traum. Sieben Dichterinnen und ihre Lebensgeschichte, Weinheim 2003

Dies.: Frauen, mir nach! Acht Dichterinnen und ihr Leben, München 2008

Gnüg, Hiltrud/Möhrmann, Renate (Hg.): Frauen, Literatur, Geschichte. Schreibende Frauen vom Mittelalter bis zur Gegenwart, Stuttgart 1985

Kemp, Friedhelm: Das europäische Sonett. 2 Bde., Göttingen 2002

King, Margaret L.: Frauen in der Renaissance, München 1993

Lehnert, Gertrud: Frauen, die man kennen muß. Von Maria Sibylla Merian bis Anna Freud, Berlin 2006

Dies.: Schnellkurs Europäische Literatur, Köln 2006

Luhmann, Niklas: Liebe als Passion. Zur Codierung von Intimität, Frankfurt a. M. 1999
Miller, Nancy K. (Hg.): The Poetics of Gender, New York 1986
Querelles – Jahrbuch für Frauen- und Geschlechterforschung. Bd. 2: Die europäische Querelles des Femmes. Geschlechterdebatten seit dem 15. Jahrhundert, Stuttgart 1997
Scarpa, Emanuela (Hg.): Zehn italienische Lyrikerinnen der Renaissance. Deutsch–Italienisch, Tübingen 1997
Schabert, Ina: Englische Literaturgeschichte. Eine neue Darstellung aus der Sicht der Geschlechterforschung, Stuttgart 1997
Dies.: Englische Literaturgeschichte des 20. Jahrhunderts. Eine neue Darstellung aus der Sicht der Geschlechterforschung, Stuttgart 2006
Schmitz-Emans, Monika: Die Sprache der modernen Dichtung, München 1997
Woolf, Virginia: Ein Zimmer für sich allein, Frankfurt a. M. 2001

Margaret Atwood

Atwood, Margaret: Selected Poems 1965–1975, Boston 1976
Dies.: Selected Poems II: 1976–1986, Boston 1987
Dies.: Morning in the Burned House, Toronto 1995
Dies.: Negotiating with the Dead. A Writer on Writing, Cambridge u. a. 2002
Dies.: Die Penelopiade. Der Mythos von Penelope und Odysseus, übers. v. Malte Friedrich, Berlin 2005
Dies.: The Door, Toronto 2007
Dies.: Moralische Unordnung, übers. v. Malte Friedrich, Berlin 2008a
Dies.: Payback. Schulden und die Schattenseiten des Wohlstands, übers. v. Bettina Abarbanell, Grete Osterwald, Sigrid Ruschmeier, Gesine Strempel und Brigitte Walitzek, Berlin 2008b

Blumenberg, Hans: Arbeit am Mythos, Frankfurt a. M. 1979
Cooke, Nathalie: Margaret Atwood. A Critical Companion, Westport u. a. 2004
Evains, Christine/Khandpur, Reena (Hg.): Atwood on her work: »Poems open the doors. Novels are the corridors«, Nantes 2006

Mallinson, Jean: Margaret Atwood. In: Lecker, Robert/David, Jack/Quigley, Ellen (Hg.): Canadian Writers and Their Works, Toronto 1985, S. 1–81
Nischik, Reingard M. (Hg.): Margaret Atwood. Works and Impact, Rochester u. a. 2000
Wagner-Martin, Linda: Giving Way to Bedrock: Margaret Atwood's Later Poems. In: York, Lorraine M. (Hg.): Various Atwoods: Essays on the Later Poems, Short Fiction, and Novels, Toronto 1995, S. 71–88

www.margaretatwood.ca/

Ingeborg Bachmann

Bachmann, Ingeborg: Malina. Roman, Frankfurt a. M. 1987
Dies.: Wir müssen wahre Sätze finden. Gespräche und Interviews, hg. v. Christine Koschel u. Inge von Weidenbaum, München 1991. © 1983 Piper Verlag GmbH, München
Dies.: Werke. Bd. 4. Essays, Reden, Vermischte Schriften, hg. v. Christine Koschel, Inge von Weidenbaum u. Clemens Münster, München u. a. 1993. © 1978 Piper Verlag GmbH, München
Dies./Celan, Paul: Herzzeit. Briefwechsel, hg. u. kommentiert v. Bertrand Badiou, Frankfurt a. M. 2008. © Suhrkamp Verlag Frankfurt am Main 2008
Dies.: Sämtliche Gedichte, München u. a. 2009. © 1978 Piper Verlag GmbH, München

Albrecht, Monika/Göttsche, Dirk (Hg.): Bachmann-Handbuch. Leben – Werk – Wirkung, Stuttgart u. a. 2002
Bannasch, Bettina: Von vorletzten Dingen. Schreiben nach »Malina«: Ingeborg Bachmanns »Simultan«-Erzählungen, Würzburg 1997
Beicken, Peter: Ingeborg Bachmann, München 1992
Benthien, Claudia/Stephan, Inge (Hg.): Meisterwerke. Deutschsprachige Autorinnen im 20. Jahrhundert, Köln u. a. 2005
Höller, Hans: Ingeborg Bachmann, Reinbek b. Hamburg 1999
Kiedaisch, Petra (Hg.): Lyrik nach Auschwitz? Adorno und die Dichter, Stuttgart 2006

Meyer-Gosau, Frauke: Einmal muß das Fest ja kommen. Eine Reise zu Ingeborg Bachmann, München 2008

Opel, Adolf: Ingeborg Bachmann in Ägypten: »Landschaft, für die Augen gemacht sind«, Wien 1996

Ders.: »Wo mir das Lachen zurückgekommen ist …«. Auf Reisen mit Ingeborg Bachmann, München 2001

Ungaretti, Giuseppe: Gedichte. Italienisch–Deutsch, Übertr. u. Nachw. v. Ingeborg Bachmann, Frankfurt a. M. 1961

www.ingeborg-bachmann-forum.de

Elizabeth Barrett Browning

Browning, Robert/Barrett, Elizabeth Browning: The Letters of Robert Browning and Elizabeth Barrett Browning 1845–1846, hg. v. Elvan Kintner, Cambridge u. a. 1969

Browning, Elizabeth Barrett: The Poetical Works of Elizabeth Barrett Browning, hg. v. Harriet Waters Preston, Boston u. a. 1994

Dies.: Liebesgedichte. Englisch–Deutsch, übertr. v. Rainer Maria Rilke, Frankfurt a. M. u. a. 2006

Davies, Corinne/Stone, Marjorie: »Singing Song for Song«: The Brownings »in the Poetic Relation«. In: Stone, Marjorie/Thompson, Judith (Hg.): Literary Couplings. Writing Couples, Collaborators, and the Construction of Authorship, Madison 2006, S. 150–174

Elmore, Phyllis P.: Elizabeth Barrett Browning: Argumentative Discourse in »Sonnets from the Portuguese«. In: Studies in Browning and His Circle: A Journal of Criticism, History, Bibliography, Bd. 20 (1993), S. 95–105

Forster, Margaret: Elizabeth Barrett Browning. A Biography, London 1988

Dies.: Die Dienerin. Roman, Frankfurt a. M. 1995

Groth, Helen: A different look – visual technologies and the making of history in Elizabeth Barrett Browning's Casa Guidi Windows. In: Textual Practice, Bd. 14.1 (2000), S. 31–52

Mergenthal, Silvia: Autorinnen der viktorianischen Epoche. Eine Einführung, Berlin 2004
Pollock, Mary Sanders: Elizabeth Barrett and Robert Browning. A Creative Partnership, Aldershot u. a. 2003
Reynolds, Margaret: Love's Measurement in Elizabeth Barrett Browning's Sonnets from the Portuguese. In: Studies in Browning and His Circle: A Journal of Criticism, History, Bibliography, Bd. 21 (1997), S. 53–67
Schabert, Ina: Englische Literaturgeschichte. Eine neue Darstellung aus der Sicht der Geschlechterforschung, Stuttgart 1997
Woolf, Virginia: Flush, Frankfurt a. M. 1994

www.litencyc.com

Vittoria Colonna

Colonna, Vittoria: Carteggio di Vittoria Colonna marchesa di Pescara, gesam. u. hg. v. Ermanno Ferrero u. Guiseppe Müller, Turin u. a. 1892 (www.lib.uchicago.edu/efts/IWW/)

Aragona, Tullia d': Dialog über die Unendlichkeit der Liebe, Tübingen 1988
Ariosto, Ludovico: Der rasende Roland. Bd. 2. Gesänge 26–46, übers. v. Johann Diederich Gries, München 1980
Castiglione, Baldassare: Der Hofmann. Lebensart in der Renaissance, Berlin 2004
Eder, Anna: Das liebenswürdige Geschwätz meines Geschlechtes. Frauengespräche in Texten italienischer, französischer und deutscher Autorinnen. Von Vittoria Colonna bis Johanna Schopenhauer, Frankfurt a. M. u. a. 1997
Feld, Helmut: Marcellus II. In: Bautz, Traugott (Hg.): Biographisch-bibliographisches Kirchenlexikon. Bd. 5. Leyden, Nikolaus bis Mönch, Antonius, Hamm (Westf.) u. a. 1993, Spalten 771–775 (www.bautz.de)
Ferino-Pagden, Sylvia (Hg.): Vittoria Colonna. Dichterin und Muse Michelangelos, Wien 1997 (Ausstellungskatalog Wien, Kunsthistorisches Museum, Gemäldegalerie 25. Februar – 25. Mai 1997)

Ficino, Marsilio: Über die Liebe oder Platons Gastmahl. Lateinisch–Deutsch, hg. u. eingel. v. Paul Richard Blum, Hamburg 2004
Friedrich, Hugo: Epochen der italienischen Lyrik, Frankfurt a. M. 1964
Haussherr, Reiner: Michelangelos Kruzifixus für Vittoria Colonna. Bemerkungen zu Ikonographie und theologischer Deutung, Opladen 1971
Hempfer, Klaus W./Regn, Gerhard (Hg.): Der Petrarkistische Diskurs. Spielräume und Grenzen; Akten des Kolloquiums an der Freien Universität Berlin, 23. 10.–27. 10. 1991, Stuttgart 1993
Hoeges, Dirk: Vittoria Colonna. Dichterin – Intellektuelle – Muse, in: Ferino-Pagden, Sylvia: 1997, S. 177–191
Michelangelo: Gedichte. Italienisch–Deutsch, hg. u. übers. v. Michael Engelhard, Frankfurt a. M. 1999
Osols-Wehden, Irmgard (Hg.): Frauen der italienischen Renaissance. Dichterinnen, Malerinnen, Mäzeninnen, Darmstadt 1999
Rota, Giambatista: Rime di Vittoria Colonna. Marchesana di Pescara, Bergamo 1760
Schneider, Ulrike: Der weibliche Petrarkismus im Cinquecento. Transformationen des lyrischen Diskurses bei Vittoria Colonna und Gaspara Stampa, Stuttgart 2007
Schurr, Claudia-Elisabetta: Vittoria Colonna und Michelangelo Buonarroti. Künstler- und Liebespaar der Renaissance, Tübingen 2001
Vasari, Giorgio: Lebensläufe der berühmtesten Maler, Bildhauer und Architekten, Zürich 1974
Wyss, Johann J.: Vittoria Colonna. Leben, Wirken, Werke. Eine Monographie mit 10 Abbildungen, Frauenfeld 1916

Sor Juana Inés de la Cruz

Cruz, Sor Juana Inés de la: Erster Traum, mit einem Vorw. v. Octavio Paz, Frankfurt a. M. 1993. © der deutschen Ausgabe Insel Verlag Frankfurt am Main und Leipzig 1993
Dies.: Es höre mich dein Auge. Lyrik – Theater – Prosa. Spanisch–Deutsch, hg. v. Alberto Perez Amador Adam. © Verlag Neue Kritik Frankfurt a. M. 1996

Alba, Alicia Gaspar de: Sor Juanas zweiter Traum, Berlin 2002
Berg, Walter Bruno: Lateinamerika. Literatur – Geschichte – Kultur, Darmstadt 1995
Felten, Hans/Valcárcel, Agustín: Einleitung. Zur Geschichte der spanischen Lyrik von der Renaissance bis zum späten 19. Jahrhundert. In: Dies.: Spanische Lyrik von der Renaissance bis zum späten 19. Jahrhundert. Spanisch–Deutsch, ausgew., übers. u. kommentiert v. Hans Felten u. Agustín Valcárcel, Stuttgart 2004, S. 32–54
Flynn, Gerard: Sor Juana Inés de la Cruz, New York 1971
Foucault, Michel: Les mots et les choses, Paris 1966
Paz, Octavio: Sor Juana Inés de la Cruz oder Die Fallstricke des Glaubens, Frankfurt a. M. 1994
Vossler, Karl: Die »zehnte Muse von Mexico«. Sor Juana Inés de la Cruz, München 1934
Wustmanns, Hildegard: »und so lag die Welt erhellt in wahrerem Licht, und ich erwachte«. Die Theologie der Sor Juana Inés de la Cruz – eine Sprache des Unerhörten, Frankfurt a. M. u. a. 2001

Emily Dickinson

Dickinson, Emily: Dichtungen. Englisch–Deutsch, ausgew., übertr. und mit einem Nachw. vers. v. Werner von Koppenfels. © Dieterich'sche Verlagsbuchhandlung Mainz 2005
Dies.: Gedichte. Englisch–Deutsch, hg., übers. und mit einem Nachw. v. Gunhild Kübler, München 2006. © Carl Hanser Verlag München 2006
Dies.: Wilde Nächte. Ein Leben in Briefen, ausgew. u. übers. v. Uda Strätling, Frankfurt a. M. 2006b. © S. Fischer Verlag GmbH, Frankfurt am Main 2006

Bennett, Paula: Emily Dickinson. Woman Poet, New York u. a. 1990
Bloom, Harold (Hg.): Emily Dickinson, New York 1985
Byatt, Antonia Susan: Besessen. Roman, Frankfurt a. M. 1994
Friedrich, Hugo: Die Struktur der modernen Lyrik. Von der Mitte des neunzehnten bis zur Mitte des zwanzigsten Jahrhunderts, Reinbek b. Hamburg 2006

Juhasz, Suzanne: The Undiscovered Continent. Emily Dickinson and the Space of the Mind, Bloomington 1983

Martin, Wendy (Hg.): The Cambridge Companion to Emily Dickinson, Cambridge u. a. 2002

Smith, Martha Nell: Susan and Emily Dickinson: their lives, in letters. In: Martin, Wendy (Hg.): The Cambridge Companion to Emily Dickinson, Cambridge 2002, S. 51–73

Annette von Droste-Hülshoff

Droste-Hülshoff, Annette von: »Mein lieb lieb Lies!« Die Briefe der Annette von Droste-Hülshoff an Elise Rüdiger, nach den Hs. hg. und mit einem Nachw. vers. v. Ursula Naumann, Frankfurt a. M. u. a. 1992

Dies.: Sämtliche Werke in zwei Bänden. Bd. 1. Gedichte, hg. v. Bodo Plachta u. Winfried Woesler, Frankfurt a. M. u. a. 2004

Böschenstein, Renate: Die Struktur des Idyllischen im Werk der Annette von Droste-Hülshoff (1974/75). In: Dies.: Idylle, Todesraum und Aggression. Beiträge zur Droste-Forschung, hg. v. Ortrun Niethammer, Bielefeld 2007, S. 15–35

Ditz, Monika/Maurer, Doris: Annette von Droste-Hülshoff und ihre Freundinnen, Meersburg 2006

Freund, Winfried: Annette von Droste-Hülshoff, München 1998

Heselhaus, Clemens: Annette von Droste-Hülshoff: Werk und Leben, Düsseldorf 1971

Liebrand, Claudia: Kreative Refakturen. Annette von Droste-Hülshoffs Texte, Freiburg i. Br. u. a. 2008

Maurer, Doris: Annette von Droste-Hülshoff. Biographie, Meersburg 1997

Reiter, Anette: »Mein wunderliches verrücktes Unglück«. Melancholie bei Annette von Droste-Hülshoff, Regensburg 2003

Shakespeare, William: Hamlet, Prinz von Dänemark, übers. v. August Wilhelm von Schlegel, hg. v. Dietrich Klose, Stuttgart 1976

Weiß-Dasio, Manfred: Heidewelt. Eine Einführung in das Gedichtwerk der Annette von Droste-Hülshoff, Bonn 1996

Karschin, Anna Louisa: Gedichte und Lebenszeugnisse, hg. v. Alfred Anger, Stuttgart 1987

Dies.: »Mein Bruder in Apoll«. Briefwechsel zwischen Anna Louisa Karsch und Johann Wilhelm Ludwig Gleim. Bd. 1. Briefwechsel 1761–1768, hg. v. Regina Nörtemann, Göttingen 1996a

Dies.: »Mein Bruder in Apoll«. Briefwechsel zwischen Anna Louisa Karsch und Johann Wilhelm Ludwig Gleim. Bd. 2. Briefwechsel 1769–1791, hg. v. Ute Pott, Göttingen 1996b

Karsch, Anna Louisa: Die Sapphischen Lieder. Liebesgedichte, hg. v. Regina Nörtemann, Göttingen 2009

Anna Louisa Karsch: Gedichte von Anna Louisa Karschin, geb. Dürbach. Berlin 1792 (www.zeno.org)

Anna Louisa Karsch: Auserlesene Gedichte, Berlin 1764, S. 109–113 (www.zeno.org)

Becker-Cantarino, Barbara: Der lange Weg zur Mündigkeit. Frau und Literatur (1500–1800), Stuttgart 1987

Dies.: »Belloisens Lebenslauf«. Zu Dichtung und Autobiographie bei Anna Luisa Karsch. In: Gutjahr, Ortrud/Kühlmann, Wilhelm/Wucherpfennig, Wolf (Hg.): Gesellige Vernunft. Zur Kultur der literarischen Aufklärung. Festschrift für Wolfram Mauser, Würzburg 1993, S. 13–22

Bennholdt-Thomsen, Anke/Runge, Anita (Hg.): Anna Louisa Karsch (1722–1791). Von schlesischer Kunst und Berliner »Natur«. Ergebnisse des Symposions zum 200. Todestag der Dichterin, Göttingen 1992

Bovenschen, Silvia: Die imaginierte Weiblichkeit. Exemplarische Untersuchungen zu kulturgeschichtlichen und literarischen Präsentationsformen des Weiblichen, Frankfurt a. M. 1979

DeJean, Joan: Fictions of Sappho, 1546–1973, Chicago u. a. 1989

Gleim, Johann Wilhelm Ludwig: Gedichte, hg. v. Jürgen Stenzel, Stuttgart 1969

Kitsch, Anne: »Offt ergreiff ich um Beßer mein zu sein die feder …«. Ästhetische Positionssuche in der Lyrik Anna Louisa Karschs (1722 bis 1791). Mit bislang unveröffentlichten Gedichten, Würzburg 2002

Schaffers, Uta: Auf überlebtes Elend blick ich nieder. Anna Louisa Karsch – Literarisierung eines Lebens in Selbst- und Fremdzeugnissen, Göttingen 1997

Schlaffer, Hannelore: Naturpoesie im Zeitalter der Aufklärung. Anna Luisa Karsch (1722–1791). Ein Porträt. In: Brinker-Gabler, Gisela (Hg.): Deutsche Literatur von Frauen, Bd. 1. Vom Mittelalter bis zum Ende des 18. Jahrhunderts, München 1988, S. 313–324

Schneider, Susanne: Christiana Mariana von Ziegler (1695–1760). In: Merkel, Kerstin / Wunder, Heide (Hg.): Ungewöhnliche Frauen. Deutsche Dichterinnen, Malerinnen, Mäzeninnen aus vier Jahrhunderten, München u. a. 2007, S. 169–185

Segebrecht, Wulf: Das Gelegenheitsgedicht. Ein Beitrag zur Geschichte und Poetik der deutschen Lyrik, Stuttgart 1977

Louise Labé

Labé, Louise: Œuvres complètes, hg. u. kommentiert v. Enzo Giudici, Genf 1981

Dies.: Sonette und Elegien, Französisch–Deutsch, übers. v. Monika Fahrenbach-Wachendorff, Tübingen 2001. © Narr Francke Attempto Verlag GmbH & Co. KG

Bock, Gisela/Zimmermann, Margarete (Hg.): Querelles. Jahrbuch für Frauen- und Geschlechterforschung, Bd. 2. Die europäische Querelle des Femmes. Geschlechterdebatten seit dem 15. Jahrhundert, Stuttgart 1997

Coenen-Mennemeier, Brigitta: Liebe, Kunst und Provokation: Louise Labé. In: Dies.: Französische Dichterinnen. Studien zur Erweiterung des Lyrikkanons, Heidelberg 1997, S. 19–26

Hoffmeister, Gerhard: Petrarkistische Lyrik, Stuttgart 1973

Kemp, Friedhelm: Das europäische Sonett. 2 Bde., Göttingen 2002

Lazard, Madeleine: Louise Labé, Lyonnaise, Paris 2005

Pieper, Julia: Louise Labé. In: Zimmermann, Margarete / Böhm, Roswitha (Hg.): Französische Frauen der Frühen Neuzeit. Dichterinnen, Malerinnen, Mäzeninnen, Darmstadt 1999, S. 95–108

Rieger, Angelica: »Amour Demourra Le Maistre«. Vom höfischen Liebeslied zum Sonett: Marguerite de Navarre und Louise Labé.

In: Stemmler, Theo/Horlacher, Stefan (Hg.): Erscheinungsformen des Sonetts. 10. Kolloquium der Forschungsstelle für europäische Lyrik, Mannheim 1999, S. 33–77
Rigolot, François: Louise Labé Lyonnaise, ou la Renaissance au féminin, Paris 1997
Schulze-Witzenrath, Elisabeth: Die Originalität der Louise Labé. Studien zum weiblichen Petrarkismus, München 1975
Zimmermann, Margarete: Salon der Autorinnen. Französische *dames de lettres* vom Mittelalter bis zum 17. Jahrhundert, Berlin 2005

Else Lasker-Schüler

Lasker-Schüler, Else: Gesammelte Werke in drei Bänden. Bd. 3. Verse und Prosa aus dem Nachlaß, hg. v. Werner Kraft, München 1961
Dies.: Gesammelte Werke in drei Bänden. Bd. 2. Prosa und Schauspiele, hg. v. Friedhelm Kemp, München 1962
Dies.: Sämtliche Gedichte, hg. v. Friedhelm Kemp, München 1966 (Werke und Briefe, Kritische Ausgabe. Bd. 1: Die Gedichte. © Jüdischer Verlag im Suhrkamp Verlag Frankfurt am Main 1996)

Benn, Gottfried: Gesammelte Werke in acht Bänden. Bd. 2. Gedichte, hg. v. Dieter Wellershoff, Wiesbaden 1968
Burdorf, Dieter (Hg.): Liebender Streit. Else Lasker-Schüler und Gottfried Benn, Iserlohn 2002
Ehlers, Swantje: Else Lasker-Schüler: Ein alter Tibetteppich. In: Hartung, Harald (Hg.): Gedichte und Interpretationen. Bd. 5. Vom Naturalismus bis zur Jahrhundertmitte, Stuttgart 1983, S. 108–117
Hallensleben, Markus: Else Lasker-Schüler. Avantgardismus und Kunstinszenierung, Tübingen u. a. 2000
Klüsener, Erika: Else Lasker-Schüler in Selbstzeugnissen und Bilddokumenten, Reinbek b. Hamburg 1980
Kupper, Margarete: Lebenslauf. In: Lasker-Schüler, Else: 1966, S. 291–310
Pazi, Margarita: »Verkünderin west-östlicher Prägung«. Else Lasker-Schüler in Jerusalem. In: Dies.: Staub und Sterne. Aufsätze zur deutsch-jüdischen Literatur, hg. v. Sigrid Bauschinger u. Paul Michael Lützeler, Göttingen 2001, S. 253–264

Schlenstedt, Silvia: Bilder neuer Welten. In: Gnüg, Hiltrud/Möhrmann, Renate (Hg.): Frauen Literatur Geschichte. Schreibende Frauen vom Mittelalter bis zur Gegenwart, Stuttgart 1986, S. 300–317

Sylvia Plath

Plath, Sylvia: Ariel. Gedichte. Englisch–Deutsch, übertr. v. Erich Fried, Frankfurt a. M. 1986

Dies.: Briefe nach Hause 1950–1963, ausgew. u. hg. v. Aurelia Schober-Plath, Frankfurt a. M. 1992. © Carl Hanser Verlag München 1979

Dies.: Die Glasglocke, Frankfurt a. M. 1997

Dies.: The Journals of Sylvia Plath 1950–1962. Transcribed from the Original Manuscripts at Smith College, hg. v. Karen V. Kukil, London 2000

Dies.: The Collected Poems, hg. v. Ted Hughes, New York u. a. 2008

Dies.: Liebesgedichte, ausgew., übertr. und mit einem Nachw. v. Jutta Kaußen, Frankfurt a. M. u. a. 2009. © The Estate of Sylvia Plath 1960, 1965, 1971, 1981, 1989. © Insel Verlag Frankfurt am Main und Leipzig 2009

Bassnett, Susan: Sylvia Plath. An Introduction to the Poetry, Houndsmille u. a. 2005

Bloom, Harold (Hg.): Sylvia Plath, New York u. a. 1989

Bronfen, Elisabeth: Sylvia Plath, Frankfurt a. M. 1998

Hetmann, Frederik: So leicht verletzbar unser Herz. Die Lebensgeschichte der Sylvia Plath, Weinheim u. a. 1988

Stevenson, Anne: Sylvia Plath. Eine Biographie, Frankfurt a. M. 1999

Wagner, Linda W. (Hg.): Sylvia Plath. The Critical Heritage, London u. a. 1988

Gaspara Stampa

Stampa, Gaspara/Franco, Veronica: Rime. A cura di Abdelkader Salza, Bari 1913 (www.lib.uchicago.edu/efts/IWW/)

Stampa, Gaspara: Sonette. Italienisch–Deutsch, ausgew. u. übers. v. Christoph Ferber. © Dieterich'sche Verlagsbuchhandlung Mainz 2002

Bassanese, Fiora: Gaspara Stampa, Boston 1982

Friedrich, Hugo: Epochen der italienischen Lyrik, Frankfurt a. M. 1964

Kemp, Friedhelm: Louise Labé und Gaspara Stampa. In: Ders.: Das europäische Sonett. Bd. 1, Göttingen 2002, S. 179–198

Leopold, Stephan: Echo lernt sprechen: Taktik in Gaspara Stampas petrarkistischen *Rime* (1554). In: Klinger, Judith/Thiemann, Susanne (Hg.): Geschlechtervariationen. Gender-Konzepte im Übergang zur Neuzeit, Potsdam 2006, S. 177–193

Osols-Wehden, Irmgard (Hg.): Frauen der italienischen Renaissance. Dichterinnen, Malerinnen, Mäzeninnen, Darmstadt 1999

Scarpa, Emanuela (Hg.): Zehn italienische Lyrikerinnen der Renaissance. Deutsch–Italienisch, übers. v. Gio Batta Bucciol u. Irmgard B. Perfahl unter Mitwirk. v. Helga Böhmer, Tübingen 1997

Schneider, Ulrike: Der weibliche Petrarkismus im Cinquecento. Transformationen des lyrischen Diskurses bei Vittoria Colonna und Gaspara Stampa, Stuttgart 2007

Renée Vivien

Vivien, Renée: Poésies Complètes, 2 Bde., Paris 1934

Dies.: Die Dame mit der Wölfin. Erzählungen, übers. u. mit einem Nachw. v. Micheline Poli u. Bettina Schäfer, Berlin 1981

Dies.: Mir erschien eine Frau …, übers. u. mit einem Vorw. vers. v. Claudia Kalscheuer, Göttingen 1995

Barney, Natalie Clifford: Indiskrete Erinnerungen. Die Verteidigung der Liebe, hg. v. Stefan Bollmann, Mannheim 1995. © S. Bollmann

Barthes, Roland: Mythologies, Paris 1957

Baudelaire, Charles: Die Blumen des Bösen. Vollständige zweisprachige Ausgabe, übertr., hg. u. kommentiert v. Friedhelm Kemp, München 1997

Benstock, Shari: Women of the Left Bank. Paris, 1900–1940, Austin 1986

Dies.: Nachwort. Natalie Clifford Barney. In: Barney, Natalie: 1995, S. 189–218

Blumenberg, Hans: Arbeit am Mythos, Frankfurt a. M. 1996

Chalon, Jean: Portait d'une séductrice, Paris 1976
Colette: Le Pur et l'Impur, in: Colette: Romans – Récits – Souvenirs (1920–1940). Paris 1991, S 873–955
Dies.: Diese Freuden, Frankfurt a. M. 1983
DeJean, Joan: Fictions of Sappho, 1546–1973, Chicago u. a. 1989
Hall, Radclyffe: Quell der Einsamkeit, Göttingen 1991
Hunger, Herbert: Lexikon der griechischen und römischen Mythologie, Reinbek 1959
Jamme, Christoph / Brisson, Luc: Einführung in die Philosophie des Mythos, 2 Bde., Darmstadt 1991
Jay, Karla: The Amazon and the Page. Natalie Clifford Barney and Renée Vivien, Bloomington 1988
Kalscheuer, Claudia: Vorwort. In: Renée Vivien: Mir erschien eine Frau …, übers. u. mit einem Vorw. vers. v. Claudia Kalscheuer, Göttingen 1995, S. 5–34
Kleist, Heinrich von: Penthesilea. Ein Trauerspiel. In: Kleist, Heinrich von: Kleists Werke in zwei Bänden, Bd. 2, hg. v. Helmut Brandt, Berlin u. a. 1976, S. 187–303
Lehnert, Gertrud: Wenn Frauen Männerkleider tragen. Geschlecht und Maskerade in Literatur und Geschichte, München 1997
Dies.: »Ich liebe die Klarheit und die Frische«: Die dekadente Dichterin Renée Vivien. In: Feministische Studien, Heft 2 (2004), S. 221–234
Dies.: Renée Vivien als sapphische Dichterin. In: Bosold-DasGupta, Bettina/Krauß, Charlotte/Mundt-Espín, Christine (Hg.): Nachleben der Antike – Formen ihrer Aneignung. Festschrift anläßlich des 60. Geburtstages von Klaus Ley, Berlin 2006, S. 353–364
Rich, Adrienne: Compulsory Heterosexuality and Lesbian Existence. In: Rich, Adrienne: Blood, Bread and Poetry. Selected Prose 1979 bis 1985, New York u. a. 1986, S. 23–75
Rigby, Elinor: Eine Amerikanerin in Paris, München 1994
Sappho: Lieder. Griechisch – Deutsch, hg. v. Max Treu, München u. a. 1991
Dies.: Strophen und Verse, übers. u. hg. v. Joachim Schickel, Frankfurt a. M. 1978
Weiss, Andrea: Paris war eine Frau. Die Frauen von der Left Bank, Dortmund 1996

Autorin

Gertrud Lehnert ist Professorin für Allgemeine und Vergleichende Literaturwissenschaft an der Universität Potsdam und lebt in Berlin. Zu ihren Arbeitsschwerpunkten gehören die Geschichte der Lyrik, Modegeschichte und -theorie, Raum- und Emotionsforschung sowie die Gender Studies. Im Aufbau Verlag erschienen ihre Essays »Mit dem Handy in der Peepshow« (1999) und »Die Leserin« (2000), im Aufbau Taschenbuch Verlag zuletzt »Frauen, die man kennen muß« (2006).

Bildnachweis

© Amherst College Archives and Special Collections: S. 172
© Picture Alliance: S. 60, 100, 198, 246, 288
© Suhrkamp Verlag: S. 268
© Ullstein Bild: S. 78, 126, 152

Trotz sorgfältiger Bemühungen waren nicht alle Rechteinhaber zu ermitteln. Berechtigte Forderungen bitten wir an den Verlag zu richten.

MARK TWAIN
Sommerwogen
Eine Liebe in Briefen
Aus dem Amerikanischen übersetzt und
herausgegeben von Alexander Pechmann
304 Seiten. Leinen
Mit 14 Abb.
ISBN 978-3-351-03303-3

Die literarische Sensation: Der zärtliche Mr. Twain

»Ich bin jung & sehr gutaussehend … & sie ist wahrhaftig das schönste Mädchen, das ich je gesehen habe.« – Mark Twain war zweiunddreißig Jahre alt, als er sich zum ersten und einzigen Mal verliebte. Die Briefe an Livy Langdon, seine »Seelenschwester«, später Verlobte, Ehefrau und Mutter seiner Kinder, werden über die Jahre immer mehr zu amüsanten, anrührenden Lebenszeugnissen des berühmten Autors, der offen von seinen Erfolgen und Niederlagen, Hoffnungen und Ängsten schreibt und so manche Anekdote zum Besten gibt. Man findet darin eine lange Verteidigung des Rauchens, Spekulationen über die Unsterblichkeit der Seele, detektivische Nachforschungen über den geheimnisvollen Verehrer eines Dienstmädchens, Erinnerungen an Reisen, aber auch Verzweiflung über wirtschaftliche Fehlschläge und unheilbaren Schmerz über den Tod der Lieblingstochter Susy.

Mehr Informationen erhalten Sie unter www.aufbau-verlag.de oder in Ihrer Buchhandlung

aufbau

Kängt ein Guruh
Hundert komische Gedichte
Herausgegeben und mit einem Nachwort
von Gudrun Schury
194 Seiten. Leinen
ISBN 978-3-351-03255-5

Lyrik für Genießer

Dieser höchst vergnügliche Lyrikband erweitert das Sprachvermögen und trainiert die Bauchmuskulatur. Hundert komische Gedichte von Tucholsky, Rühmkorf, Ringelnatz, Kästner, Jandl, Heine, Morgenstern, Fried, Hesse, Rilke, Busch, Gernhardt, Waechter u. v. a.

Weitere Bände aus der Reihe »Hundert Gedichte«:
Heinrich Heine. Hundert Gedichte
ISBN 978-3-351-02946-3
Christian Morgenstern. Hundert Gedichte
ISBN 978-3-351-02947-0
Joseph von Eichendorff. Hundert Gedichte
ISBN 978-3-351-02967-8

Mehr Informationen erhalten Sie unter www.aufbau-verlag.de
oder in Ihrer Buchhandlung

a aufbau

Komische Geschichten
Herausgegeben von Gudrun Schury
288 Seiten. Gebunden
Mit 11 Farbtafeln
ISBN 978-3-351-03305-7

Lesen Sie noch oder lachen Sie schon?

Dieses hochkomische Hausbuch bekehrt sogar notorische Miesepeter. Ob Tucholsky oder Valentin, Hacke oder Gernhardt, Polt oder Henscheid, Hašek oder Twain – es darf gelacht werden. Gudrun Schury, die mit der witzigen Gedichtanthologie »Kängt ein Guruh« bereits erfolgreich das Terrain des Komischen und Sprachspielerischen erkundet hat, versammelt in diesem Band Geschichten, die für eine höchst vergnügliche Lektüre sorgen.

»Das Geschenkbuch verkuppelt Lesen und Lachen, Blättern und Schmunzeln. Die beherzten Cartoons von Gerhard Glück sorgen für zusätzliche Pointen.« MÄRKISCHE ALLGEMEINE

Mehr Informationen erhalten Sie unter www.aufbau-verlag.de oder in Ihrer Buchhandlung

aufbau

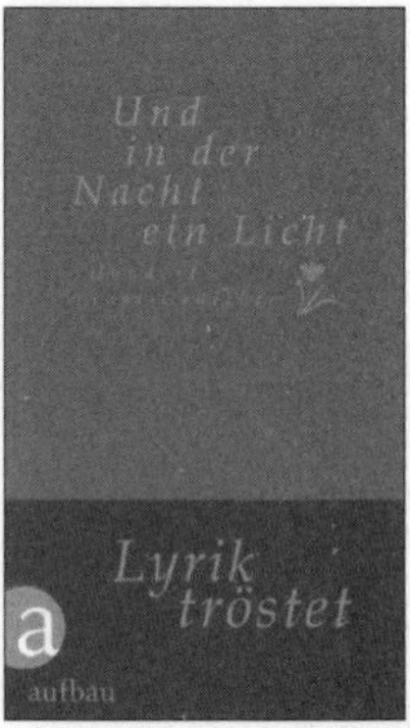

Und in der Nacht ein Licht
Hundert Trost-Gedichte
Herausgegeben von Jürgen Engler
192 Seiten. Leinen
ISBN 978-3-351-03318-7

Lyrik tröstet

Wer trauert, braucht Verse gegen die Sprachlosigkeit, Verse, die die Ohnmacht und Einsamkeit zum Ausdruck bringen, Verse, die behutsam zum Loslassen hinführen.
Ein einfühlsamer Begleiter für Trauernde mit Versen Goethe, Heine, Rilke, Benn, Eva Strittmatter u. v. a.

Mehr Informationen erhalten Sie unter www.aufbau-verlag.de oder in Ihrer Buchhandlung

aufbau

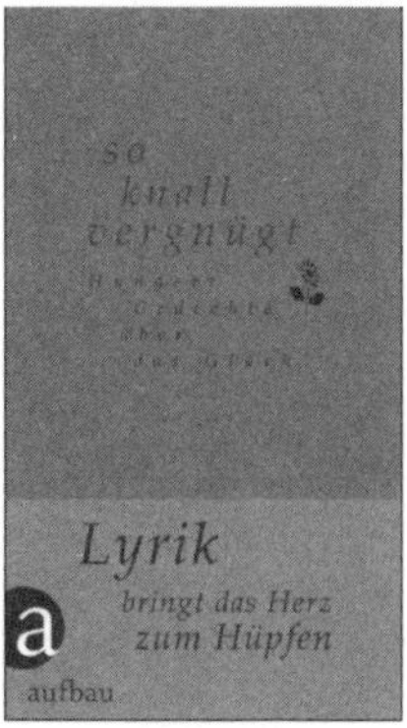

So knallvergnügt
Hundert Gedichte über das Glück
Herausgegeben von Jürgen Engler
192 Seiten. Gebunden
ISBN 978-3-351-03346-0

Lyrik bringt das Herz zum Hüpfen

Hundert lyrische Glücksmomente mit Ringelnatz, Gernhardt, Busch, Brecht, Morgenstern, Eva Strittmatter u. v. a. Die meistverkaufte deutsche Lyrikreihe in exklusiver Ausstattung – ein Geschenk für jeden Anlass.

Mehr Informationen erhalten Sie unter www.aufbau-verlag.de oder in Ihrer Buchhandlung

aufbau

ALEXANDER PECHMANN
Das Haus des Bücherdiebs
208 Seiten. Halbleinen
ISBN 978-3-351-03317-0

»Kaufen, lesen, genießen«

MAIN-ECHO

Im wunderbaren »Haus des Bücherdiebs« sind sie versammelt: all die kuriosen, spannenden, berührenden und skurrilen Geschichten, die sich um berühmte Bibliophile, passionierte Sammler und trickreiche Diebe ranken. Hier regiert eine große, heitere und zuweilen auch irrsinnige Bücherleidenschaft. In 26 vergnüglichen Kapiteln erzählt Alexander Pechmann die Geschichte einer exzentrischen Passion.
Ein Kopfkissenbuch für Büchernarren, das man von Anfang bis Ende lesen kann, oder auch einfach nur irgendwo aufschlägt und sich unweigerlich festliest.

Mehr Informationen erhalten Sie unter www.aufbau-verlag.de oder in Ihrer Buchhandlung

aufbau

ALEXANDER PECHMANN
Die Bibliothek der verlorenen Bücher
226 Seiten. Halbleinen
ISBN 978-3-351-02650-9

Was der Weltliteratur entging

Amüsant und fesselnd spürt Alexander Pechmann Werke auf, die durch Unfälle und Zufälle, im Wahn oder im Zorn, mit Absicht oder schlicht aus Versehen vernichtet wurden oder verlorengingen. Ihre Schicksale und Geheimnisse werden hier erstmals erzählt: von Dostojewski bis Flaubert, von Thomas Mann bis Hemingway. Auf der amüsanten Reise durch die Literaturgeschichte begegnet man u. a. einer bizarren Bücherkarawane im alten Persien, Hemingways Reisetasche, einer barbarischen Schreibmaschine, einigen Kammerjungfern und Bauchrednern, Puschkins Hasen und Herman Melvilles verlorener Insel.

»Kurzweilig, aufregend und hochspannend ist diese Reise in 30 Kapitel Geschichte der verhinderten Literatur … Kaufen, lesen, staunen, genießen!«
MAIN-ECHO

»… ein Juwel für Fans der Literaturgeschichte.«
RHEIN-NECKAR-ZEITUNG

Mehr Informationen erhalten Sie unter www.aufbau-verlag.de oder in Ihrer Buchhandlung

aufbau

XAVIER DE MAISTRE
Die Reise um mein Zimmer
Roman
Aus dem Französischen
von Eva Mayer
172 Seiten. Gebunden
ISBN 978-3-351-03347-7

Home sweet home

Als Xavier de Maistre wegen eines Duells zu einem längeren Arrest verurteilt wird, vertreibt er sich die Zeit mit der ersten Niederschrift der »Reise um mein Zimmer«. Wie entgeht er der Langeweile? Er erklärt sein Zimmer zur ganzen Welt und macht sich auf die Reise. Was er dabei erforscht, sind nicht nur die Gegenstände im Raum, die seine Route markieren. Er entdeckt deren Geschichte und mit ihr seine Vergangenheit, begegnet Vertrautem, Unvermutetem und erobert einen wundersamen Kontinent aus Realität und Imagination. Dass eine solche Reise gefährlich und erholsam, melancholisch und überaus amüsant ist, dass sie mehrere Wochen oder nur eine Nacht dauern kann – all das zeigt dieses kunstfertige Plädoyer für die Phantasie.

»Ein Aufklärer von Diderot'schem Temperament: ein kluger, witziger Kopf.«
NEUE ZÜRCHER ZEITUNG

Mehr Informationen erhalten Sie unter www.aufbau-verlag.de
oder in Ihrer Buchhandlung

aufbau

ROMAIN ROLLAND
Pierre und Luce
Roman
Aus dem Französischen
von Hartmut Köhler
139 Seiten. Leinen
ISBN 978-3-351-03313-2

Ein literarisches Kleinod in neuer Übersetzung

Im Paris des Jahres 1918, in das der Krieg tiefe Wunden schlägt, erleben zwei junge Menschen eine unvergleichliche Liebe. Pierre, Kind einer bürgerlichen Familie, verzweifelt angesichts der Rohheit, die ihn umgibt: Nur wenige Monate trennen ihn von der Einberufung. Luce dagegen, die sich mit Malarbeiten ihr Brot verdient, ist heiter, unbekümmert um ihre Armut wie um das Leben, das morgen schon zu Ende sein kann. Sie lieben sich, verschließen die Augen vor dem Abgrund des Krieges, verbergen sich in ihrem Glück, wissend um seine Unmöglichkeit. Romain Rolland, dessen Pazifismus ihn zeitweilig zum großen Antipoden Thomas Manns werden ließ, gibt hier eine literarische Antwort auf die Grausamkeit des Krieges.

Mehr Informationen erhalten Sie unter www.aufbau-verlag.de oder in Ihrer Buchhandlung

aufbau